CB127302

CADERNO DE TREINO PARA A 2ª FASE DA OAB

✓ DIREITO ADMINISTRATIVO

CADERNO DE TREINO PARA A 2ª FASE DA OAB

Matheus Carvalho

✓ DIREITO ADMINISTRATIVO

9ª edição revista, atualizada e ampliada

2024

EDITORA JusPODIVM
www.editorajuspodivm.com.br

EDITORA JusPODIVM
www.editorajuspodivm.com.br

Rua Canuto Saraiva, 131 – Mooca – CEP: 03113-010 – São Paulo – São Paulo
Tel: (11) 3582.5757
• Contato: https://www.editorajuspodivm.com.br/central-de-relacionamento

Diagramação: Equipe *Jus*PODIVM

Capa: Ana Caquetti

C331c Carvalho, Matheus
Caderno de Treino para a 2ª Fase da OAB - Direito Administrativo - 42º Exame de Ordem/ Matheus Carvalho – 9.ed., rev., atual. e ampl. – São Paulo: Editora JusPodivm, 2024.
560 p.

ISBN: 978-85-442-5517-9.

1. Direito Administrativo.I. Carvalho, Matheus. II. Título.

CDD 341.3

Bibliotecária responsável:
Ana Carolina Ribeiro Mois – CRB7 – RJ 007348/0

9.ª ed., *2.ª tir.*: abr./2025; *3.ª tir.*: jul./2025.

Considerações iniciais

Ao iniciar a elaboração de sua peça prático-profissional, com certeza você se deparará com uma série de dúvidas, tais como:

- POR ONDE COMEÇAR?

- COMO IDENTIFICAR A PEÇA PRÁTICO-PROFISSIONAL EXIGIDA PELA PROVA?

- QUE ELEMENTOS APRESENTADOS NO CASO CONCRETO SÃO RELEVANTES?

Em Direito Administrativo, tudo isso é muito simples!

Basta que você desenvolva uma rotina que, com certeza, irá conduzi-lo à aprovação.

Esta é a proposta do *Caderno de Treino para a 2ª fase da OAB – Direito Administrativo:* garantir que você conheça o passo a passo tanto para a elaboração da peça prático-profissional, como para responder as questões da prova.

Portanto, vamos começar a treinar!

Sumário

PARTE 6

COMENTÁRIOS AOS EXAMES ANTERIORES

PARTE 7

ORIENTAÇÕES FINAIS

PARTE 1

Marcação DE CÓDIGO

Marcação de Código

Antes de iniciar os treinos, após o estudo do Direito Administrativo material, é necessário que o aluno faça a marcação do seu Vade Mecum de Administrativo, devidamente atualizado.

Além disso, o aluno utilizará etiquetas de marcação ou clipes coloridos e lápis de cor ou marca texto.

As cores das etiquetas representam a remissão aos assuntos de direito material, que será da seguinte maneira.

Cor	Assunto
Azul	Licitações
Verde	Intervenção do Estado na Propriedade
Vermelho	Agentes Públicos
Marrom	Responsabilidade Civil do Estado
Lilás	Prescrição
Rosa	Serviços Públicos
Amarelo	Bens Públicos
Laranja	Atos Administrativos
Cinza	Organização Administrativa
Preto	Peça Processual

DICA!

Para que o aluno não esqueça do sistema de cores, recomenda-se que utilize lápis de cor, e faça a respectiva marcação no índice das leis por assunto, sublinhando-os.

PARTE 2

Estruturação DA PEÇA E MAPAS MENTAIS

Estruturação da peça

O processo de estruturação da peça prático-profissional será feito por meio da tabela abaixo, que será a base para todas as peças, com a mesma sistemática, variando minimamente, conforme as suas individualidades.

A petição inicial, então, terá a seguinte estrutura:

ESTRUTURAÇÃO DA PEÇA		
→ **Legitimidade Ativa**		Quem está propondo a ação?
→ **Legitimidade Passiva**		Em face de quem a ação está sendo proposta?
→ **Competência**		Qual o juízo competente (*estadual ou federal? Órgão colegiado ou juiz singular?*)
→ **Pedido**	→ **Liminar**	É o caso de tutela de urgência ou evidência?
	→ **Principal**	Qual a finalidade da ação e o que é necessário, processual e materialmente, para alcançá-la?
→ **Causa de Pedir**		Fundamentação jurídica

Exemplo 1:

Pedro, servidor público federal, após ser veiculada a notícia de que teria praticado a infração capitulada no art. 117, XVII da lei 8.112/90, qual seja, cometer a outro servidor atribuições estranhas ao cargo que ocupa, exceto em situações de emergência e transitórias, resolveu pedir a sua aposentadoria voluntária do cargo efetivo.

Três meses depois de aposentado, em 18/03/2022, foi aberto processo administrativo disciplinar que, ao final, concluiu pela materialidade e autoria do fato.

Diante da situação, o Presidente da República, avocando a competência atribuída ao Ministro de Estado, declarou nulo o ato de aposentadoria, alegando que a lei veda a aposentadoria voluntária nessas hipóteses em que o servidor cometeu infração funcional e determinou a aplicação da pena de demissão. A portaria foi publicada em 30/05/2023.

Inconformado, Pedro te procura requerendo a propositura da ação mais célere possível, com a finalidade de anular o ato praticado.

Na condição de advogado contratado, elabore a peça processual cabível.

Peça cabível: *Mandado de Segurança*

Por quê? Segundo as **técnicas de cabimento de ação** (capítulo do livro "*Administrativo – Teoria e Prática*"), primeiro, refutamos a hipótese de *habeas data*, porque não se trata de obter/retificar/acrescer informações sobre o autor. Em seguida, cogitamos a possibilidade de Mandado de Segurança, desde que: **(a)** se trate de direito líquido e certo (que pode ser provado documentalmente), **(b)** que se esteja dentro do prazo decadencial de 120 dias (contados do conhecimento do ato coator), **(c)** que não se tenha pretensão indenizatória anterior, **(d)** que da decisão do ato não caiba recurso (inclusive administrativo) com efeito suspensivo, e **(e)** que não se trate de ato de gestão comercial. Esta é a situação de Pedro.

ESTRUTURAÇÃO DA PEÇA		
→ **Legitimidade Ativa**		Pedro
→ **Legitimidade Passiva**		Como se trata de Mandado de Segurança, temos duas figuras no polo passivo: **(a) Autoridade Coatora** - Presidente da República; **(b) Réu** - União Federal.
→ **Competência**		STF (art. 20 da Lei nº 9507/97)
→ **Pedido**	→ **Liminar**	Suspensão do ato de demissão
	→ **Principal**	Anulação do ato
→ **Causa de Pedir**		arts. 130 e 134 da Lei 8.112/90 + art. 40, §1º, III, CF/88

RESOLUÇÃO: EXEMPLO 1

A ação cabível é o Mandado de Segurança, impugnando a decisão da cassação da aposentadoria.

O Mandado de Segurança deve ser dirigido ao Ministro Presidente do Supremo Tribunal Federal, por força do art. 20, I, da Lei nº 9.507/98.

Pedro deve figurar na qualidade de impetrante, o Presidente da República como autoridade coatora, e a União Federal como Ré, já que é a pessoa jurídica com a qual se vincula.

No cabimento, o aluno deve indicar o art. 5º, inciso LXIX da CF/88 e o art. 1º da Lei nº 12.016/2009, por se tratar de violação de direito líquido e certo do impetrante.

Após os fatos, o deve ser solicitada a concessão da medida liminar, com fulcro no art. 7º, inciso III da Lei nº 12.016/2009, baseando o perigo de ineficácia da medida nas consequências financeiras da demissão do servidor, que já se encontrava aposentado (ex. *sem meios de subsistência*), e o fundamento relevante do pedido deve repousar no art. 40, §1º, III, CF/88 e nos arts. 130 e 134 da Lei 8.112/90. Solicitando, portanto, a suspensão do ato que anulou a aposentadoria e do ato que demitiu o servidor.

No mérito, deve ser alegado:

(a) Que a infração cometida pelo impetrante é punível com suspensão, conforme art. 130 da Lei nº 8.112/90;

(b) Que o servidor já se encontra aposentado e, portanto, não poderia haver anulação da sua aposentadoria por causa da infração cometida, conforme art. 134 da Lei nº 8.112/90;

(c) Que conforme o art. 40, §1º, inciso III, da CF/88, não é possível acréscimo de requisitos senão o previsto em lei, para os casos de aposentadoria voluntária.

Por fim, deve ser pedido **(a)** a notificação da autoridade coatora para que preste informações; **(b)** a ciência do órgão de representação judicial da Ré para apresentar defesa; **(c)** a concessão da medida liminar; **(d)** a procedência do pedido; **(e)** a intimação do Ministério Público; **(f)** a autorização para a juntada de documentos; **(g)** a condenação da Ré ao pagamento das custas processuais.

Quando a peça em questão for classificada como Resposta do Réu, ou seja, Contestação ou Contrarrazões, a estrutura será parecida com a das petições iniciais, porém, teremos que fazer duas tabelas, uma com a estrutura idêntica a esta e outra para servir de rascunho para a peça que o aluno vai redigir.

ESTRUTURAÇÃO DA INICIAL		
→ **Legitimidade Ativa**		Quem está propondo a ação?
→ **Legitimidade Passiva**		Em face de quem a ação está sendo proposta?
→ **Competência**		Qual o juízo competente (*estadual ou federal? Órgão colegiado ou juiz singular?*)
Pedido ↑	→ **Liminar**	É o caso de tutela de urgência ou evidência?
	→ **Principal**	Qual a finalidade da ação e o que é necessário, processual e materialmente, para alcançá-la?
→ **Causa de Pedir**		Fundamentação jurídica

ESTRUTURAÇÃO DE DEFESA		
→ **Legitimidade Passiva**		Quem está apresentando Defesa?
→ **Legitimidade Ativa**		Quem propôs a ação?
→ **Competência**		Mesmo juízo em que foi protocolada a inicial (*ou o Recurso, no caso de Contrarrazões*)
Pedido ↑	→ **Preliminares**	Há preliminares?
	→ **Principal**	Improcedência dos pedidos formulados pelo Autor **ou** que sejam acatadas as alegações do instrumento de contrarrazões e negado o provimento do recurso.
→ **Causa de Pedir**		Fundamentação jurídica

Exemplo 2

Francisco, servidor público que exerce o cargo de motorista do Ministério Público Federal da 3ª Região, localizada em São Paulo, há tempo vinha alertando o setor competente de que alguns carros oficiais estavam apresentando constantes problemas na pane elétrica e no sistema de frenagens, razão pela qual deveriam ser retirados temporariamente da frota oficial até que tais problemas fossem solucionados.

Contudo, nesse ínterim, durante uma diligência oficial, em razão de tais problemas, Francisco perdeu o controle do veículo que dirigia e acabou destruindo completamente a moto de Mateus, estudante do 3º período de Direito, que estava estacionada na calçada.

Mateus, por essa razão, assim que obteve sua inscrição como advogado nos quadros da Ordem dos Advogados, ingressou, em causa própria, perante o Juízo da Vara Federal da Seção Judiciária de São Paulo, com ação de responsabilidade civil, com fulcro no Art. 37, § 6º, da CF/88 em face de Francisco e da União Federal, com o intuito de ser ressarcido pelos danos causados à sua moto.

Na referida ação, Mateus alega que (i) não há que se falar em prescrição da pretensão ressarcitória, tendo em vista não terem decorrido mais de cinco anos do evento danoso, nos termos do Dec. 20.910/32; (ii) que, nos termos do Art. 37, § 6º, da CF/88, as pessoas jurídicas de direito público responderão pelos danos que seus agentes, nessa qualidade, causarem a terceiros, com fulcro na teoria do risco administrativo; (iii) que estão presentes todos os elementos necessários para configuração da responsabilidade civil. Considerando as informações acima mencionadas e que, de fato, decorreram apenas quatro anos do evento danoso, apresente a peça pertinente para a defesa dos interesses de Francisco, sem criar dados ou fatos não informados.

ESTRUTURAÇÃO DA INICIAL	
→ **Legitimidade Ativa**	Mateus
→ **Legitimidade Passiva**	União
→ **Competência**	Juiz Federal
Pedido → **Liminar**	*Não*
Pedido → **Principal**	Responsabilidade Civil Extracontratual, com base na teoria do risco administrativo.
→ **Causa de Pedir**	Art. 37, §6º, da CF

ESTRUTURAÇÃO DE DEFESA	
→ **Legitimidade Passiva**	Francisco
→ **Legitimidade Ativa**	Mateus
→ **Competência**	Juiz Federal
Pedido → **Preliminares**	Ilegitimidade passiva
Pedido → **Principal**	Reconhecimento da preliminar e, em caso de ultrapassada, a improcedência dos pedidos do autor com base na teoria do risco administrativo.
→ **Causa de Pedir**	Art. 337, XI, CPC c/c Art. 37, §6º da CF

RESOLUÇÃO: EXEMPLO 2

A peça cabível é a Contestação, com fulcro nos arts. 335 e 336, do CPC.

A Contestação deve ser dirigida ao Juiz Federal, uma vez que é o mesmo juízo que recebeu a petição inicial ora impugnada.

Francisco deve figurar na qualidade de Réu, ou seja, em nome dele deve ser apresentada a Contestação, e em face às alegações do Autor (Mateus).

Fundamentação jurídica:

Preliminarmente, deve ser requerido a extinção do processo sem julgamento do mérito, em preliminar de ilegitimidade de parte, nos moldes do art. 337, XI do CPC. Tal situação decorre do fato de que Francisco não é legítimo para figurar no polo passivo da ação.

Neste sentido, a ilegitimidade de parte se baseia no fato de que o agente público agiu em nome do ente público e não em seu nome e, uma vez que atuou na qualidade de agente, seus atos serão imputados à pessoa jurídica que ele integra. Trata-se de aplicação do princípio da impessoalidade. Ademais, o art. 37, §6º da CF estabelece uma dupla garantia, definindo que a vítima tem a garantia de cobrar os prejuízos do Estado e que o agente somente pode ser cobrado pelo Estado mediante a propositura de ação de regresso.

Ainda em sede preliminar, espera-se que o examinando sustente a prescrição da pretensão formulada por Mateus, uma vez que o prazo prescricional de cinco anos se aplica ao ente público, mas não ao agente público que segue as disposições do art. 206, §3º, V do Código Civil.

Em sendo superadas as preliminares, deve o candidato argumentar que a responsabilidade objetiva definida no art. 37, §6º se aplica somente à responsabilização do Estado, não sendo cabível para fins de responsabilização do agente público. Desta forma, seria necessária a demonstração do elemento subjetivo, ou seja, o dolo ou a culpa de Francisco, para que pudesse se caracterizar sua responsabilização.

Nos pedidos, deve ser requerido:

a) a extinção do processo sem julgamento de mérito em virtude da carência de ação, decorrente da ilegitimidade da parte ré; b) o reconhecimento da prescrição da pretensão punitiva, extinguindo o feito com julgamento de mérito, nos moldes do art. 206, §3º, V do Código Civil; c) não sendo acatadas as teses anteriores, sejam julgados improcedentes os pedidos do autor; d) a juntada de todos os documentos necessários à comprovação do direito alegado; e) a condenação do autor ao pagamento de custas processuais e honorários advocatícios.

Quando a peça em questão for instrumento de **Recurso**, a estrutura será parecida com a das petições iniciais, porém, teremos que fazer duas tabelas, uma com a estrutura idêntica a esta e outra para servir de rascunho para a peça que o aluno vai redigir.

ESTRUTURAÇÃO DA INICIAL		
→ **Legitimidade Ativa**		Quem está propondo a ação?
→ **Legitimidade Passiva**		*Em face de quem* a ação está sendo proposta?
→ **Competência**		Qual o juízo competente (*estadual ou federal? Órgão colegiado ou juiz singular?*)
→ **Pedido**	→ **Liminar**	É o caso de tutela de urgência ou evidência?
	→ **Principal**	Qual a finalidade da ação e o que é necessário, processual e materialmente, para alcançá-la?
→ **Causa de Pedir**		Fundamentação jurídica

ESTRUTURAÇÃO DO RECURSO		
→ **Recorrente**		Quem foi o sucumbente na ação?
→ **Recorrido**		Quem foi que teve seus pedidos reconhecidos pelo juízo *a quo*?
→ **Competência**		É dirigido ao juízo *a quo* para remeter ao *juízo ad quem*? É dirigido diretamente ao juízo *ad quem*? Tem foro específico?
→ **Pedido**	→ **Efeito Suspensivo?**	Tem os requisitos necessários para pedir o efeito suspensivo?
	→ **Principal**	Qual a finalidade do Recurso?
→ **Causa de Pedir**		Fundamentação jurídica

Exemplo 3

Em 20/1/2023, foi instaurado procedimento administrativo disciplinar, por portaria publicada no DOU, com descrição suficiente dos fatos, para apurar a conduta de Humberto, servidor público estável, residente em Brasília, no Distrito Federal, que teria, de forma ilegal, favorecido várias prefeituras que, embora em desacordo com as disposições da Lei de Responsabilidade Fiscal, teriam voltado à situação de aparente legalidade para receberem verbas públicas.

A comissão encarregada do processo disciplinar, designada pela autoridade competente, foi composta pelos seguintes servidores, todos de nível hierárquico superior ao do indiciado: Ana Maria, admitida, por concurso público, em 20/8/2019, Geraldo, admitido por concurso público em 14/2/2019, e Cássio, não concursado, que exerce, desde 20/6/2021, cargo em comissão declarado em lei de livre nomeação e exoneração.

O feito foi regularmente conduzido, tendo sido garantidos o contraditório e a ampla defesa. O julgamento foi realizado em tempo hábil, segundo a legislação que rege a matéria, sendo acolhidas as conclusões da comissão.

Ao final, em ato do ministro do Trabalho e Emprego, por meio da Portaria n.º 123, de 9/3/2023, publicada no DOU de 10/3/2023, Humberto foi demitido do cargo público de administrador.

Em razão disso, impetrou, no prazo legal e no juízo competente, mandado de segurança, com pedido de liminar, aduzindo, com a devida fundamentação, que o ato de demissão seria inválido.

A autoridade impetrada sustentou, nas informações, a impossibilidade de alteração do mérito administrativo pelo Poder Judiciário, sob pena de violação ao princípio republicano da separação de poderes.

A liminar foi indeferida e a ordem foi denegada após regular processamento. A decisão foi publicada em 13/5/2023, uma segunda-feira.

Em face dessa situação hipotética, redija, na qualidade de advogado(a) contratado(a) por Humberto, a peça processual cabível à espécie, datando-a no último dia do prazo.

ESTRUTURAÇÃO DA INICIAL		
→ **Legitimidade Ativa**		Humberto
→ **Legitimidade Passiva**		**Autoridade Coatora:** Ministro do Trabalho e Emprego **Réu:** União Federal
→ **Competência**		STJ
Pedido →	→ **Liminar**	Suspensão do ato de demissão.
	→ **Principal**	Anulação do ato de demissão.
→ **Causa de Pedir**		Art. 149, da Lei nº 8112/90

ESTRUTURAÇÃO DO RECURSO		
→ **Recorrido**		*Quem foi o sucumbente na ação?* Humberto
→ **Recorrido**		União Federal
→ **Competência**		STF
Pedido →	→ **Efeito Suspensivo?**	Não.
	→ **Principal**	Anulação do ato de demissão.
→ **Causa de Pedir**		Art. 149, da Lei nº 8112/90

RESOLUÇÃO: EXEMPLO 3

A peça cabível é o Recurso Ordinário Constitucional, com fulcro no art. 102, II, *a*, da CRFB e art. 1027 do CPC.

A folha de rosto deve ser direcionada ao Ministro Presidente do Superior Tribunal de Justiça, solicitando a remessa ao Supremo Tribunal Federal, competente para julgá-lo.

O recurso propriamente dito deverá ser direcionado ao Supremo Tribunal Federal, sendo que Humberto figura como Recorrente, e a União como Recorrida (*observe que a Autoridade Coatora não figura no polo passivo do recurso, haja vista que ela já foi notificada no bojo da ação e já prestou as informações necessárias ao juízo*).

No mérito, deve ser demonstrado que o art. 149 da Lei nº 8.112/90 dispõe que a comissão do processo administrativo disciplinar deverá ser composta por três servidores estáveis, de modo que, na situação em epígrafe tal dispositivo não fora observado, uma vez que Cássio é servidor não concursado, detentor de cargo de comissão.

Nos pedidos, deve requer: **(a)** que seja o presente recurso conhecido e provido, determinando-se a reforma da decisão para que seja proferida nova decisão, com anulação do ato de demissão do Recorrente; **(b)** a juntada de comprovação do preparo; **(c)** a condenação da Recorrida ao pagamento das custas processuais.

Agora, antes de praticar, devemos nos atentar às particularidades estruturais de cada peça, que já foram estudadas no livro *"Administrativo. Teoria e Prática – OAB 1ª e 2ª fases"*, **e vamos, aqui, apenas revisar com mapas mentais.**

Peculiaridades da estrutura de cada peça processual

AÇÃO DE PROCEDIMENTO COMUM

Ação de procedimento comum

Endereçamento:
juiz federal
ou juiz estadual

Cabimento:
Art. 319, CPC

Tutelação de urgência:
Art. 300, CPC
Probabilidade do Direito
e Perigo de dano ou risco
ao resultado útil do processo

Pedidos:
Citação do réu;
Procedência do pedido;
Produção de todos os meios
de prova;
Pagamento custas e honorários

Autocomposição:
Art. 319, VII, CPC

MANDADO DE SEGURANÇA

Mandado de Segurança

Endereçamento:
Art. 20, Lei nº 9.507/97
GPS (estadual)

Cabimento:
Art. 5º, LXIX, CF/88
Art. 1º, Lei 12.016/09

Legitimidade passiva:
Réu: órgão/entidade
A. Coautora: quem praticou o ato

Medida liminar:
Art. 7º, III, Lei 12.016/09
Perigo de ineficácia
de medida e Fundamento
relevante do pedido

Pedidos:
notificação da autoridade coautora;
ciência do órgão de representação
judicial do réu;
concessão da medida liminar;
procedência do pedido;
intimação do Ministério Público;
autorização da juntada de documentos;
condenação do Réu ao pagamento das
custas processuais

Não tem
autocomposição

AÇÃO POPULAR

Ação Popular

Réus:
Agente público
Entidade Pública
Particular beneficiário

Pedidos:
citação dos Réus;
concessão da tutela de urgência;
procedência do pedido – **incluindo o ressarcimento ao Erário e eventuais prejuízos causados**;
intimação do Ministério Público;
produção de provas, juntada de documentos, **inclusive título de eleitor**;
requisição ao Réu, nos moldes do art. 7º, I, "b", Lei nº 4.717/65 para juntar os documentos que comprovam as alegações do autor;
condenação do Réu ao pagamento de custas processuais e honorários

Endereçamento:
juiz federal
ou juiz estadual

Cabimento:
Art. 5º, LXXIII, CF/88
Art. 1º, Lei 4.717/65

Tutela de urgência:
Probabilidade do Direito e
Perigo de dano ou risco ao resultado útil do processo
Art. 5°, § 4°, Lei 4.714/65
Art. 300, CPC

Autocomposição:
Art. 319, VII, CPC

AÇÃO CIVIL PÚBLICA

Ação Civil Pública

Réus:
Agente público
Entidade Pública
Particular beneficiário

Pedidos:
citação dos Réus;
concessão da tutela de urgência;
procedência do pedido – **incluindo o ressarcimento ao Erário e eventuais prejuízos causados**;
intimação do Ministério Público;
produção de **todos os meios de provas** e juntada de documentos;
condenação do Réu ao pagamento de custas processuais e honorários

Endereçamento:
juiz federal
ou juiz estadual

Cabimento:
Art. 1º, Lei nº 7.347/85

Tutela de urgência:
Probabilidade do Direito e
Perigo de dano ou risco ao resultado útil do processo
(Pode ser chamada de liminar)
Art. 300, CPC

Autocomposição:
Art. 319, VII, CPC

Legitimidade ativa:
Associação
Art. 5º, Lei nº 7.347/85

MANDADO DE SEGURANÇA COLETIVO

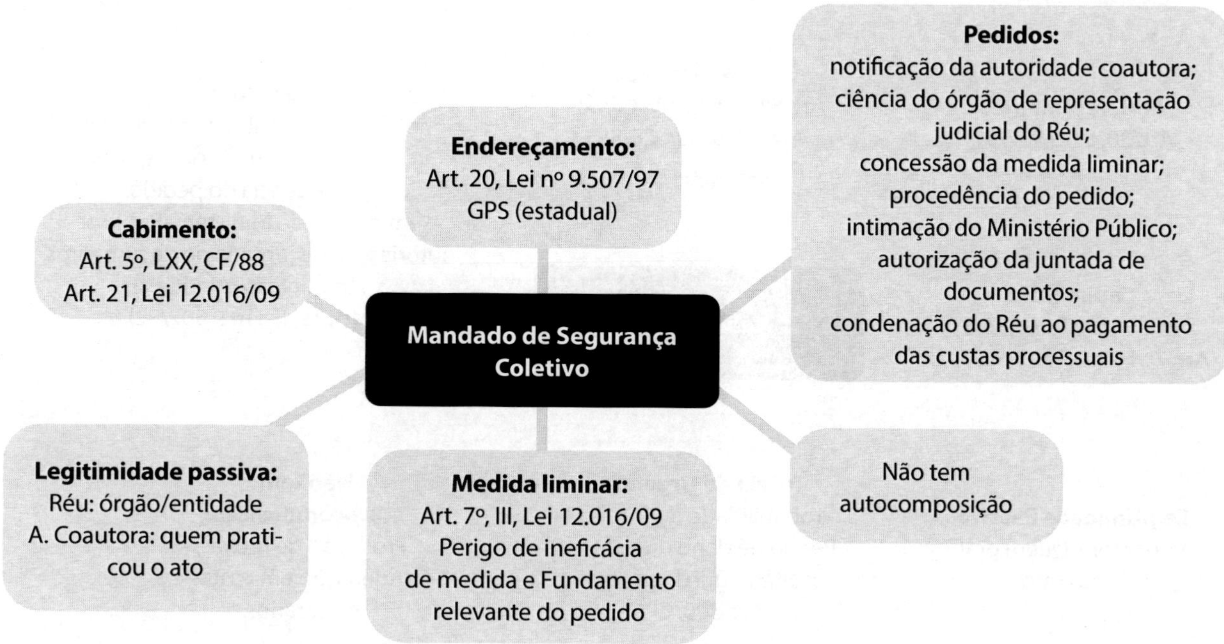

AÇÃO DE DESAPROPRIAÇÃO

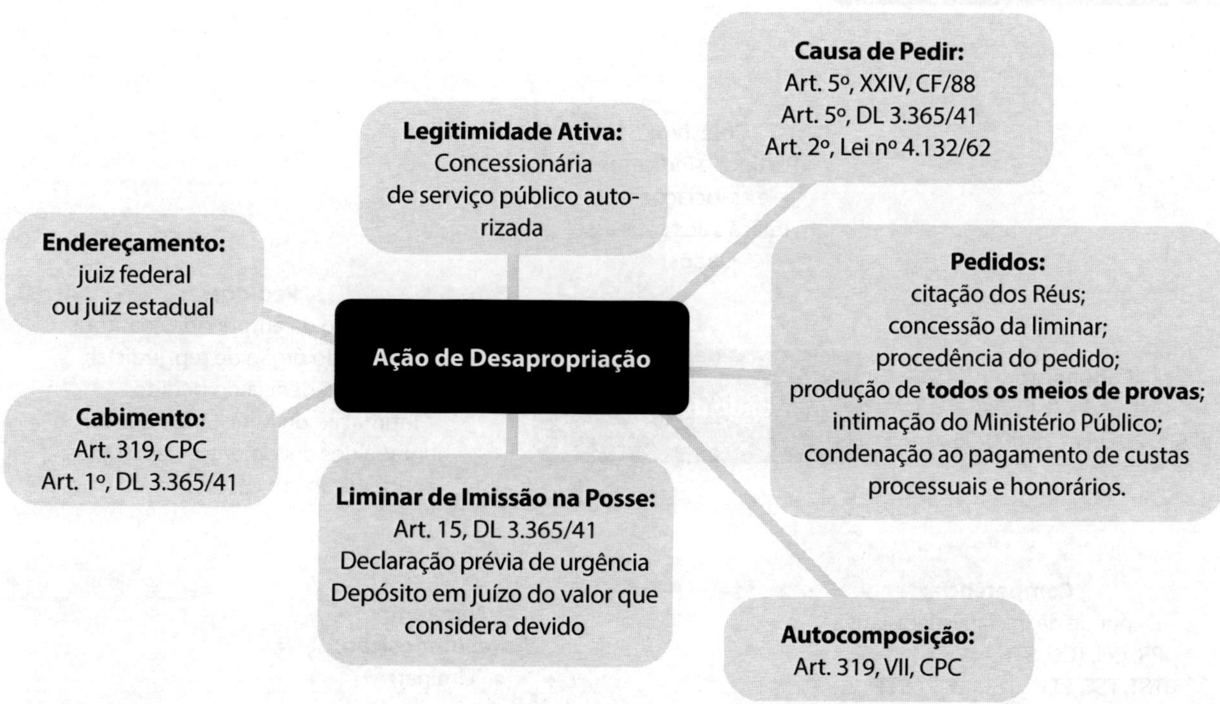

HABEAS DATA

Habeas Data

Endereçamento:
Art. 20, Lei 9.507/97

Mérito:
Art. 5º, XXIII e XIV, CF/88
Art. 37, *caput*, CF/88
Lei 12.527/11

Pedidos:
notificação da autoridade coautora;
concessão da tutela de urgência;
procedência do pedido;
intimação do Ministério Público;
autorização da juntada de documentos;
tramitação prioritária
(art. 19, Lei nº 9.507/92).

Cabimento:
Art. 5º, LXXII, *a*, CF/88
Art. 7º, I, da Lei nº 9.507/97

Legitimidade Passiva:
A Coautora: Quem praticou o ato

Tutela de Urgência:
Probabilidade do Direito e Perigo de dano ou risco ao resultado útil do processo
Art. 300, CPC

Não tem:
Autocomposição;
Produção de provas;
Condenação em custas e honorários.

MANDADO DE INJUNÇÃO

Mandado de Injunção

Coletivo:
Partidos, sindicatos e associações
(em relação aos seus associados)

Pedidos:
notificação da autoridade coautora;
ciência do órgão de rep. judicial;
procedência do pedido;
intimação do Ministério Público;
juntada dos documentos necessários;
condenação em custas processuais.

Cabimento:
Art. 5º, LXXI, CF/88
Art. 2º, Lei nº 13.000/06

Competência:
Depende da iniciativa legislativa
PR, CN, TCU, STF,
TST, TSE, STJ → **STF**
Lei Federal (outro) → **STJ**
Lei Estadual → **TJ**
Lei Municipal → **STJ**

Não tem:
Autocomposição;
Liminar;
Produção de provas;
Condenação em custas e honorários.

CONTESTAÇÃO

Contestação

Endereçamento:
Mesmo da Inicial

Preliminar:
Varia conforme o caso concreto;
nome específico;
pode pedir a extinção do feito **com ou sem** análise do mérito;
Se superada (princípio da eventualidade e concentração), passa-se ao mérito;

Pedidos:
que seja reconhecida a preliminar (extinção...);
caso a preliminar seja superada, improcedência dos pedidos do autor;
produção de provas;
condenação do AUTOR ao pagamento de custas e honorários.

Cabimento:
Arts. 335 e 336 CPC

APELAÇÃO

Apelação

Prazo:
Art. 1.003, § 3º, CPC

Endereçamento:
Folha de rosto:
Juízo *a quo*
Recurso:
Juízo *ad quem*

Pedidos:
reconhecimento e provimento do recurso;
juntada de comprovação do preparo;
condenação do apelado ao pagamento de custas e honorários.

Cabimento:
Art. 1.009, CPC

RECURSO ORDINÁRIO CONSTITUCIONAL

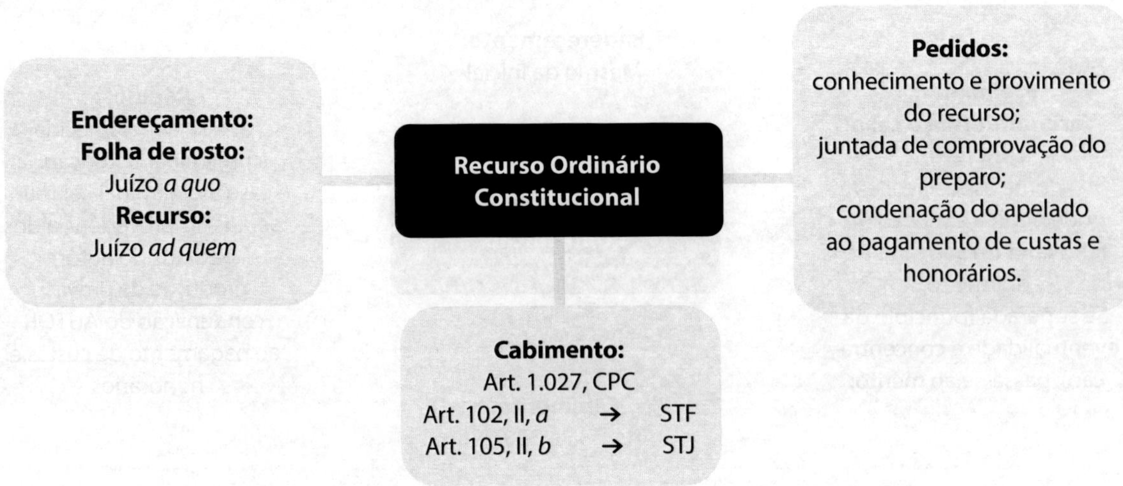

RECURSO EXTRAORDINÁRIO

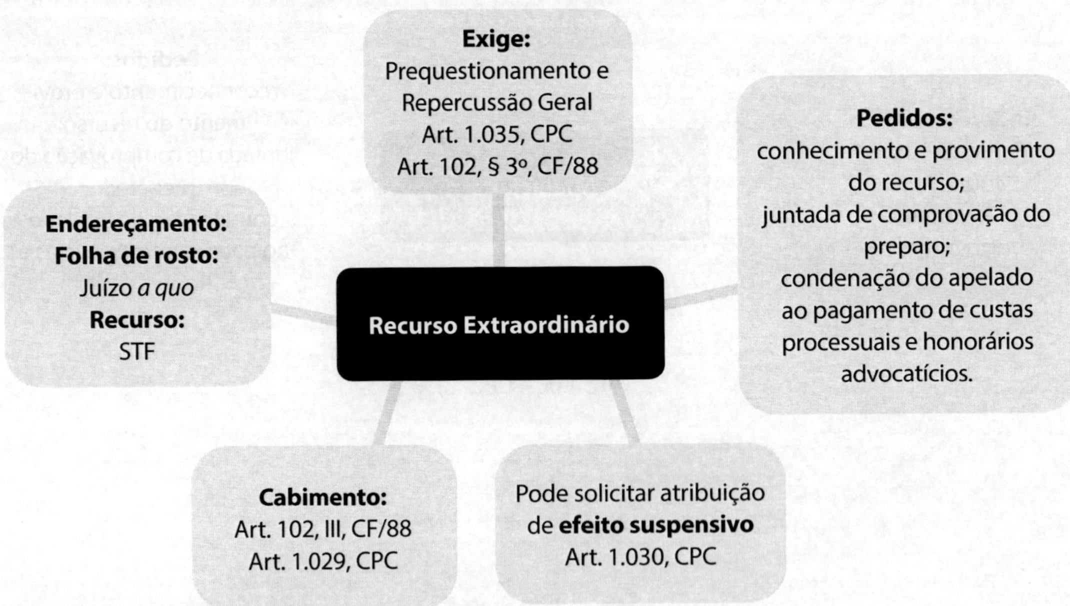

RECURSO ESPECIAL

Recurso Especial

Exige:
Prequestionamento

Pedidos:
conhecimento e provimento do recurso;
juntada de comprovação do preparo;
condenação do apelado ao pagamento de custas processuais e honorários advocatícios.

Endereçamento:
Folha de rosto:
Juízo *a quo*
Recurso:
STJ

Cabimento:
Art. 1.029, CPC
Art. 105, III, CF/88

Demonstração da relevância da questão
EC n.º 125
ATENÇÃO: Enunciado Administrativo STJ n.º 8 – necessidade de lei regulamentadora.

Pode solicitar atribuição de **efeito suspensivo**
Art. 1.030, CPC

CONTRARRAZÕES

Contrarrazões

Cabimento:
Art. 1.010, § 1º
Art. 1.028, § 2º
Art. 1030, *caput*
CPC

Endereçamento:
Folha de rosto:
Juízo *a quo*
Recurso:
Juízo *ad quem*

Pedidos:
que sejam acatadas as alegações e negado o provimento do recurso impugnado;
condenação do recorrente ao pagamento de custas e honorários.

Pode solicitar atribuição de **efeito suspensivo**
Art. 1.030, CPC

AGRAVO DE INSTRUMENTO

Endereçamento:
Instância imediatamente superior

Cabimento:
Art. 1.015, CPC

Agravo de Instrumento

Pedidos:
que seja atribuído o efeito suspensivo (*se for o caso*); provimento do recurso; juntada da comprovação do preparo; condenação do agravado em custas e honorários.

Pode solicitar atribuição de **efeito suspensivo**

AGRAVO INTERNO (REGIMENTAL)

Competência:
Relator

Agravo Interno

Pedidos:
que seja conhecido e provido o recurso
condenação do agravado em custas e honorários.

Cabimento:
Art. 1.021, CPC
RI do Tribunal

RECLAMAÇÃO

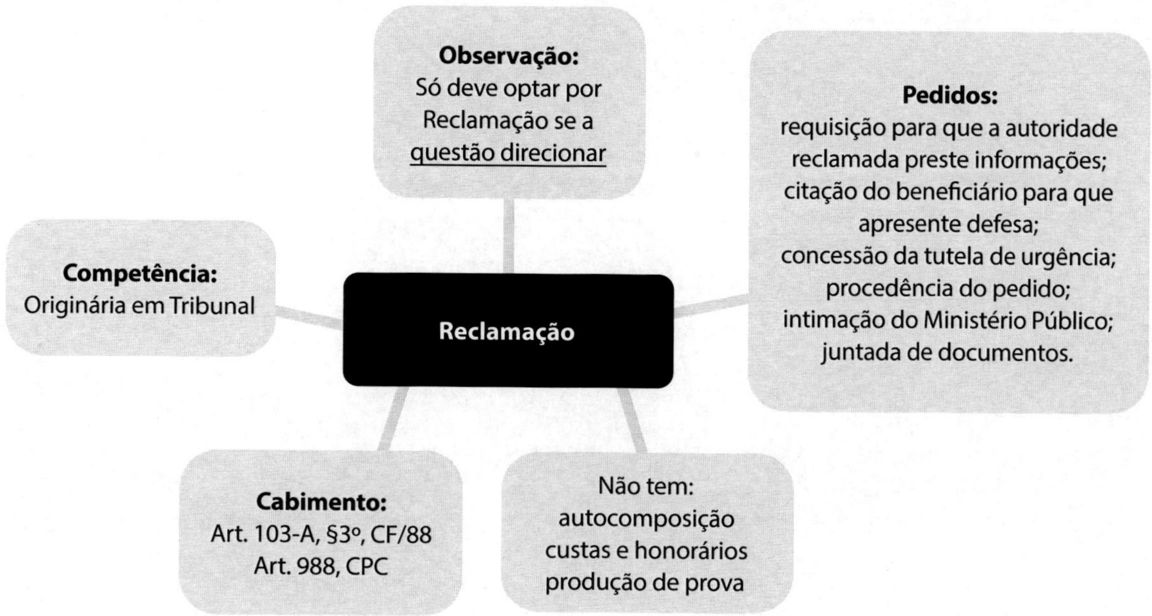
Reclamação
Observação:
Só deve optar por Reclamação se a questão direcionar
Pedidos:
requisição para que a autoridade reclamada preste informações;
citação do beneficiário para que apresente defesa;
concessão da tutela de urgência;
procedência do pedido;
intimação do Ministério Público;
juntada de documentos.
Competência:
Originária em Tribunal
Cabimento:
Art. 103-A, §3º, CF/88
Art. 988, CPC
Não tem:
autocomposição
custas e honorários
produção de prova

PARTE 3

Questões DISCURSIVAS: COMO RESOLVER?

Questões discursivas:
Como resolver?

As questões discursivas podem ser **casuísticas** ou **conceituais**. Ou seja, podem se dirigir à resolução de um caso específico ou exigir, tão somente, o conceito de determinado instituto jurídico e suas características.

Algumas questões vêm divididas, com as **letras A e B**. Nesses casos, é imprescindível que o aluno divida a resposta da mesma forma, se não o fizer, poderá ter a sua **questão zerada**.

Se as questões que são subdivididas em A e B venham, cada uma com duas perguntas, por exemplo, é necessário **subdividi-las da mesma forma na resposta**, como **A.1, A.2, B.1 e B.2.**

É importante destacar que algumas questões, em que pese sejam aparentemente casuísticas, podem ter o intuito de direcionar a resposta a uma perspectiva conceitual. Essas são chamadas de **questões implícitas.**

Dica

Sugere-se que o aluno, antes de responder à questão, identifique todos os dispositivos legais cabíveis – se houver –, e discorra sobre qual **a linha de raciocínio jurídica utilizada para chegar àquela conclusão, buscando dar uma resposta o mais completa possível**. Assim, a formatação da questão discursiva se assemelha à estrutura utilizada na parte do mérito das peças prático-profissionais.

Durante a realização do Exame de Ordem, o examinando dispõe de pouco tempo para responder a todas as questões. Sendo assim, é importante que o resumo seja feito de forma objetiva, apenas para direcionar a elaboração da resposta completa, apontando o que não pode faltar no seu conteúdo.

Observação:

Mera transcrição de dispositivo legal não pontua, então, o aluno não deve fazê-lo, porque, via de regra, não há espaço suficiente.

RASCUNHO - QUESTÕES DISCURSIVAS	
→ **Resposta**	Sim
	Não
→ **Fundamentação Jurídica**	Dispositivos Legais
	Institutos Jurídicos

Exemplo 1

João, servidor público, fiscal de determinada agência reguladora federal, promoveu a interdição cautelar de um estabelecimento comercial por violação de normas regulatórias. Após dois meses, a agência reguladora constatou que a interdição ocorreu por erro do fiscal e autorizou a desinterdição do estabelecimento. Posteriormente, a empresa prejudicada ajuizou Ação contra o servidor responsável pela interdição, por meio da qual pediu indenização sob a alegação de que João foi o responsável pelo prejuízo.

Diante dessa situação hipotética, fundamentadamente, responda se a empresa prejudicada agiu com acerto.

RESOLUÇÃO: EXEMPLO 1

Observa-se que não há perguntas diretas, mas, pede que o examinando opine acerca do caso concreto. Por isso, não é necessário que se responda "sim" ou "não", apenas aborde o tema cobrado com base no caso apresentado pelo enunciado.

RASCUNHO - QUESTÃO DISCURSIVA	
→ **Resposta**	-
	-
→ **Fundamentação Jurídica**	*Não é possível a propositura de ação diretamente em face do agente público causador do dano.*
	O Art. 37, § 6º da CF, estabelece a responsabilidade estatal, garantindo o direito ao particular lesado de ser indenizado pelos prejuízos que sofreu, mas também concedeu ao agente a garantia de apenas ser cobrado pelo Estado, através da ação de regresso. Teoria da dupla garantia. Observância do Princípio da Impessoalidade.
	A responsabilização do Estado se configura objetiva, mas seus agentes respondem de forma subjetiva, após análise de dolo ou culpa.

A resposta, então, poderia ser da seguinte maneira:

A empresa prejudicada não agiu de forma correta. Conforme entendimento pacificado no Supremo Tribunal Federal, não é possível a propositura de ação diretamente em face do agente público causador do dano. O Art. 37, § 6º, da CF, estabelece a responsabilidade estatal, garantindo o direito ao particular lesado de ser indenizado pelos prejuízos que sofreu, mas também concedeu ao agente a garantia de apenas ser cobrado pelo Estado, através da ação de regresso. Essa garantia da vítima e do agente recebe o nome de dupla garantia, que também visa resguardar o princípio da impessoalidade.

Além disso, segundo o entendimento da doutrina majoritária, a responsabilização do ente público se configura objetiva, mas seus agentes respondem de forma subjetiva, após análise de dolo ou culpa, perante o Estado em ação de regresso. Sendo assim, embora a responsabilidade seja atribuída ao Poder Estatal, o agente que ensejou o dano não se exime de ressarcir os prejuízos causados ao ente público.

Exemplo 2

Maria, servidora pública federal, é casada com Antônio, portador de obesidade mórbida, reconhecida por junta médica oficial. Com vistas a proporcionar o tratamento de que o marido necessita, inexistente no seu atual domicílio, Maria requereu a sua remoção para a capital do estado. A administração pública, ao fundamento de que a remoção só pode ser concedida no interesse da administração, negou o seu pedido, alegando não poder prescindir do trabalho de Maria. Além disso, arguiu que não há vagas na capital. Com base nessa situação hipotética, redija um texto em que responda, de forma fundamentada, ao seguinte questionamento. Agiu com acerto a administração?

RESOLUÇÃO: EXEMPLO 2

A questão faz uma pergunta direta, então é necessário responder ao que foi perguntado, à luz do caso concreto.

RASCUNHO – QUESTÃO DISCURSIVA	
→ **Resposta**	Não
→ **Fundamentação Jurídica**	*Art. 36 da Lei nº 8.112/90*
	Ato discricionário e Ato vinculado
	Art. 36, §único, III, b, da Lei nº 8.112/90 – ato vinculado – Laudo médico oficial.

A resposta, então, poderia ser da seguinte maneira:

Não agiu com acerto a Administração. Inicialmente, cabe ressaltar que a remoção é regulamentada no art. 36 da Lei nº 8.112/90 como um ato administrativo discricionário de deslocamento do servidor dentro o mesmo quadro de pessoal, com ou sem mudança de sede, sempre conferida ou a pedido do servidor e concedida a critério da administração, ou de ofício, no interesse da administração pública.

Todavia, há hipóteses em que a lei prevê a possibilidade de a remoção ser um ato vinculado, de modo que, cumprido o requisito legal, o servidor público terá direito a ela, que será concedida independentemente da existência de vagas e do interesse da administração. Nesse sentido, o art. 36, Parágrafo Único, inciso III, alínea "b", da Lei 8.112/90, regulamenta que em casos de problemas de saúde do servidor, cônjuge, companheiro ou dependente econômico dele, declarado por laudo médico oficial, que gere a necessidade de remoção, o pedido não pode ser negado.

No caso em apreço, a remoção da servidora foi negada, não obstante o cônjuge da servidora seja portador de uma doença reconhecida por junta médica oficial, e precise se mudar para fazer o tratamento necessário à sua cura.

Exemplo 3

A administração pública abriu sindicância a fim de apurar se Henrique, servidor público, teria praticado crime contra a administração. A sindicância, concluída no prazo legal, resultou na instauração de processo disciplinar contra o servidor. Os autos da sindicância integraram o processo disciplinar, como peça informativa da instrução.

Durante o processo, foram assegurados o contraditório e a ampla defesa a Henrique. A administração, ao final, com base em prova emprestada, licitamente obtida por meio de interceptação telefônica, e nos depoimentos colhidos durante a instrução do processo disciplinar, considerou que a infração estava capitulada como ilícito penal, encaminhou cópia dos autos ao Ministério Público e aplicou, de forma motivada, pena de demissão ao servidor.

Considerando a situação hipotética apresentada acima, responda, de forma fundamentada, aos questionamentos a seguir.

A) No decorrer da sindicância, era prescindível o exercício do direito de defesa do servidor?

B) De acordo com orientação do Supremo Tribunal Federal, há obstáculo jurídico para a utilização da citada prova emprestada no processo administrativo disciplinar?

RESOLUÇÃO: EXEMPLO 3

RASCUNHO - QUESTÃO DISCURSIVA	
→ Resposta	A) Sim.
	B) Não.
→ Fundamentação Jurídica	A) Sindicância: Investigativa ≠ Processual.
	B) Desde que obtida de forma lícita na sua origem. Súmula 592, STJ. Natureza de prova documental. Verdade real.

A resposta, então, poderia ser da seguinte maneira:

A) Sim. A situação trata de uma sindicância investigativa, instaurada com intuito de apuração de fatos, e não pode culminar em aplicação de penalidade. Portanto, a sua natureza é inquisitória, com a finalidade apenas de apurar se houve ou não o cometimento da infração, por isso, prescinde de contraditório.

B) Não há obstáculo jurídico para a utilização da citada prova emprestada no processo administrativo disciplinar, de acordo com o entendimento jurisprudencial dominante do Supremo Tribunal Federal, e também de acordo com a Súmula 591 do STJ.

   Com efeito, a prova emprestada tem natureza documental. Dessa forma, não é relevante saber a natureza da prova na sua origem, bastando que tenha sido produzida licitamente à época, para que possa ser emprestada e utilizada no bojo do processo administrativo.

   Ressalta-se, ainda, que no processo administrativo se busca a verdade real, razão pela qual não se pode admitir a não utilização de provas lícitas, a não ser que haja efetiva justificativa de evitar a realização de provas meramente protelatórias.

PARTE 4

Treinamento AVANÇADO

Treino nº 1

PEÇA PRÁTICO-PROFISSIONAL

A empresa Aquatrans é concessionária de transporte público aquaviário no Estado X há sete anos e foi surpreendida com a edição do Decreto 1.234, da Chefia do Poder Executivo Estadual, que, na qualidade de Poder Concedente, declarou a caducidade da concessão e fixou o prazo de trinta dias para assumir o serviço, ocupando as instalações e os bens reversíveis.

A concessionária, inconformada com a medida, especialmente porque jamais fora cientificada de qualquer inadequação na prestação do serviço, procura-o, na qualidade de advogado(a), e o contrata para ajuizar a medida judicial pertinente para discutir a juridicidade do decreto, bem como para assegurar à concessionária o direito de continuar prestando o serviço até que, se for o caso, a extinção do contrato se opere de maneira regular.

Elabore a peça processual adequada, levando em consideração que a matéria não demanda qualquer dilação probatória e que se deve optar pela medida judicial cujo rito, em tese, seja o mais célere.

ESTRUTURAÇÃO DA PEÇA – TREINO Nº 1

<table>
<tr><td colspan="2">→ Legitimidade Ativa</td><td></td></tr>
<tr><td colspan="2">→ Legitimidade Passiva</td><td></td></tr>
<tr><td colspan="2">→ Competência</td><td></td></tr>
<tr><td rowspan="2">→ Pedido</td><td>→ Liminar</td><td></td></tr>
<tr><td>→ Principal</td><td></td></tr>
<tr><td colspan="2">→ Causa de Pedir</td><td></td></tr>
</table>

PEÇA PROFISSIONAL 1/5

PEÇA PROFISSIONAL 2/5

PEÇA PROFISSIONAL 3/5

PEÇA PROFISSIONAL 4/5

PEÇA PROFISSIONAL 5/5

QUESTÃO 01

O Poder Executivo municipal da cidade X resolve, após longos debates públicos com representantes de associações de moradores, editar um decreto de desapropriação de uma determinada área urbana, a fim de atender às exigências antigas da comunidade local dos Pontinhos, que ansiava pela construção de um hospital público na região. Entretanto, outra comunidade de moradores do mesmo município X, localizada a 10 km da primeira comunidade acima citada e denominada Matinhos, resolve ajuizar mandado de segurança coletivo contra o ato (decreto expropriatório) praticado pelo Prefeito. A comunidade de Matinhos é devidamente representada pela respectiva associação de moradores, constituída há pelo menos cinco anos e em funcionamento. A ação judicial coletiva objetiva, em sede liminar e de forma definitiva, sob pena de multa, a decretação de nulidade do decreto de desapropriação e a determinação de que o hospital seja imediatamente construído na localidade de Matinhos. Argumenta a associação, ora autora da ação coletiva, que em sua campanha política o Prefeito prometeu a construção de um hospital na localidade de Matinhos e que, por razões de conveniência e oportunidade, o Poder Executivo municipal não deveria construir o hospital na localidade de Pontinhos, pois lá já existe um hospital público federal em funcionamento, enquanto na localidade de Matinhos não há qualquer hospital.

Diante da situação acima narrada e ao considerar que o decreto de desapropriação foi editado de forma válida e legal, sem qualquer vício de legalidade, explicite a possibilidade ou não de:

A) Anulação do ato administrativo de desapropriação pelo Poder Judiciário;

B) Determinação judicial de que o Prefeito deva construir o hospital na região de Matinhos.

RASCUNHO – QUESTÕES DISCURSIVAS	
→ **Resposta**	A)
	B)
→ **Fundamentação Jurídica**	A)
	B)

QUESTÃO 01

QUESTÃO 02

No curso de uma inundação e do aumento elevado das águas dos rios em determinada cidade no interior do Brasil, em razão do expressivo aumento do índice pluviométrico em apenas dois dias de chuvas torrenciais, o Poder Público municipal ocupou durante o período de 10 (dez) dias a propriedade de uma fazenda particular com o objetivo de instalar, de forma provisória, a sede da Prefeitura, do Fórum e da Delegacia de Polícia, que foram completamente inundadas pelas chuvas.

Diante da hipótese acima narrada, identifique e explicite o instituto de direito administrativo de que se utilizou o Poder Público municipal, indicando a respectiva base legal.

A simples menção ou transcrição do dispositivo legal não pontua.

RASCUNHO - QUESTÕES DISCURSIVAS	
→ **Resposta**	
→ **Fundamentação Jurídica**	

QUESTÃO 02

QUESTÃO 03

O prefeito do município "A", buscando aumentar o turismo na festa de Ano Novo de sua cidade, decidiu contratar músicos renomados e uma agência de publicidade para realizar a propaganda do evento, procedendo de referidas contratações diretamente, sem proceder à realização de licitação.

Com base no caso acima, responda, fundamentadamente, aos itens a seguir.

A) Pode o prefeito realizar as referidas contratações sem licitação? Sob qual fundamento legal?

B) Pode o administrador realizar contratação direta em casos que não estejam taxativamente arrolados na lei de licitações?

A simples menção ou transcrição do dispositivo legal não pontua.

RASCUNHO - QUESTÕES DISCURSIVAS	
→ **Resposta**	A)
	B)
→ **Fundamentação Jurídica**	A)
	B)

QUESTÃO 03

1	
2	
3	
4	
5	
6	
7	
8	
9	
10	
11	
12	
13	
14	
15	
16	
17	
18	
19	
20	
21	
22	
23	
24	
25	
26	
27	
28	
29	
30	

QUESTÃO 04

Em sede de processo administrativo disciplinar (PAD) instaurado após sindicância patrimonial em face de servidor público federal, foi-lhe aplicada a penalidade de demissão do serviço público, tendo em vista a constatação de variação patrimonial a descoberto.

Inconformado, o servidor demitido impetra mandado de segurança visando a anular o ato demissório e argumenta, preliminarmente, a nulidade do PAD por ter sido instaurado com base em denúncia anônima e por ter sido negada a constituição de defesa técnica, por parte da Administração Pública.

Considerando a narrativa fática hipotética acima, responda os questionamentos abaixo:

A) De acordo com o entendimento do Superior Tribunal de Justiça, é permitida a instauração do PAD com base em denúncia anônima?

B) Considerando o entendimento firmado pelo Supremo Tribunal Federal, no caso concreto, a nulidade do PAD pode ser constatada por não lhe ter sido assegurada defesa técnica?

A simples menção ou transcrição do dispositivo legal não pontua.

RASCUNHO – QUESTÕES DISCURSIVAS	
→ Resposta	A)
	B)
→ Fundamentação Jurídica	A)
	B)

QUESTÃO 04

Treino nº 2

PEÇA PRÁTICO-PROFISSIONAL

Maria Auxiliadora, servidora pública federal, por motivo de índole pessoal, sem apresentar qualquer justificativa, faltou ao serviço por períodos interpolados de 20 e 23 dias no período de 12 meses.

Diante do exposto, a chefia imediata de Maria Auxiliadora, decidiu instaurar processo administrativo disciplinar contra a referida servidora pública, sob o fundamento de que teria ela cometido a infração de inassiduidade habitual.

Em 20/10/2021, foi publicado ato que constituía comissão para apreciar o caso, a qual foi composta por dois servidores, sendo um comissionado e um estável; em 10/12/2021, a comissão, sem a apresentação da defesa pela servidora, elaborou relatório conclusivo, tendo constatado a responsabilidade de Maria; em 15/12/2021 a autoridade instauradora do processo julgou Maria responsável pela infração de inassiduidade habitual; em 20/12/2021 foi publicado ato do Presidente da República demitindo a servidora do cargo público. Nesse mesmo dia, Maria Auxiliadora tomou ciência da demissão no próprio órgão a que estava vinculada.

Já em 10/05/2022, Maria Auxiliadora procurou você, na qualidade de advogado (a), com o intuito de anular o ato de demissão, bem como retornar ao cargo que ocupava anteriormente. Vale ressaltar ainda que Maria está desempregada e precisa da tutela jurisdicional em caráter de urgência, visto que não possui recursos financeiros para o seu sustento e sua família depende dela financeiramente, pois é a sua provedora.

Em face dessa situação hipotética, redija, na qualidade de advogado (a) contratado (a) por Maria Auxiliadora, a peça processual cabível à espécie, mediante apontamento de todos os argumentos jurídicos pertinentes.

Obs.: a peça deve abranger os fundamentos de Direito que possam ser utilizados para dar respaldo à pretensão. A simples menção ou transcrição de dispositivo legal não confere pontuação.

ESTRUTURAÇÃO DA PEÇA – TREINO Nº 2

→ Legitimidade Ativa		
→ Legitimidade Passiva		
→ Competência		
→ Pedido	→ Liminar	
	→ Principal	
→ Causa de Pedir		

PEÇA PROFISSIONAL 1/5

PEÇA PROFISSIONAL 2/5

PEÇA PROFISSIONAL 3/5

PEÇA PROFISSIONAL 4/5

PEÇA PROFISSIONAL 5/5

121	
122	
123	
124	
125	
126	
127	
128	
129	
130	
131	
132	
133	
134	
135	
136	
137	
138	
139	
140	
141	
142	
143	
144	
145	
146	
147	
148	
149	
150	

QUESTÃO 01

Durante a propagação de um vírus que se espalhou por todo o mundo e que ocasionou inúmeros prejuízos que comprometeram a segurança das pessoas, o Estado S decretou estado de calamidade pública. Diante da crítica situação, várias pessoas precisaram ser hospitalizadas. Ocorre que, devido a grande quantidade de pacientes internados nos hospitais, os equipamentos de proteção individual necessários ao atendimento da situação emergencial, como máscaras e luvas, acabaram rapidamente.

Diante dessa situação, o Estado S, sem a observância de um procedimento licitatório e justificando a sua atuação com base no Poder Discricionário, não apresentou o motivo de escolher o fornecedor do produto, adquiriu da empresa Alfa milhares de máscaras, luvas e outros equipamentos hospitalares a fim de conter as consequências geradas pelo vírus.

Na qualidade de advogado(a) consultado(a), responda aos itens a seguir.

A) O Estado S poderia ter adquirido produtos da empresa Alfa sem o devido procedimento licitatório?

B) O Estado S agiu corretamente em não justificar a escolha pela empresa Alfa, tendo como justificativa o seu Poder Discricionário?

RASCUNHO - QUESTÕES DISCURSIVAS	
→ **Resposta**	A)
	B)
→ **Fundamentação Jurídica**	A)
	B)

QUESTÃO 01

QUESTÃO 02

Na cidade Y existe uma linha de trem que é operada por uma concessionária de serviço público, com sistema de condução semiautomatizado, ou seja, apesar da utilização de tecnologia avançada, como exemplo do piloto automático, ainda trabalha com a incidência da interferência humana em alguns aspectos.

Em um determinado dia, em razão de um erro humano, cometido por parte do controlador responsável pelo Centro de Controle Operacional, houve um acidente envolvendo a linha de Trem, deixando diversas vítimas, dentre elas, pessoas que faziam uso efetivo do transporte e pessoas que estavam próximas ao local do acidente e foram atingidas pelo descarrilamento do Trem.

Em razão disso, algumas vítimas sobreviventes do acidente procuram você para, na qualidade de advogado(a), responder, fundamentadamente, aos questionamentos a seguir.

A) A concessionária de serviços públicos pode ser acionada de forma preferencial em relação ao Poder Público?

B) Com base no entendimento do STF, discorra sobre como deve ser verificada a incidência da responsabilização pelos danos sofridos por vítimas usuárias e não usuárias do serviço público prestado.

RASCUNHO - QUESTÕES DISCURSIVAS	
→ **Resposta**	A)
	B)
→ **Fundamentação Jurídica**	A)
	B)

QUESTÃO 02

QUESTÃO 03

Luiz, servidor público comissionado, foi exonerado de seu cargo sem a apresentação dos motivos por parte da Administração Púbica.

Inconformado e alegando a ilegalidade do ato de exoneração praticado pelo Poder Público, procura você como advogado (a) para solucionar alguns questionamentos:

A) Houve ilegalidade pela não apresentação dos motivos da exoneração de Luiz?

B) No referido ato de exoneração, caso fossem apresentados motivos com vícios inerentes, quais as consequências jurídicas?

RASCUNHO - QUESTÕES DISCURSIVAS	
→ **Resposta**	A)
	B)
→ **Fundamentação Jurídica**	A)
	B)

QUESTÃO 03

QUESTÃO 04

JL Transportes, empresa de transporte coletivo que atua na cidade Y prestando serviço público, ultimamente vem prestando serviço de maneira inadequada, com muitos atrasos, veículos desgastados e irregularidades nos horários, além de outros descumprimentos contratuais.

Diante da má prestação do serviço público, a Administração aplicou diversas multas, porém sem sucesso, visto que a empresa JL Transportes continuou apresentando as mesmas irregularidades.

Com base no enunciado, utilizando-se dos argumentos e da fundamentação jurídica necessária, responda os questionamentos abaixo:

A) Nesse caso, tendo em vista que as multas não foram suficientes para regularizar a prestação do serviço e o cumprimento das obrigações do contrato administrativo, o Poder Público poderá adotar outras providências?

B) O Poder público poderá extinguir a concessão do serviço?

RASCUNHO - QUESTÕES DISCURSIVAS	
→ **Resposta**	A)
	B)
→ **Fundamentação Jurídica**	A)
	B)

QUESTÃO 04

Treino nº 3

PEÇA PRÁTICO-PROFISSIONAL

A equipe pedagógica da Escola Estadual Delta, resolveu implementar um projeto de esporte e lazer a toda a comunidade. Como evento inaugural, promoveu um campeonato esportivo e atividades recreativas no amplo espaço de esporte e lazer do colégio, tendo como único requisito a apresentação de documento de identificação.

Luan, estudante do Delta, levou seu irmão Jorge, que, embora não fosse matriculado na instituição de ensino, foi autorizado a ingressar e participar das programações, sem a presença dos responsáveis. Enquanto participavam das dinâmicas propostas pela professora Ana, os dois meninos foram surpreendidos e gravemente atingidos por uma barra de ferro, que se desprendeu de um antigo balanço infantil, o qual era pouco usado no colégio, por não ser devidamente fixado no chão.

A escola informou os pais sobre o acidente e encaminhou as crianças ao hospital, sendo então submetidas a procedimento cirúrgico. Luan teve traumatismo craniano, precisando permanecer internado. Jorge, por sua vez, teve fraturas no braço e perna direita.

Diante do ocorrido, Marina, mãe de ambos, ajuizou ação visando a responsabilização civil do Estado D, haja vista se tratar de evento público em escola estadual. O ente público foi regularmente citado, e alegou, em sua defesa, que Jorge não merecia amparo estatal, pois não estava matriculado na instituição de ensino, bem como não demonstrou a culpa e a relação entre o acidente e a conduta estatal, requerendo, então sua exclusão da lide.

Em 13/03/2020 (sexta-feira), o juiz acolheu, em decisão interlocutória, o pleito de exclusão do litisconsorte ativo, determinando seguimento do processo apenas em relação à Luan. Inconformada, Marina procurou você, na qualidade de advogado (a), para impugnar a mencionada decisão no que tange a Jorge, datando a peça no último dia do prazo.

ESTRUTURAÇÃO DA INICIAL

→ **Legitimidade Ativa**		
→ **Legitimidade Passiva**		
→ **Competência**		
→ **Pedido**	→ **Liminar**	
	→ **Principal**	
→ **Causa de Pedir**		

ESTRUTURAÇÃO DO RECURSO

→ **Agravante**		
→ **Agravado**		
→ **Competência**		
→ **Pedido**	→ **Efeito Suspensivo?**	
	→ **Principal**	
→ **Causa de Pedir**		

PEÇA PROFISSIONAL 1/5

PEÇA PROFISSIONAL 2/5

PEÇA PROFISSIONAL 3/5

PEÇA PROFISSIONAL 4/5

PEÇA PROFISSIONAL 5/5

QUESTÃO 01

A prefeitura do Município A, realizou concurso público para provimento dos cargos de técnico administrativo e guarda-vidas. O edital previa para ambos os cargos a restrição a pessoas com tatuagens que contrariem os princípios constitucionais e institucionais, limite de idade e exame psicotécnico, todos independentemente de previsão legal, sob o fundamento de que "o edital a lei do concurso".

Com base no exposto no enunciado da questão, responda os questionamentos utilizando a fundamentação jurídica necessária:

A) Assiste razão o Município? Qual é a natureza jurídica do referido edital?

B) Seria possível o edital prever cláusula de barreira? Defina o instituto e responda com base no entendimento jurisprudencial do STF.

A simples menção ou transcrição do dispositivo legal não pontua.

RASCUNHO - QUESTÕES DISCURSIVAS	
→ Resposta	A)
	B)
→ Fundamentação Jurídica	A)
	B)

QUESTÃO 01

QUESTÃO 02

Controlar a administração pública é fiscalizar a legitimidade e legalidade da atuação estatal. O controle pode ser realizado por diversos agentes, pela própria Administração Pública, pelo Poder Legislativo, entre outros. Em relação ao tema do controle administrativo, comente os seguintes itens:

A) Quanto à extensão do controle da atividade administrativa, explique e diferencie controle interno do externo.

B) O Poder Judiciário pode revogar ato administrativo?

A simples menção ou transcrição do dispositivo legal não pontua.

RASCUNHO - QUESTÕES DISCURSIVAS	
→ **Resposta**	A)
	B)
→ **Fundamentação Jurídica**	A)
	B)

QUESTÃO 02

QUESTÃO 03

Maurício, desembargador de tribunal de justiça estadual, Lucas, conselheiro de tribunal de contas estadual, e João, prefeito de município, cometeram ato de improbidade administrativa, previsto na Lei n.º 8.429/1992.

Com base nesse contexto, responda:

A) Qual será o juízo competente para processar e julgar cada agente?

B) Qual será o prazo prescricional e o termo inicial para ajuizamento da ação de improbidade em face de João em caso de reeleição?

A simples menção ou transcrição do dispositivo legal não pontua.

RASCUNHO – QUESTÕES DISCURSIVAS	
→ **Resposta**	A)
	B)
→ **Fundamentação Jurídica**	A)
	B)

QUESTÃO 03

1	
2	
3	
4	
5	
6	
7	
8	
9	
10	
11	
12	
13	
14	
15	
16	
17	
18	
19	
20	
21	
22	
23	
24	
25	
26	
27	
28	
29	
30	

QUESTÃO 04

Após firmar contrato com o Município Y, o licitante-vencedor é surpreendido pela majoração de tributos incidentes sobre determinada matéria-prima essencial à execução do contrato.

Considerando a presente situação, aplicando os fundamentos jurídicos pertinentes, responda os itens a seguir:

A) O particular contratado tem direito de revisão?

B) As cláusulas econômico-financeiras **podem** ser alteradas sem anuência do contratado?

A simples menção ou transcrição do dispositivo legal não pontua.

RASCUNHO - QUESTÕES DISCURSIVAS	
→ **Resposta**	A)
	B)
→ **Fundamentação Jurídica**	A)
	B)

QUESTÃO 04

Treino nº 4

PEÇA PRÁTICO-PROFISSIONAL

Pedro José ingressou na Infraero, empresa pública federal, em fevereiro de 1997, para o exercício do "CARGO A", o qual exigia o ensino médio como grau de escolaridade. Já em março de 2005, Pedro José ascendeu ao "CARGO B", sem a prestação de qualquer concurso público. Vale esclarecer que o "CARGO B" exigia o ensino superior como grau de escolaridade.

Posteriormente, em maio de 2011, a ascensão funcional conferida a Pedro José foi apreciada e aprovada pelo Tribunal de Contas da União. Contudo, em 2019, devido a denúncias de irregularidades em processos de ascensão funcional de cargos de nível médio a cargos de nível superior, o Tribunal de Contas da União realizou auditoria e constatou diversas irregularidades.

Em fevereiro de 2024, através do Acórdão nº 1234/2024, o Tribunal de Contas da União, sem efetivar qualquer notificação, anulou a ascensão funcional de Pedro José.

Diante de todos os fatos expostos e com base em provas pré-constituídas, Pedro José te procurou na qualidade de advogado (a) para adotar a medida jurídica mais adequada ao caso.

Obs.: a peça deve abranger os fundamentos de Direito que possam ser utilizados para dar respaldo à pretensão. A simples menção ou transcrição de dispositivo legal não confere pontuação.

ESTRUTURAÇÃO DA PEÇA – TREINO Nº 4

→ **Legitimidade Ativa**		
→ **Legitimidade Passiva**		
→ **Competência**		
→ **Pedido**	→ **Liminar**	
	→ **Principal**	
→ **Causa de Pedir**		

PEÇA PROFISSIONAL 1/5

PEÇA PROFISSIONAL 2/5

PEÇA PROFISSIONAL 3/5

61	
62	
63	
64	
65	
66	
67	
68	
69	
70	
71	
72	
73	
74	
75	
76	
77	
78	
79	
80	
81	
82	
83	
84	
85	
86	
87	
88	
89	
90	

PEÇA PROFISSIONAL 4/5

PEÇA PROFISSIONAL 5/5

121	
122	
123	
124	
125	
126	
127	
128	
129	
130	
131	
132	
133	
134	
135	
136	
137	
138	
139	
140	
141	
142	
143	
144	
145	
146	
147	
148	
149	
150	

QUESTÃO 01

Manoel foi nomeado e empossado no cargo de Analista Judiciário do Tribunal de Justiça do Estado X, o qual emitia certidões nos processos, expedia atos ordinatórios e todas as outras funções atribuídas ao cargo para qual foi nomeado. Após um ano em exercício das funções públicas inerentes ao cargo, foi instaurado regular processo administrativo para apurar vícios no ato de nomeação do servidor Manoel, uma vez que havia indícios de irregularidade, isto é, de burla pelo servidor às regras do concurso público.

Nesse caso hipotético, responda fundamentalmente os seguintes quesitos, na posição de advogado (a).

A) O ato de nomeação é nulo ou anulável? A própria Administração pode praticar a extinção do ato? Explique de maneira fundamentada.

B) Quantos aos atos praticados pelo servidor serão declarados inválidos?

C) Deverá haver a devolução dos salários?

RASCUNHO - QUESTÕES DISCURSIVAS	
→ **Resposta**	A)
	B)
	C)
→ **Fundamentação Jurídica**	A)
	B)
	C)

QUESTÃO 01

QUESTÃO 02

Murilo, servidor público federal, pretende sair de férias, haja vista já ter preenchido os requisitos legais para tanto. Contudo, Murilo, por razões pessoais, não pretende usufruir de todo o período de férias de uma só vez.

A propósito do tema e nos termos da Lei nº 8.112/1990, responda os questionamentos abaixo:

A) Murilo poderá parcelar as suas férias? Em caso positivo, como é feito o pagamento do seu adicional?

B) A legislação federal admite alguma hipótese de interrupção de férias?

RASCUNHO - QUESTÕES DISCURSIVAS	
→ **Resposta**	A)
	B)
→ **Fundamentação Jurídica**	A)
	B)

QUESTÃO 02

QUESTÃO 03

A Autarquia do Estado X editou e publicou edital de licitação para contratação de empresa especializada em manutenção de elevador. A empresa interessada foi regularmente convocada para assinar o termo de contrato, todavia o interessado recusou assinar o contrato. Sendo assim, o segundo classificado ao tomar conhecimento da desistência do primeiro classificado pretende assinar o contrato para prestar os serviços definidos no Edital.

O representante legal da Empresa Y, segunda empresa classificada, procura você na figura de advogado (a) para dirimir os seguintes questionamentos.

A) A empresa Y, segunda classificada, poderá ser convocada para assinar o contrato nos termos da sua proposta apresentada na licitação?

B) Caso a Administração Pública convoque a licitante após o prazo de validade da proposta indicado no edital, o licitante fica obrigado a assumir os compromissos assumidos?

RASCUNHO - QUESTÕES DISCURSIVAS	
→ **Resposta**	A)
	B)
→ **Fundamentação Jurídica**	A)
	B)

QUESTÃO 03

QUESTÃO 04

Paulo e Fábio, policiais militares do Estado Beta, no exercício da função e de forma dolosa, receberam vantagem econômica direta, consistente em propina no valor de setenta mil reais, para tolerar a prática de narcotráfico por determinada organização criminosa.

Considerando as informações acima e de acordo com a Lei nº 8.429/92 (com alterações da Lei nº 14.230/21), responda os questionamentos seguintes:

A) Qual a espécie de ato de improbidade praticado pelos policiais militares?

B) Quais sanções podem ser aplicadas aos policiais militares?

RASCUNHO - QUESTÕES DISCURSIVAS	
→ **Resposta**	A)
	B)
→ **Fundamentação Jurídica**	A)
	B)

QUESTÃO 04

4.5

Treino nº 5

PEÇA PRÁTICO-PROFISSIONAL

Francisco de Tal é proprietário de uma área de 2.000m² situada bem ao lado da sede da Prefeitura do Município de Bugalhadas. Ao se aposentar, no ano de 2017, cansado da agitada vida da cidade de São Paulo, onde reside, Francisco resolveu viajar pelo mundo por ininterruptos três anos.

Ao retornar, Francisco descobre que o Município de Bugalhadas iniciou em 2018, sem sua autorização, obra em seu terreno para a construção de um prédio que servirá de apoio às atividades da Prefeitura. A obra já se encontra em fase bem adiantada, com inauguração prevista para o início do próximo mês.

Francisco procura-o, na qualidade de advogado(a), para identificar e minutar a medida judicial que pode ser adotada para tutelar seus direitos. A medida judicial deve conter argumentação jurídica apropriada e desenvolvimento dos fundamentos legais do instituto jurídico contido no problema, abordando necessariamente: (i) competência do órgão julgador; (ii) a natureza da pretensão a ser deduzida por Francisco; (iii) a observância do prazo prescricional; e (iv) incidência de juros.

ESTRUTURAÇÃO DA PEÇA – TREINO Nº 5

→ **Legitimidade Ativa**		
→ **Legitimidade Passiva**		
→ **Competência**		
→ **Pedido**	→ **Liminar**	
	→ **Principal**	
→ **Causa de Pedir**		

PEÇA PROFISSIONAL 1/5

PEÇA PROFISSIONAL 2/5

PEÇA PROFISSIONAL 3/5

PEÇA PROFISSIONAL 4/5

PEÇA PROFISSIONAL 5/5

121	
122	
123	
124	
125	
126	
127	
128	
129	
130	
131	
132	
133	
134	
135	
136	
137	
138	
139	
140	
141	
142	
143	
144	
145	
146	
147	
148	
149	
150	

QUESTÃO 01

João, analista de sistemas dos quadros do Ministério da Educação, foi demitido de seu cargo público, por meio de Portaria do Ministro da Educação publicada em 19 de maio de 2010, após responder a processo administrativo em que restou apurada infração funcional relativa ao recebimento indevido de vantagem econômica. Exatamente pelo mesmo fato, João também foi processado criminalmente, vindo a ser absolvido por negativa de autoria, em decisão que transitou em julgado em 18 de janeiro de 2011.

João, então, procurou um advogado e, após narrar os fatos acima, informou que se encontrava, desde a sua demissão, em profunda depressão, sem qualquer atividade laborativa, sobrevivendo por conta de ajuda financeira que tem recebido de parentes e amigos.

O seu advogado, então, ajuizou uma ação pelo rito ordinário, objetivando a invalidação da demissão, a reintegração do autor no cargo público e respectivo ressarcimento de todas as vantagens inerentes ao exercício do cargo.

Qual a fundamentação jurídica que o advogado de João deveria ter utilizado para pleitear em juízo?

O examinando deve fundamentar suas respostas. A mera citação do dispositivo legal não confere pontuação.

RASCUNHO - QUESTÕES DISCURSIVAS	
→ **Resposta**	
→ **Fundamentação Jurídica**	

QUESTÃO 01

QUESTÃO 02

O Departamento da Polícia Federal deseja realizar a contratação de sociedade empresária para a aquisição de computadores para propósitos específicos com sistema de segurança de dados, a fim de serem utilizados em atividades de planejamento e inteligência policial.

O objeto contratual envolve inovação tecnológica ou técnica; impossibilidade da Polícia Federal ter sua necessidade satisfeita sem a adaptação de soluções disponíveis no mercado; e impossibilidade de as especificações técnicas serem definidas com precisão suficiente pela entidade pública.

Ademais, a Polícia Federal verificou a necessidade de definir e identificar os meios e as alternativas que possam satisfazer suas necessidades, com destaque para a solução técnica mais adequada, os requisitos técnicos aptos a concretizar a solução já definida e a estrutura jurídica ou financeira do contrato.

Considerando as informações destacadas e a regulamentação da Nova Lei de Licitações nº 14.133/21, responda:

A) Qual a modalidade licitatória deverá ser utilizada para a contratação pretendida pela Polícia Federal?

B) No âmbito do referido procedimento licitatório deverá ser formado algum tipo de comissão?

O examinando deve fundamentar suas respostas. A mera citação do dispositivo legal não confere pontuação.

RASCUNHO – QUESTÕES DISCURSIVAS	
→ **Resposta**	A)
	B)
→ **Fundamentação Jurídica**	A)
	B)

QUESTÃO 02

QUESTÃO 03

Liviana, moradora do Município de Trás dos Montes, andava com sua bicicleta em uma via que não possui acostamento, próxima ao centro da cidade, quando, de forma repentina, foi atingida por um ônibus de uma empresa concessionária de serviços públicos de transportes municipais. Após o acidente, Liviana teve as duas pernas quebradas e ficou em casa, sem trabalhar, em gozo de auxílio-doença, por cerca de dois meses. Então, resolveu procurar um advogado para ajuizar ação de responsabilidade civil em face da empresa concessionária de serviços públicos.

Qual é o fundamento jurídico e o embasamento legal da responsabilidade civil da empresa concessionária, considerando o fato de que Liviana se enquadrava na qualidade de terceiro em relação ao contrato de transporte municipal, no momento do acidente?

RASCUNHO - QUESTÕES DISCURSIVAS	
→ **Resposta**	
→ **Fundamentação Jurídica**	

QUESTÃO 03

QUESTÃO 04

Os Municípios Alfa, Beta e Gama decidiram criar um consórcio público para a execução de serviços de saneamento básico. Como não iriam outorgar o exercício de potestades públicas à entidade administrativa, os entes federativos em questão formalizaram o respectivo protocolo de intenções, no qual previram a criação de uma pessoa jurídica de direito privado, a ser denominada "Saneare", pelo prazo de vinte anos, constituída na forma da lei. Contudo, logo no início das atividades da "Saneare", o Município Alfa descumpriu com as obrigações regularmente assumidas no contrato de rateio.

Na qualidade de advogado(a) consultado(a), esclareça os questionamentos a seguir.

A) "Saneare" é uma associação pública?

B) O Município Gama tem legitimidade para, isoladamente, exigir do Município Alfa o cumprimento das obrigações constantes do contrato de rateio?

Obs.: o(a) examinando(a) deve fundamentar as respostas. A mera citação do dispositivo legal não confere pontuação.

RASCUNHO – QUESTÕES DISCURSIVAS	
→ **Resposta**	A)
	B)
→ **Fundamentação Jurídica**	A)
	B)

QUESTÃO 04

Treino nº 6

PEÇA PRÁTICO-PROFISSIONAL

João Faz-Tudo, prefeito da cidade de Santa Cruz, construiu uma boa reputação política devido a grande quantidade de obras públicas realizadas durante o período de seu mandato. Com pretensões de futuramente tornar-se governador, contratou diretamente, com inexigibilidade de licitação, a agência MKT, especializada em serviços de publicidade e propaganda.

Investindo fervorosamente em sua campanha, cujo *slogan* era *"Foi João que fez"*, João Faz-Tudo ainda aparecia em comerciais de TV afirmando ser o responsável pelas obras públicas realizadas nos últimos 4 anos, e que pretendia continuar reformando e melhorando a qualidade de vida dos cidadãos daquele Estado.

Ao voltar para casa do trabalho, Maria Ambiciosa, líder da oposição, percebeu que ao lado das obras públicas pelo qual havia passado tinha sido erguido *outdoors* com a imagem de João Faz-Tudo, onde se estampava o *slogan* de sua campanha.

Inconformada com ações do prefeito, enquanto cidadã do município, Maria Ambiciosa contratou seus serviços a fim de que fosse intentada a medida judicial cabível, fundamentando-a com os argumentos que entender pertinentes e observando os requisitos formais da medida.

<table>
<tr><th colspan="3">ESTRUTURAÇÃO DA PEÇA – TREINO Nº 6</th></tr>
<tr><td colspan="2">→ Legitimidade Ativa</td><td></td></tr>
<tr><td colspan="2">→ Legitimidade Passiva</td><td></td></tr>
<tr><td colspan="2">→ Competência</td><td></td></tr>
<tr><td rowspan="2">→ Pedido</td><td>→ Liminar</td><td></td></tr>
<tr><td>→ Principal</td><td></td></tr>
<tr><td colspan="2">→ Causa de Pedir</td><td></td></tr>
</table>

PEÇA PROFISSIONAL 1/5

PEÇA PROFISSIONAL 2/5

PEÇA PROFISSIONAL 3/5

PEÇA PROFISSIONAL 4/5

PEÇA PROFISSIONAL 5/5

QUESTÃO 01

O Estado X está realizando obras de duplicação de uma estrada. Para tanto, foi necessária a interdição de uma das faixas da pista, deixando apenas uma faixa livre para o trânsito de veículos. Apesar das placas sinalizando a interdição e dos letreiros luminosos instalados, Fulano de Tal, dirigindo em velocidade superior à permitida, distraiu-se em uma curva e colidiu com algumas máquinas instaladas na faixa interditada, causando danos ao seu veículo.

A partir do caso proposto, responda, fundamentadamente, aos itens a seguir.

A) Em nosso ordenamento, é admissível a responsabilidade civil do Estado por ato lícito?

B) Considerando o caso acima descrito, está configurada a responsabilidade objetiva do Estado X?

Obs.: o examinando deve fundamentar suas respostas. A mera citação do dispositivo legal não confere pontuação.

RASCUNHO – QUESTÕES DISCURSIVAS	
→ **Resposta**	A)
	B)
→ **Fundamentação Jurídica**	A)
	B)

QUESTÃO 01

QUESTÃO 02

Celso, Prefeito da cidade de Ximbinha, durante o último ano do seu mandato, construiu, no centro da cidade, uma praça poliesportiva, com o objetivo de promover a saúde e o esporte, e melhorar o lazer na localidade.

A rádio local noticiava o fato exaustivamente. Assim, toda a comunidade passou a chamar, informalmente, o prefeito de "*SuCelso*", por conta do efeito positivo que a obra pública causou.

Então, Celso decidiu contratar uma empresa de publicidade por meio de dispensa de licitação, para que esta colocasse um outdoor na praça com o seguinte enunciado "*Esta obra tem o selo de qualidade do SuCelso*!", com o brasão da prefeitura de Ximbinha.

A partir do caso proposto, responda, fundamentadamente, aos itens a seguir.

A) O procedimento licitatório escolhido pelo prefeito da cidade de Ximbinha foi adequado?

B) Há algum entrave jurídico à colocação do referido outdoor na praça?

RASCUNHO - QUESTÕES DISCURSIVAS	
→ **Resposta**	A)
	B)
→ **Fundamentação Jurídica**	A)
	B)

QUESTÃO 02

QUESTÃO 03

O Estado X ajuizou ação de reintegração de posse em face de Caio, servidor público que, na qualidade de vigia de uma escola pública estadual, reside em uma pequena casa nos fundos do referido imóvel público e, embora devidamente notificado para desocupar o bem, recusou-se a fazê-lo.

Em sua defesa, Caio alega (i) que reside no imóvel com a anuência verbal do Poder Público e (ii) que a sua boa-fé, associada ao decurso de mais de quinze anos de ocupação do bem sem qualquer oposição, lhe asseguram a usucapião do imóvel.

Considerando a situação hipotética apresentada, analise os dois fundamentos deduzidos por Caio em sua defesa, empregando os argumentos jurídicos apropriados e a fundamentação legal pertinente ao caso.

RASCUNHO - QUESTÕES DISCURSIVAS	
→ **Resposta**	
→ **Fundamentação Jurídica**	

QUESTÃO 03

QUESTÃO 04

O município "X", tendo desapropriado um imóvel para a instalação da sede da prefeitura e, necessitando realizar obras de reparo no prédio, instala em terreno contíguo, de propriedade de Mário, o canteiro de obra necessário à realização dos reparos.

Considerando apenas os fatos descritos acima, responda aos itens a seguir, de forma fundamentada.

A) Qual é a figura de intervenção utilizada pelo Município e quais são suas características?

B) Nesse caso, é devida alguma indenização? Indique o fundamento legal.

A simples menção ou transcrição do dispositivo legal não pontua.

RASCUNHO - QUESTÕES DISCURSIVAS	
→ **Resposta**	A)
	B)
→ **Fundamentação Jurídica**	A)
	B)

QUESTÃO 04

4.7

Treino nº 7

PEÇA PRÁTICO-PROFISSIONAL

A Indústria Lubrifacil, instalada no Município X há mais de 10 anos, tem o óleo lubrificante para veículos automotores como principal item de fabricação. Para que a empresa pudesse se instalar e permanecer no referido Município, ela teve que atender alguns requisitos de segurança, entre eles os referentes à legislação ambiental, tendo em vista que o produto é considerado altamente tóxico e de difícil decomposição no meio ambiente. João, Morador do Município X, é o dirigente da Associação Todos Pelo Meio Ambiente desde 2018.

João, analisando os jornais locais, percebeu que desde 2013, quando o Prefeito Carlos da Silva assumiu e fora reeleito em 2016, a empresa deixou de atender as exigências de segurança, em especial as referentes ao meio ambiente, percebendo, ainda, que isso se deu em virtude da amizade de infância entre o Diretor da Indústria Lubrifacil e o Prefeito Carlos.

Nos primeiros meses de 2020, os jornais locais divulgaram um aumento de 200% na poluição dos rios do Município, chegando a atingir os Municípios limítrofes. No entanto, a Indústria Lubrifacil já alegou que os resíduos por ela descartados não causam danos ao meio ambiente.

Diante da urgência, sem desconsiderar a necessidade de produção de prova acerca dos efeitos do despejo irregular, redija a peça cabível para a defesa do meio ambiente.

Obs.: a peça deve abranger todos os fundamentos de Direito que possam ser utilizados para dar respaldo à pretensão. A simples menção ou transcrição do dispositivo legal não confere pontuação.

ESTRUTURAÇÃO DA PEÇA – TREINO Nº 7

→ **Legitimidade Ativa**		
→ **Legitimidade Passiva**		
→ **Competência**		
→ **Pedido**	→ **Liminar**	
	→ **Principal**	
→ **Causa de Pedir**		

PEÇA PROFISSIONAL 1/5

PEÇA PROFISSIONAL 2/5

PEÇA PROFISSIONAL 3/5

PEÇA PROFISSIONAL 4/5

PEÇA PROFISSIONAL 5/5

QUESTÃO 01

Maria é filha da servidora pública federal Josefina, aposentada por invalidez em janeiro de 2020. Depois de uma briga com sua genitora, formula denúncia ao órgão federal competente, afirmando que sua mãe, na verdade, está apta para o exercício das funções inerentes ao seu cargo, o que se comprova mediante a verificação de que ela exerce semelhantes funções em um escritório privado desde fevereiro de 2021, quando se recuperou plenamente da doença.

Depois de aberto o processo administrativo para fins de verificação de eventual erro na perícia médica e apuração da possibilidade de reversão ao serviço público ativo, o feito é encaminhado novamente ao mesmo médico, que retifica o laudo anterior, opinando pela possibilidade de a servidora ser mantida no serviço ativo, e remete o feito à autoridade superior para decisão.

Antes da decisão final, Maria, já reconciliada com Josefina, formula pleito de desistência do processo administrativo, informando que, na verdade, contara inverdades sobre sua mãe e que esta é incapaz para o trabalho, tanto no serviço público quanto na iniciativa privada, juntando laudos médicos diversos, inclusive dos hospitais públicos em que sua mãe foi atendida.

Diante de decisão fundamentada que determina o prosseguimento do processo, mesmo com a desistência da requerente, Maria interpõe recurso, argumentando que o processo não pode prosseguir diante da contrariedade da requerente e apontando a nulidade do processo pela participação do mesmo médico responsável pela primeira perícia.

Com base no caso apresentado e na lei de processo administrativo federal, responda, justificadamente, aos itens a seguir.

A) Foi regular o prosseguimento do processo após a desistência formulada por Maria?

B) Uma vez que a decisão se baseou no laudo do citado profissional, é procedente o argumento da nulidade do processo pela participação do médico em questão?

RASCUNHO - QUESTÕES DISCURSIVAS	
→ **Resposta**	A)
	B)
→ **Fundamentação Jurídica**	A)
	B)

QUESTÃO 01

QUESTÃO 02

"A segurança jurídica tem muita relação com a ideia de respeito à boa-fé. Se a Administração adotou determinada interpretação como a correta e a aplicou a casos concretos, não pode depois vir a anular atos anteriores, sob o pretexto de que os mesmos foram praticados com base em errônea interpretação. Se o administrado teve reconhecido determinado direito com base em interpretação adotada em caráter uniforme para toda a Administração, é evidente que a sua boa-fé deve ser respeitada. Se a lei deve respeitar o direito adquirido, o ato jurídico perfeito e a coisa julgada, por respeito ao princípio da segurança jurídica, não é admissível que o administrado tenha seus direitos flutuando ao sabor de interpretações jurídicas variáveis no tempo." (DI PIETRO, 2018). Considerando o texto apresentado, comente os seguintes itens:

A) Há estabilização dos efeitos dos atos administrativos? Deve-se abordar, necessariamente, se há ou não a convalidação do ato.

B) O prazo para anulação de ato administrativo é aplicável aos casos em que haja comprovação da má-fé?

Obs.: o examinando deve fundamentar suas respostas. A mera citação do dispositivo legal não confere pontuação.

RASCUNHO - QUESTÕES DISCURSIVAS	
→ **Resposta**	A)
	B)
→ **Fundamentação Jurídica**	A)
	B)

QUESTÃO 02

QUESTÃO 03

Considere que Mário, habitante do Município Y, no dia 01 de setembro de 2022, trafegava obedecendo às regras de trânsito em uma estrada da cidade às 15 horas quando seu veículo se chocou com um animal de grande porte que estava no meio da pista. Em decorrência do acidente, Mário ficou tetraplégico. Vale destacar que é conhecido do Poder Público a ocorrência de diversos acidentes semelhantes ao relatado, embora ainda não tenha tomado alguma medida para evitar tais situações. Com base nisso, analise os seguintes itens:

A) Está presente a responsabilidade civil do Estado?

B) Qual o prazo prescricional para o ajuizamento da ação de reparação pelos danos sofridos por Mário?

Obs.: o examinando deve fundamentar suas respostas. A mera citação do dispositivo legal não confere pontuação.

RASCUNHO – QUESTÕES DISCURSIVAS	
→ **Resposta**	A)
	B)
→ **Fundamentação Jurídica**	A)
	B)

QUESTÃO 03

QUESTÃO 04

No Município X, até o ano de 2020, a Empresa de Trânsito e Transporte Urbano, uma sociedade de economia mista, era a responsável pelo exercício do poder de polícia referente à aplicação das multas de trânsito, bem como pela edição de atos de caráter normativo. Ocorre que a partir do ano de 2022, O Município X passou a delegar o poder de polícia e a edição de atos de caráter normativo para a Autarquia Municipal de Trânsito. João, cursando o 8º período do curso de Direito, ao estudar Direito Administrativo, ficou em dúvida se as multas por ele sofridas até o ano de 2020 podiam ser consideradas nulas. A partir desse contexto, comente os seguintes itens:

A) Considerando a divisão da atividade de polícia administrativa (ordem de polícia, consentimento de polícia, fiscalização de polícia e sanção de polícia) e o exercício da delegação deste poder pelo Chefe do Executivo, quais poderiam ser delegados às pessoas jurídicas de direito privado?

B) É legítima a delegação para a edição de atos de caráter normativo às Autarquias?

Obs.: o examinando deve fundamentar suas respostas. A mera citação do dispositivo legal não confere pontuação.

RASCUNHO – QUESTÕES DISCURSIVAS	
→ **Resposta**	A)
	B)
→ **Fundamentação Jurídica**	A)
	B)

QUESTÃO 04

Treino nº 8

PEÇA PRÁTICO-PROFISSIONAL

O Diretor do Departamento de Recursos Humanos de uma prefeitura municipal encaminhou ao departamento jurídico dessa entidade a seguinte consulta: "Senhor Diretor Jurídico, o servidor Raimundo Nonato da Silva, que trabalha no almoxarifado, na função de almoxarife, solicitou a este Departamento o pagamento de duas horas extraordinárias por dia, tendo em vista a sua jornada de trabalho ser das 9 h às 12 h e das 13 h às 19 h, de segunda a sexta-feira. O servidor foi nomeado, após aprovação em concurso público, para jornada de trabalho de 8 horas/dia. Assim, solicito orientação desse Departamento Jurídico sobre a obrigatoriedade do pagamento das horas extraordinárias solicitadas."

Com base na situação hipotética apresentada e na condição de membro da equipe do departamento jurídico da mencionada prefeitura, redija um parecer jurídico dando a solução à consulta do diretor de recursos humanos.

PEÇA PROFISSIONAL 1/5

PEÇA PROFISSIONAL 2/5

PEÇA PROFISSIONAL 3/5

PEÇA PROFISSIONAL 4/5

PEÇA PROFISSIONAL 5/5

QUESTÃO 01

O proprietário de um terreno passou dois anos sem ir até sua propriedade. Após esse período, ao visitar o local, constata que, em seu terreno, foi construída uma escola municipal que, àquela altura, já se encontra em pleno funcionamento.

Com base no relatado acima, com o emprego dos argumentos jurídicos apropriados e a fundamentação legal pertinente ao caso, responda aos itens a seguir.

A) Indique e conceitue o fato administrativo tratado no caso apresentado.

B) Diante do ocorrido, que medida o proprietário do terreno pode tomar?

A mera transcrição de artigos não pontua.

RASCUNHO – QUESTÕES DISCURSIVAS	
→ **Resposta**	A)
	B)
→ **Fundamentação Jurídica**	A)
	B)

QUESTÃO 01

1	
2	
3	
4	
5	
6	
7	
8	
9	
10	
11	
12	
13	
14	
15	
16	
17	
18	
19	
20	
21	
22	
23	
24	
25	
26	
27	
28	
29	
30	

QUESTÃO 02

O governador de determinado Estado da Federação, comprometido com a recuperação do sistema penitenciário estadual, decide lançar edital de licitação para a contratação de uma parceria público-privada tendo por objeto a construção e a gestão de complexo penal, abrangendo a execução de serviços assistenciais (recreação, educação e assistência social e religiosa), de hospedaria e de fornecimento de bens aos presos (alimentação e produtos de higiene). O edital de licitação estima o valor do contrato em R$ 28.000.000,00 (vinte e oito milhões de reais) e estabelece o prazo de quinze anos para a concessão.

Com base nesse cenário, responda aos itens a seguir, empregando os argumentos jurídicos apropriados e a fundamentação legal pertinente ao caso.

A) Analise a juridicidade do projeto à luz do valor estimado do contrato e do prazo de concessão.

B) É juridicamente possível que o contrato de parceria público-privada contemple, além dos serviços descritos no enunciado, a delegação das funções de direção e coerção na esfera prisional?

RASCUNHO – QUESTÕES DISCURSIVAS	
→ **Resposta**	A)
	B)
→ **Fundamentação Jurídica**	A)
	B)

QUESTÃO 02

QUESTÃO 03

O prefeito do município "P", conhecido como João do "P", determinou que, em todas as placas de inauguração das novas vias municipais pavimentadas em seu mandato na localidade denominada "E", fosse colocada a seguinte homenagem: "À minha querida e amada comunidade "E", um presente especial e exclusivo do João do "P", o único que sempre agiu em favor de nosso povo!"

O Ministério Público estadual intimou o Prefeito a fim de esclarecer a questão.

Na qualidade de procurador do município, você é consultado pelo Prefeito, que insiste em manter a situação.

Indique o princípio da Administração Pública que foi violado e por que motivo.

RASCUNHO – QUESTÕES DISCURSIVAS	
→ **Resposta**	
→ **Fundamentação Jurídica**	

QUESTÃO 03

QUESTÃO 04

Caio, Tício e Mévio são servidores públicos federais exemplares, concursados do Ministério dos Transportes há quase dez anos. Certo dia, eles pediram a três colegas de repartição que cobrissem suas ausências, uma vez que sairiam mais cedo do expediente para assistir a uma apresentação de balé.

No dia seguinte, eles foram severamente repreendidos pelo superior imediato, o chefe da seção em que trabalhavam. Nada obstante, nenhuma consequência adveio a Caio e Tício, ao passo que Mévio, que não mantinha boa relação com seu chefe, foi demitido do serviço público, por meio de ato administrativo que apresentou, como fundamentos, reiterada ausência injustificada do servidor, incapacidade para o regular exercício de suas funções e o episódio da ida ao balé.

Na situação hipotética, agiu corretamente o chefe de Caio, Tício e Mévio?

A mera transcrição de artigos não será aceita.

RASCUNHO - QUESTÕES DISCURSIVAS	
→ **Resposta**	
→ **Fundamentação Jurídica**	

QUESTÃO 04

Treino nº 9

PEÇA PRÁTICO-PROFISSIONAL

Creuza Carcará, brasileira, oficial de justiça da justiça federal há 25 anos, pretende se aposentar em seu cargo e requereu a aposentadoria especial. Embasou o pleito de aposentadoria com critérios diferenciados no fato de que suas funções envolvem alta periculosidade.

Argumentou ainda que os servidores da polícia federal gozam de aposentadoria especial com 25 de idade, se mulheres e que tal direito deveria ser estendido à sua categoria.

O pleito foi negado sob a alegação do órgão de não haver lei regulamentando seu direito de aposentadoria especial, razão pela qual deverá seguir os padrões de aposentadoria normais, determinados para todos os servidores públicos federais.

Inconformada, Creuza procura seu escritório de advocacia a fim de propor a ação cabível para defender os seus direitos. Na qualidade de advogado contratado, elabore a minuta da peça judicial cabível.

ESTRUTURAÇÃO DA PEÇA – TREINO Nº 9

→ **Legitimidade Ativa**		
→ **Legitimidade Passiva**		
→ **Competência**		
→ **Pedido**	→ **Liminar**	
	→ **Principal**	
→ **Causa de Pedir**		

PEÇA PROFISSIONAL 1/5

PEÇA PROFISSIONAL 2/5

PEÇA PROFISSIONAL 3/5

PEÇA PROFISSIONAL 4/5

PEÇA PROFISSIONAL 5/5

QUESTÃO 01

Determinada Sociedade de Economia Mista federal, exploradora de atividade econômica, é objeto de controle pelo Tribunal de Contas da União, o qual verifica, em tomada de contas especial, que há editais de licitação da estatal que contêm critérios de julgamento inadequados.

Sobre o caso, empregando os argumentos jurídicos apropriados e a fundamentação legal pertinente, responda aos itens a seguir.

A) Uma sociedade de economia mista que explora atividade econômica pode ser submetida ao controle do Tribunal de Contas?

B) O Tribunal de Contas pode determinar a aplicação de critérios que entenda mais adequados, para o julgamento de licitações?

A simples menção ou transcrição do dispositivo legal não pontua.

RASCUNHO – QUESTÕES DISCURSIVAS	
→ **Resposta**	A)
	B)
→ **Fundamentação Jurídica**	A)
	B)

QUESTÃO 01

QUESTÃO 02

João prestou com sucesso concurso público para uma empresa pública federal e para uma autarquia estadual. Em ambos os casos, entretanto, o concurso público destinava-se à formação de cadastro de reserva, até porque, tanto na autarquia quanto na empresa pública, os quadros de pessoal estão completos.

Diante do caso exposto, empregando os argumentos jurídicos apropriados e a fundamentação legal pertinente, responda aos itens a seguir.

A) Para a criação de novas vagas naqueles entes (empresa pública e autarquia), é necessária a edição de lei ou é admitida a criação por outras formas, indistintamente?

B) O cargo e o emprego pretendidos por João estão alcançados pelo teto remuneratório constitucional?

RASCUNHO - QUESTÕES DISCURSIVAS	
→ **Resposta**	A)
	B)
→ **Fundamentação Jurídica**	A)
	B)

QUESTÃO 02

QUESTÃO 03

O prefeito do município "X", ao tomar posse, descobriu que diversos servidores públicos vinham recebendo de boa-fé, há mais de dez anos, verbas remuneratórias ilegais e indevidas. Diante de tal situação, o prefeito, após oportunizar o contraditório e a ampla defesa aos servidores, pretende anular o ato concessivo do referido benefício.

Antes, porém, resolve consultar seu assessor jurídico, formulando algumas indagações.

Responda aos itens a seguir, utilizando os argumentos jurídicos apropriados e a fundamentação legal pertinente ao caso.

A) É juridicamente correta a pretensão do prefeito, considerando, hipoteticamente, não existir no município legislação disciplinadora do processo administrativo?

B) Diante da ausência de legislação local, poder-se-ia aplicar à hipótese a Lei Federal n. 9.784/99, que regula o processo administrativo no âmbito federal?

RASCUNHO – QUESTÕES DISCURSIVAS	
→ **Resposta**	A)
	B)
→ **Fundamentação Jurídica**	A)
	B)

QUESTÃO 03

QUESTÃO 04

Natanael Silva ajuizou ação de manutenção de posse contra a União Federal, na qual sustenta que, há mais de vinte anos, detém a posse de determinado terreno, onde edificou casa e plantou um laranjal, do qual retira o seu sustento. Informa que, há um mês, foi intimado pelo órgão de fiscalização para desocupar a área no prazo de sessenta dias, ao argumento de que a terra pertenceria à União. Natanael, argumentando posse velha, invoca, na referida ação, o seu direito constitucional à moradia e ao trabalho, com base no artigo 6.º da Constituição Federal. Sustenta, ainda, abuso de poder, ao argumento que o interesse da União é apenas econômico, dada a valorização da área, que se tornou central, em face do crescimento da cidade.

Alega, ainda, o autor ter direito de retenção do imóvel, até que sejam indenizadas as benfeitorias que ali construiu e requer que, na fase própria do processo, lhe seja reconhecido o direito à penhora do mesmo imóvel, como forma de garantir o pagamento da indenização pleiteada.

Requer, também, a liminar para mantê-lo na posse e informa que, tão logo reúna testemunhas, ajuizará a competente ação de usucapião especial urbana, prevista no artigo 183 da CF.

Com base na situação hipotética apresentada, responda:

A) Há posse pelo particular em relação ao terreno?

B) É possível penhorar o imóvel descrito para garantir o pagamento de eventual crédito contra a União?

RASCUNHO - QUESTÕES DISCURSIVAS	
→ Resposta	A)
	B)
→ Fundamentação Jurídica	A)
	B)

QUESTÃO 04

Treino nº 10

PEÇA PRÁTICO-PROFISSIONAL

Raimundo Cosme, ao tomar posse em cargo público estadual, na cidade de Jurubeba, no Estado X, requereu certidão de tempo de contribuição no INSS, para fins de averbação no órgão público, com a intenção de aproveitar seus 10 anos de atividade privada em sua aposentadoria no regime próprio de previdência social.

Ocorre que, ao receber a certidão pôde verificar que constavam somente 5 anos de contribuição, não tendo sido computados os últimos 5 anos, em que trabalhou para uma empresa de computação. Sendo assim, Raimundo pleiteou administrativamente a retificação do registro, anexando todos os documentos que comprovam o erro da informação. Ocorre que, o requerimento foi feito há 30 dias e, até então, não houve qualquer manifestação do órgão público acerca do pleito.

Inconformado, Raimundo procura seu escritório de advocacia a fim de propor a ação cabível para defender os seus direitos. Na qualidade de advogado contratado, elabore a minuta da peça judicial cabível.

ESTRUTURAÇÃO DA PEÇA – TREINO Nº 10

<table>
<tr><td colspan="2">→ Legitimidade Ativa</td><td></td></tr>
<tr><td colspan="2">→ Legitimidade Passiva</td><td></td></tr>
<tr><td colspan="2">→ Competência</td><td></td></tr>
<tr><td rowspan="2">→ Pedido</td><td>→ Liminar</td><td></td></tr>
<tr><td>→ Principal</td><td></td></tr>
<tr><td colspan="2">→ Causa de Pedir</td><td></td></tr>
</table>

PEÇA PROFISSIONAL 1/5

PEÇA PROFISSIONAL 2/5

PEÇA PROFISSIONAL 3/5

PEÇA PROFISSIONAL 4/5

PEÇA PROFISSIONAL 5/5

QUESTÃO 01

A União pretende delegar à iniciativa privada, mediante licitação, poderes de polícia administrativa na fiscalização de portos e aeroportos nacionais, compreendendo a edição de normas básicas, a fiscalização de passageiros e de mercadorias e a aplicação de sanções.

Para tanto, formatou um modelo a partir do qual o vencedor do certame será definido pelo menor valor cobrado da Administração Pública para a prestação do serviço de fiscalização.

A respeito da situação apresentada, responda, fundamentadamente, aos itens a seguir.

A) É possível a delegação, nesse caso?

B) É possível a delegação a uma autarquia criada para essa finalidade?

RASCUNHO - QUESTÕES DISCURSIVAS	
→ **Resposta**	A)
	B)
→ **Fundamentação Jurídica**	A)
	B)

QUESTÃO 01

QUESTÃO 02

Ana Amélia, professora dos quadros da Secretaria de Educação de determinado Estado, ao completar sessenta e dois anos de idade e vinte e cinco anos de tempo de contribuição, formulou requerimento de aposentadoria especial. O pleito foi deferido, tendo sido o ato de aposentadoria publicado no Diário Oficial em abril de 2008. Em agosto de 2010, Ana Amélia recebeu notificação do órgão de recursos humanos da Secretaria de Estado de Educação, dando-lhe ciência de questionamento formulado pelo Tribunal de Contas do Estado em relação à sua aposentadoria especial. Ficou constatado que a ex-servidora exerceu, por quinze anos, o cargo em comissão de Assessora Executiva da Secretaria de Estado de Administração, tendo sido tal período computado para fins de aposentadoria especial.

Considerando a situação hipotética apresentada, responda aos itens a seguir, empregando os argumentos jurídicos apropriados e a fundamentação legal pertinente ao caso.

A) Indique o fundamento para a atuação do Tribunal de Contas do Estado, informando se o ato de aposentadoria já se encontra aperfeiçoado.

B) Analise se o questionamento formulado pelo órgão de controle se encontra correto.

A simples menção ou transcrição do dispositivo legal não pontua.

RASCUNHO - QUESTÕES DISCURSIVAS	
→ **Resposta**	A)
	B)
→ **Fundamentação Jurídica**	A)
	B)

QUESTÃO 02

QUESTÃO 03

João, servidor público federal, ocupante do cargo de agente administrativo, foi aprovado em concurso público para emprego de técnico de informática, em sociedade de economia mista do Estado X. Além disso, João recebeu um convite de emprego para prestar serviços de manutenção de computadores na empresa de Alfredo.

Com base no exposto, responda, fundamentadamente, aos itens a seguir.

A) É possível a cumulação do cargo técnico na Administração Federal com o emprego em sociedade de economia mista estadual? E com o emprego na iniciativa privada?

B) Caso João se aposente do cargo que ocupa na Administração Pública federal, poderá cumular a remuneração do emprego na empresa de Alfredo com os proventos de aposentadoria decorrentes do cargo de agente administrativo?

A mera citação do dispositivo legal não confere pontuação.

RASCUNHO – QUESTÕES DISCURSIVAS	
→ **Resposta**	A)
	B)
→ **Fundamentação Jurídica**	A)
	B)

QUESTÃO 03

QUESTÃO 04

José possuía uma grande propriedade rural, utilizada para o cultivo de milho e soja. Após seu falecimento, ocorrido em 2001, suas duas filhas, as únicas herdeiras, decidiram interromper o plantio dos grãos, tornando a propriedade improdutiva.

Em 2017, a União declarou a área como de interesse social para fins de reforma agrária. Após um processo judicial de rito sumário, o juiz fixou o valor da indenização devido às filhas de José. Na ocasião, identificou-se a ausência de benfeitorias no terreno desapropriado. Após o pagamento pela União do valor fixado na sentença, Ronaldo foi beneficiado pela desapropriação, passando a ser proprietário de uma pequena fração do terreno.

Sobre a hipótese apresentada, responda aos itens a seguir.

A) O valor da indenização devido às filhas de José foi pago em dinheiro?

B) Ronaldo, dois anos após ser beneficiado pela desapropriação, pode vender o terreno recebido a terceiros?

RASCUNHO – QUESTÕES DISCURSIVAS	
→ **Resposta**	A)
	B)
→ **Fundamentação Jurídica**	A)
	B)

QUESTÃO 04

Treino nº 11

PEÇA PRÁTICO-PROFISSIONAL

O Governador do Estado Y, premido da necessidade de reduzir a folha de pagamentos do funcionalismo público estadual, determinou que o teto remuneratório dos Defensores Públicos admitidos após a Emenda Constitucional n. 41/2003 fosse limitado ao valor correspondente ao subsídio mensal do Governador, ao entendimento de que aquele órgão integra a estrutura do Poder Executivo estadual.

Com a implementação da medida, os Defensores Públicos do Estado, irresignados com a redução do seu teto remuneratório, levam a questão à Associação Nacional dos Defensores Públicos Estaduais, legalmente constituída e em funcionamento há pouco mais de dois anos, e esta contrata os seus serviços advocatícios para impetrar mandado de segurança coletivo em face do ato do Governador. A decisão proferida pelo Tribunal de Justiça local, observando a competência originária constante do seu código de organização e divisão judiciária, diante da autoridade coatora – governador do Estado – deu por extinto o processo, sem resolução do mérito, sob os argumentos de que a associação não preenche o requisito de três anos de constituição, não demonstrou a autorização dos associados em assembleia geral para a propositura da demanda e não poderia representar os associados em demanda que veicule interesse apenas de uma parte da categoria, uma vez que os Defensores atingidos pela medida, isto é, aqueles admitidos após a Emenda Constitucional n. 41/2003, os mais novos na carreira, ainda não foram promovidos e sequer recebem sua remuneração em valores próximos ao subsídio mensal do Governador.

Ciente de que este acórdão contendo a unanimidade de votos dos desembargadores que participaram do julgamento, já foi objeto de Embargos de Declaração, que foram conhecidos, mas não providos, e que a publicação dessa última decisão se deu na data de hoje, redija a peça processual adequada com seus fundamentos.

ESTRUTURAÇÃO DA INICIAL		
→ Legitimidade Ativa		
→ Legitimidade Passiva		
→ Competência		
→ Pedido	→ Liminar	
	→ Principal	
→ Causa de Pedir		

ESTRUTURAÇÃO DO RECURSO		
→ Recorrente		
→ Recorrido		
→ Competência		
→ Pedido	→ Efeito Suspensivo?	
	→ Principal	
→ Causa de Pedir		

PEÇA PROFISSIONAL 1/5

PEÇA PROFISSIONAL 2/5

PEÇA PROFISSIONAL 3/5

PEÇA PROFISSIONAL 4/5

PEÇA PROFISSIONAL 5/5

QUESTÃO 01

O Presidente da República, inconformado com o número de servidores públicos na área da saúde que responde a processo administrativo disciplinar, resolve colocar tais servidores em disponibilidade e, para tanto, edita decreto extinguindo os respectivos cargos.

Considerando a hipótese apresentada, empregando os argumentos jurídicos apropriados e a fundamentação legal pertinente ao caso, responda aos itens a seguir.

A) A extinção de cargos públicos, por meio de decreto, está juridicamente correta? Justifique.

B) É juridicamente correta a decisão do Presidente da República de colocar os servidores em disponibilidade?

C) Durante a disponibilidade, os servidores públicos percebem remuneração?

A simples menção ou transcrição do dispositivo legal não pontua.

RASCUNHO – QUESTÕES DISCURSIVAS	
→ **Resposta**	A)
	B)
	C)
→ **Fundamentação Jurídica**	A)
	B)
	C)

QUESTÃO 01

QUESTÃO 02

Na Rodovia BR-242, no Estado de Mato Grosso, há uma ponte sobre o Rio Água Limpa. Ocorre que, após fortes chuvas, a ponte teve a sua estrutura parcialmente rachada, podendo desmoronar a qualquer momento.

A autoridade competente, então, ao analisar a situação com engenheiros do órgão, constatou que a reforma da ponte poderia ser realizada em um período de cento e vinte dias.

Sabendo dessa situação, qual deve ser a medida adotada pela autoridade?

A simples menção ou transcrição do dispositivo legal não pontua.

RASCUNHO – QUESTÕES DISCURSIVAS	
→ **Resposta**	
→ **Fundamentação Jurídica**	

QUESTÃO 02

1	
2	
3	
4	
5	
6	
7	
8	
9	
10	
11	
12	
13	
14	
15	
16	
17	
18	
19	
20	
21	
22	
23	
24	
25	
26	
27	
28	
29	
30	

QUESTÃO 03

O Estado "Y", mediante decreto, declarou como de utilidade pública, para fins de instituição de servidão administrativa, em favor da concessionária de serviço público "W", imóveis rurais necessários à construção de dutos subterrâneos para passagem de fios de transmissão de energia.

A concessionária "W", de forma extrajudicial, conseguiu fazer acordo com diversos proprietários das áreas declaradas de utilidade pública, dentre eles, Caio, pagando o valor da indenização pela instituição da servidão por meio de contrato privado.

Entretanto, após o pagamento da indenização a Caio, este não permitiu a entrada da concessionária "W" no imóvel para construção do duto subterrâneo, descumprindo o contrato firmado, o que levou a concessionária "W" a ingressar judicialmente com ação de instituição de servidão administrativa em face de Caio.

Levando em consideração a hipótese apresentada, responda, de forma justificada, aos itens a seguir.

A) É possível a instituição de servidão administrativa pela via judicial?

B) Um concessionário de serviço público pode declarar um bem como de utilidade pública e executar os atos materiais necessários à instituição da servidão?

RASCUNHO - QUESTÕES DISCURSIVAS	
→ **Resposta**	A)
	B)
→ **Fundamentação Jurídica**	A)
	B)

QUESTÃO 03

QUESTÃO 04

Os municípios "X", "Y" e "Z", necessitando estabelecer uma efetiva fiscalização sanitária das atividades desenvolvidas por particulares em uma feira de produtos agrícolas realizada na interseção territorial dos referidos entes, resolvem celebrar um consórcio público, com a criação de uma associação pública. A referida associação, de modo a atuar com eficiência no seu mister, resolve delegar à Empresa ABCD a instalação e operação de sistema de câmeras e monitoramento da entrada e saída dos produtos.

Diante da situação acima apresentada, responda aos itens a seguir.

A) Pode a associação pública aplicar multas e demais sanções pelo descumprimento das normas sanitárias estabelecidas pelos referidos entes "X", "Y" e "Z"?

B) É possível que a referida associação pública realize a delegação prevista para a empresa ABCD?

RASCUNHO - QUESTÕES DISCURSIVAS	
→ **Resposta**	A)
	B)
→ **Fundamentação Jurídica**	A)
	B)

QUESTÃO 04

Treino nº 12

PEÇA PRÁTICO-PROFISSIONAL

Mariah, médica concursada do Estado do Ceará, possui um enorme casarão na Praia de Iracema, famoso ponto turístico repleta das mais belas praias do nordeste brasileiro. A mesma foi realizar um mestrado na área de dermatologia clínica em Portugal, tendo passado 5 anos no referido país, deixando a sua casa trancada e sem nenhum acompanhamento ou visitação.

Após o êxito na defesa do seu mestrado, a mesma retornou do exterior, tendo sido surpreendida com a presença de equipamentos e maquinário do Estado do Ceará em imóvel urbano de sua propriedade, e que, segundo informação do engenheiro responsável pela obra, o Hospital da Cidade de Iracema estaria sendo inaugurado em questões de semanas.

Inconformada e com as malas no meio da rua, Mariah começou a discutir com o engenheiro da obra, argumentando que isso não poderia ocorrer, visto que o imóvel estava registrado em seu nome, com todos os impostos pagos. O engenheiro logo então explica que, por necessidade pública, o Poder Público do Ceará precisou construir o referido Hospital naquele local.

Inconformada com a situação, Mariah ingressa com "ação de desapropriação indireta" perante o Juízo Fazendário do Estado do Ceará, tendo obtido sentença de total improcedência em primeiro grau de jurisdição, sob os seguintes fundamentos:

i) impossibilidade de reivindicação do bem, assim como da pretensão à reparação financeira, em decorrência da supremacia do interesse público sobre o privado;

ii) o transcurso de mais de cinco anos entre a ocupação do imóvel e a propositura da ação, ensejando a prescrição de eventual pleito indenizatório; e

iii) a ausência de necessidade de pagamento de indenização ao fundamento do abandono do referido imóvel.

Como advogado(a) de Mariah, considerando que a sentença não padece de qualquer omissão, contradição ou obscuridade, não tendo sido transitado e julgado, elabore a peça adequada à defesa dos interesses de seu cliente, apresentando os fundamentos jurídicos aplicáveis ao caso.

Obs.: o examinando deve fundamentar suas respostas. A mera citação do dispositivo legal não confere pontuação.

ESTRUTURAÇÃO DA INICIAL		
→ **Legitimidade Ativa**		
→ **Legitimidade Passiva**		
→ **Competência**		
→ **Pedido**	→ **Liminar**	
	→ **Principal**	
→ **Causa de Pedir**		

ESTRUTURAÇÃO DO RECURSO		
→ **Apelante**		
→ **Apelado**		
→ **Competência**		
→ **Pedido**	→ **Efeito Suspensivo?**	
	→ **Principal**	
→ **Causa de Pedir**		

PEÇA PROFISSIONAL 1/5

PEÇA PROFISSIONAL 2/5

PEÇA PROFISSIONAL 3/5

PEÇA PROFISSIONAL 4/5

PEÇA PROFISSIONAL 5/5

QUESTÃO 01

Magno, jovem estudante de Direito, recentemente aprovado na seleção pública para estagiário do Tribunal de Justiça do Estado X, se deparou com uma "fofoca de corredor" que lhe trouxe muitas dúvidas. Ao entrar no elevador escutou dois advogados conversando que um agente público, de uma determinada penitenciária, teria sofrido a penalidade de suspensão por ter levado para um determinado preso (conhecido como Bocão, chefe de uma quadrilha), um aparelho celular para comunicação, recebendo, em troca, dinheiro mensal. O jovem estagiário ficou atordoado ao ouvir o termo "suspensão" atrelado ao agente público, pois acreditava que tal fato não poderia ocorrer, pois acreditava que após ser aprovado no concurso público e exercer a função pública, nenhum agente poderia ser suspenso, ou até mesmo, demitido, pois pensava ser cargo vitalício. Com base no caso narrado, responda os itens a seguir.

A) O ato praticado pelo agente da penitenciária enquadra-se realmente na sanção de suspensão? Em caso positivo ou negativo, fundamente e diga qual a sua previsão legal.

B) Digamos que o Diretor da penitenciária já teria tido ciência da penalidade cometida pelo agente público e estava receoso que assim fizesse com outros presos. Ele poderia determinar o afastamento preventivo do servidor público, como forma de acautelar o resultado prático ou não? Em caso positivo, por quanto tempo? Fundamente e diga qual a sua previsão legal.

<table>
<tr><th colspan="2">RASCUNHO - QUESTÕES DISCURSIVAS</th></tr>
<tr><td rowspan="2">→ Resposta</td><td>A)</td></tr>
<tr><td>B)</td></tr>
<tr><td rowspan="2">→ Fundamentação Jurídica</td><td>A)</td></tr>
<tr><td>B)</td></tr>
</table>

QUESTÃO 01

QUESTÃO 02

Recentemente, uma lei estadual do estado do Rio Grande do Sul instituiu, com caráter de Autarquia, o Instituto Academia de Polícia Civil do Rio Grande do Sul, com o objetivo de oferecer formação e um melhor aperfeiçoamento aos servidores ligados à Polícia Civil do Rio Grande do Sul. Recentemente, foi divulgado nos jornais do Estado que o referido bem não seria público, ao fundamento de que as Autarquias não possuem bens públicos. Com base no caso narrado e sobre o instituto das Autarquias, responda os itens a seguir.

A) Na situação narrada, a instituição do referido instituto representaria um processo de descentralização ou desconcentração administrativa?

B) Além disso, o prédio destinado ao Instituto é considerado um bem público? Fundamente.

C) Sendo a Autarquia um ente da Administração Indireta, sua responsabilidade civil difere da Administração Direta? Fundamente.

RASCUNHO – QUESTÕES DISCURSIVAS	
→ **Resposta**	A)
	B)
	C)
→ **Fundamentação Jurídica**	A)
	B)
	C)

QUESTÃO 02

QUESTÃO 03

Katiusca, possui um enorme casarão, situado no Centro Histórico da cidade de Olinda em Pernambuco, um dos principais pontos turísticos da cidade pelas suas mais belas paisagens e por ser popularmente reconhecido como o centro do Carnaval.

Ocorre que, o Poder Público declarou a sua utilidade pública (por meio de Decreto), e notificou a proprietária que se manteve inerte por mais de 15 dias.

Dito isso, o Poder Público resolveu propor uma ação de desapropriação por utilidade pública, conseguindo, inclusive, a imissão provisória na posse do bem dado a necessidade de utilização imediata do bem.

Com base no caso narrado e sobre o instituto da desapropriação, responda os itens a seguir.

A) O que vem a ser o instituto da imissão provisória na posse que permitiu o Poder Público adentrar o imóvel? Explique seus requisitos e fundamente.

B) Dona Katiusca poderá reaver o bem judicialmente? Em caso positivo ou negativo, explique, fundamentando.

RASCUNHO - QUESTÕES DISCURSIVAS	
→ Resposta	A)
	B)
→ Fundamentação Jurídica	A)
	B)

QUESTÃO 03

QUESTÃO 04

Valéria, agente comunitária de saúde do Município de Angra dos Reis, foi contratada após sucesso em processo seletivo. Em maio de 2022, o Município informou-a ter recebido comunicação do Tribunal de Contas do Estado recusando o registro de sua admissão, em razão de um vício relacionado ao concurso, determinando então o seu desligamento. Em junho do mesmo ano, Ana Paula foi nomeada ao cargo de secretária de políticas públicas, todavia sua nomeação ao cargo em comissão gerou várias polêmicas em razão dela ser amiga íntima da prefeita. À luz das situações expostas e da Constituição Federal, responda os itens a seguir:

A) O Tribunal de Contas poderia apreciar a admissão da agente comunitária? Justifique.

B) O Tribunal de Contas poderia apreciar a admissão da secretária de políticas públicas? Justifique.

RASCUNHO – QUESTÕES DISCURSIVAS	
→ **Resposta**	A)
	B)
→ **Fundamentação Jurídica**	A)
	B)

QUESTÃO 04

Treino nº 13

PEÇA PRÁTICO-PROFISSIONAL

Desde sua criação, a Universidade Pública do Estado X encontra-se impossibilitada de promover cargos de professores a cidadãos estrangeiros. Yonara, chilena, professora, que veio ao Brasil ministrar algumas palestras como convidada na referida Universidade, após conhecer as possibilidades de pesquisas que poderiam ser desenvolvidas no país, interessou-se em permanecer definitivamente no Brasil.

Ciente de sua excelente capacitação profissional, ao solicitar seu ingresso no quadro de professores é informada que existe, no estado, a Lei Y, que dispõe somente ser possível a contratação de professores estrangeiros por empresas do setor privado. A Universidade Pública ressalta ainda, que se a referida lei não existisse, incentivaria tal intercâmbio de conhecimento.

O caso veio a público após Yonara impetrar mandado de segurança, a fim de ter seu direito assegurado. Contudo, o pleito foi julgado improcedente, afirmando a sentença a validade da Lei Estadual que restringe a possibilidade de contratação de professores estrangeiros apenas às empresas privadas, reiterando a proibição de prover estrangeiros em cargos públicos.

Inconformada, Yonara interpõe recurso de apelação, ao qual também se negou provimento, por unanimidade, pelos mesmos fundamentos levantados na sentença.

Dez dias após a publicação da decisão que rejeitou os seus embargos declaratórios, Yonara procura você, advogado (a), para assumir a causa e ajuizar a medida adequada.

Obs.: a peça deve abranger os fundamentos de Direito que possam ser utilizados para dar respaldo à pretensão. A simples menção ou transcrição de dispositivo legal não confere pontuação.

ESTRUTURAÇÃO DA INICIAL

<table>
<tr><td colspan="2">→ Legitimidade Ativa</td><td></td></tr>
<tr><td colspan="2">→ Legitimidade Passiva</td><td></td></tr>
<tr><td colspan="2">→ Competência</td><td></td></tr>
<tr><td rowspan="2">→ Pedido</td><td>→ Liminar</td><td></td></tr>
<tr><td>→ Principal</td><td></td></tr>
<tr><td colspan="2">→ Causa de Pedir</td><td></td></tr>
</table>

ESTRUTURAÇÃO DO RECURSO

<table>
<tr><td colspan="2">→ Recorrente</td><td></td></tr>
<tr><td colspan="2">→ Recorrido</td><td></td></tr>
<tr><td colspan="2">→ Competência</td><td></td></tr>
<tr><td rowspan="2">→ Pedido</td><td>→ Efeito Suspensivo?</td><td></td></tr>
<tr><td>→ Principal</td><td></td></tr>
<tr><td colspan="2">→ Causa de Pedir</td><td></td></tr>
</table>

PEÇA PROFISSIONAL 1/5

PEÇA PROFISSIONAL 2/5

PEÇA PROFISSIONAL 3/5

PEÇA PROFISSIONAL 4/5

PEÇA PROFISSIONAL 5/5

QUESTÃO 01

José está inscrito em concurso público para o cargo de assistente administrativo da Administração Pública direta do Estado de Roraima. Após a realização das provas, ele foi aprovado para a fase final do certame, que previa, além da apresentação de documentos, exames médicos e psicológicos. A lista dos candidatos aprovados e o prazo para a apresentação dos documentos pessoais e para a realização dos exames médicos e psicológicos foram publicados no Diário Oficial do Poder Executivo do Estado de Roraima após 1 (um) ano da realização das provas; assim como foram veiculados através do site da Internet da Administração Pública direta do Estado, tal como previsto no respectivo edital do concurso.

Entretanto, José reside em município localizado no interior do Estado de Roraima, onde não circula o Diário Oficial e que, por questões geográficas, não é provido de Internet. Por tais razões, José perde os prazos para o cumprimento da apresentação de documentos e dos exames médicos e psicológicos e só toma conhecimento da situação quando resolve entrar em contato telefônico com a secretaria do concurso.

Insatisfeito, José procura um advogado para ingressar com um Mandado de Segurança contra a ausência de intimação específica e pessoal quando de sua aprovação e dos prazos pertinentes à fase final do concurso.

Na qualidade de advogado de José, indique os argumentos jurídicos a serem utilizados nessa ação judicial.

RASCUNHO – QUESTÕES DISCURSIVAS	
→ **Resposta**	
→ **Fundamentação Jurídica**	

QUESTÃO 01

QUESTÃO 02

No âmbito de determinado Ofício de Notas, é realizada a venda do imóvel de propriedade de Pedro, mediante a utilização de procuração falsa.

Participa do ato fraudulento o "escrevente" do referido Ofício de Notas, mediante obtenção de contraprestação pecuniária.

Posteriormente, após a efetivação da referida venda, Pedro descobre a fraude envolvendo a sua propriedade. Diante destes fatos, a vítima procura você, na qualidade de advogado(a), para que sejam tomadas as medidas judiciais necessárias e solucionar as seguintes dúvidas:

A) Em relação às serventias extrajudiciais, como é definida a responsabilidade dos notários?

B) O Estado poderá ser responsabilizado pelo ato fraudulento praticado pelo "escrevente"?

A mera citação do dispositivo legal não confere pontuação.

RASCUNHO - QUESTÕES DISCURSIVAS	
→ **Resposta**	A)
	B)
→ **Fundamentação Jurídica**	A)
	B)

QUESTÃO 02

QUESTÃO 03

O município de Quijingue/BA não possui uma unidade de saúde para atender à comunidade local. Assim, o Prefeito, que conseguiu verbas para tal, decidiu construí-la.

Todavia, conforme o projeto elaborado, a unidade precisaria de uma parcela da propriedade de seu Joaquim, o qual decidiu por alienar o seu terreno ao Poder Público.

Uma semana depois, seu Joaquim deslocou-se até a Prefeitura Municipal, para desistir da alienação.

O Prefeito da cidade, então, consultou a assessoria jurídica do órgão para orientá-lo.

O que você, na condição de consultor jurídico do órgão, recomendaria ao Prefeito?

RASCUNHO - QUESTÕES DISCURSIVAS	
→ **Resposta**	
→ **Fundamentação Jurídica**	

QUESTÃO 03

QUESTÃO 04

João, comerciante experimentado, fundado na livre iniciativa, resolve pedir à administração do município "Y" que lhe outorgue o competente ato para instalação de uma banca de jornal na calçada de uma rua.

Considerando a situação narrada, indaga-se:

A) Pode o Município "Y" se negar a outorgar o ato, alegando que considera desnecessária a referida instalação? Fundamente.

B) Pode o município "Y", após a outorga, rever o ato e o revogar? Neste caso, é devida indenização a João? Fundamente.

C) Caso o ato de outorga previsse prazo para a duração da utilização do espaço público, seria devida indenização se o Poder Público resolvesse cancelar o ato de outorga antes do prazo? Fundamente.

A simples menção ou transcrição do dispositivo legal não pontua.

RASCUNHO – QUESTÕES DISCURSIVAS	
→ **Resposta**	A)
	B)
	C)
→ **Fundamentação Jurídica**	A)
	B)
	C)

QUESTÃO 04

Treino nº 14

PEÇA PRÁTICO-PROFISSIONAL

O Departamento de Trânsito do Estado X, autarquia estadual, lavrou 15 autos de infração contra vários motoristas de uma empresa de ônibus. As multas de trânsito foram-lhe impostas pelo Superintendente da entidade, sem que eles fossem notificados e pudessem apresentar defesa prévia. Inconformados e com o propósito de desconstituir os referidos autos de infração, procuraram o auxílio da associação de classe a ASSER.

O presidente da ASSER contratou seus serviços de profissional da advocacia, a fim de suspender a eficácia e, posteriormente, desconstituir as multas, alegando inclusive que os motoristas estavam tendo dificuldades de renovar as suas habilitações, em virtude das multas.

Na qualidade de advogado(a) consultado(a) pela ASSER, proponha a medida judicial cabível para a suspensão e decretação da nulidade dos autos de infração, apresentando o fundamento para o referido pedido.

ESTRUTURAÇÃO DA PEÇA – TREINO Nº 14

→ **Legitimidade Ativa**		
→ **Legitimidade Passiva**		
→ **Competência**		
→ **Pedido**	→ **Liminar**	
	→ **Principal**	
→ **Causa de Pedir**		

PEÇA PROFISSIONAL 1/5

PEÇA PROFISSIONAL 2/5

PEÇA PROFISSIONAL 3/5

PEÇA PROFISSIONAL 4/5

PEÇA PROFISSIONAL 5/5

QUESTÃO 01

Após a edição do pertinente decreto declaratório da utilidade pública pela União, sociedade de economia mista federal, enquanto prestadora de serviço público, foi incumbida de promover a desapropriação de imóvel de Antônio. Para tanto, pretende promover tratativas com vistas a lograr a chamada desapropriação amigável ou tomar as medidas judiciais cabíveis para levar a efeito a intervenção do Estado na propriedade em foco.

Diante dessa situação hipotética, responda aos itens a seguir.

A) A sociedade de economia mista em questão pode ajuizar a ação de desapropriação?

B) Considerando que o mencionado decreto expropriatório foi publicado em 05/05/2016, analise se existe prazo para o eventual ajuizamento da ação de desapropriação.

A mera citação do dispositivo legal não confere pontuação.

RASCUNHO - QUESTÕES DISCURSIVAS	
→ **Resposta**	A)
	B)
→ **Fundamentação Jurídica**	A)
	B)

QUESTÃO 01

QUESTÃO 02

A Secretaria de Saúde do Município de Muriaé-MG realizou procedimento licitatório na modalidade de concorrência, do tipo menor preço, para aquisição de insumos. Ao final do julgamento das propostas, observou-se que a microempresa Alfa havia apresentado preço 8% (oito por cento) superior em relação à proposta mais bem classificada, apresentada pela empresa Gama.

Diante desse cenário, a Pasta da Saúde concedeu à microempresa Alfa a oportunidade de oferecer proposta de preço inferior àquela trazida pela empresa Gama. Valendo-se disso, assim o fez a microempresa Alfa, sendo em favor desta adjudicado o objeto do certame.

Inconformada, a empresa Gama interpôs recurso, alegando, em síntese, a violação do princípio da isonomia, previsto no Art. 37, XXI, da Constituição da República.

Na qualidade de Assessor Jurídico da Secretaria de Saúde do Município de Muriaé-MG, utilizando-se de fundamentação e argumentos jurídicos, responda aos itens a seguir.

A) É juridicamente correto oferecer tal benefício para a microempresa Alfa?

B) Houve violação ao princípio da isonomia?

RASCUNHO – QUESTÕES DISCURSIVAS	
→ Resposta	A)
	B)
→ Fundamentação Jurídica	A)
	B)

QUESTÃO 02

QUESTÃO 03

O Governador do Estado X, após a aprovação da Assembleia Legislativa, nomeou o renomado cardiologista João das Neves, ex-presidente do Conselho Federal de Medicina e seu amigo de longa data, para uma das diretorias da Agência Reguladora de Transportes Públicos Concedidos de seu Estado. Ocorre que, alguns meses depois da nomeação, João das Neves e o Governador tiveram um grave desentendimento acerca da conveniência e oportunidade da edição de determinada norma expedida pela agência. Alegando a total perda de confiança no dirigente João das Neves e, após o aval da Assembleia Legislativa, o governador exonerou-o do referido cargo.

Considerando a narrativa fática acima, responda aos itens a seguir, empregando os argumentos jurídicos apropriados e apresentando a fundamentação legal pertinente ao caso.

A) À luz do Poder Discricionário e do regime jurídico aplicável às Agências Reguladoras, foi juridicamente correta a nomeação de João das Neves para ocupar o referido cargo?

B) Foi correta a decisão do governador em exonerar João das Neves, com aval da Assembleia Legislativa, em razão da quebra de confiança?

RASCUNHO – QUESTÕES DISCURSIVAS	
→ **Resposta**	A)
	B)
→ **Fundamentação Jurídica**	A)
	B)

QUESTÃO 03

QUESTÃO 04

Délcio e sua família instalaram-se em uma pequena área rural que consideravam desocupada, onde edificaram uma casa e plantaram hortaliças, das quais retiravam o seu sustento. Residiram no imóvel durante 16 (dezesseis) anos ininterruptos, ocupando-o de forma mansa e pacífica.

Sucede que há uma semana, Délcio foi intimado pelo órgão de fiscalização competente para desocupar a área no prazo de 60 (sessenta) dias, visto que a referida terra é de característica indígena.

Assim, Délcio procura você para, na qualidade de advogado, ingressar com Ação de Usucapião, a fim garantir o reconhecimento do direito à propriedade.

Com base no enunciado, utilizando-se dos argumentos e da fundamentação jurídica necessária, responda os questionamentos abaixo:

A) É possível a usucapião da área ocupada por Délcio e sua família?

B) Em caso de desocupação compulsória, é devido o pagamento de indenização pelas benfeitorias realizadas?

A mera citação do dispositivo legal não confere pontuação.

RASCUNHO - QUESTÕES DISCURSIVAS	
→ **Resposta**	A)
	B)
→ **Fundamentação Jurídica**	A)
	B)

QUESTÃO 04

Treino nº 15

PEÇA PRÁTICO-PROFISSIONAL

Aurélio foi aprovado em concurso público para o cargo de analista do Tribunal de Contas da União. A homologação do concurso foi feita em 20 de agosto de 2020.

Em 02 de julho de 2022, foi publicada a nomeação de Aurélio no Diário Oficial da União. Ocorre que Aurélio, que reside em Santana do Pirapamba, cidade que não há circulação de DOU, ficou sabendo da nomeação por um amigo, no dia 03 de agosto de 2022, quando já tinha passado o prazo para posse e declarado sem efeito o ato de nomeação, o que ocorreu no próprio dia 03 de novembro. Como não tinha sido intimado pessoalmente para tomar posse, Aurélio ingressou com ação anulatória, em maio de 2023, para anular o ato que tornou sem efeito a sua nomeação.

O juiz, então, julgou procedente o pleito, e o Réu, então interpôs, da decisão, recurso de apelação. Desta forma, aguarda-se que você proponha a medida judicial para apresentar argumentos que permitam ao juízo ad quem negar provimento de recurso do Réu.

<table>
<tr><th colspan="3">ESTRUTURAÇÃO DA APELAÇÃO</th></tr>
<tr><td colspan="2">→ Legitimidade Ativa</td><td></td></tr>
<tr><td colspan="2">→ Legitimidade Passiva</td><td></td></tr>
<tr><td colspan="2">→ Competência</td><td></td></tr>
<tr><td rowspan="2">→ Pedido</td><td>→ Liminar</td><td></td></tr>
<tr><td>→ Principal</td><td></td></tr>
<tr><td colspan="2">→ Causa de Pedir</td><td></td></tr>
</table>

<table>
<tr><th colspan="3">ESTRUTURAÇÃO DE DEFESA</th></tr>
<tr><td colspan="2">→ Legitimidade Passiva</td><td></td></tr>
<tr><td colspan="2">→ Legitimidade Ativa</td><td></td></tr>
<tr><td colspan="2">→ Competência</td><td></td></tr>
<tr><td rowspan="2">→ Pedido</td><td>→ Preliminares</td><td></td></tr>
<tr><td>→ Principal</td><td></td></tr>
<tr><td colspan="2">→ Causa de Pedir</td><td></td></tr>
</table>

PEÇA PROFISSIONAL 1/5

PEÇA PROFISSIONAL 2/5

PEÇA PROFISSIONAL 3/5

PEÇA PROFISSIONAL 4/5

PEÇA PROFISSIONAL 5/5

QUESTÃO 01

João, ao retornar de um doutorado no exterior, é surpreendido com a presença de equipamentos e maquinário do Estado X em imóvel urbano de sua propriedade, e que, segundo informação do engenheiro responsável pela obra, o referido imóvel estaria sem uso há três anos e meio, e, por essa razão, teria sido escolhido para a construção de uma estação de metrô no local.

Inconformado com a situação, João ingressou com "ação de desapropriação indireta" perante o Juízo Fazendário do Estado X, tendo obtido sentença de total improcedência em primeiro grau de jurisdição, sob os seguintes fundamentos:

i) impossibilidade de reivindicação do bem, assim como da pretensão à reparação financeira, em decorrência da supremacia do interesse público sobre o privado;

ii) o transcurso de mais de três anos entre a ocupação do imóvel e a propositura da ação, ensejando a prescrição de eventual pleito indenizatório; e

iii) a subutilização do imóvel por parte de João, justificando a referida medida de política urbana estadual estabelecida.

Considerando a situação hipotética, responda: agiu corretamente o Juiz?

RASCUNHO – QUESTÕES DISCURSIVAS	
→ **Resposta**	
→ **Fundamentação Jurídica**	

QUESTÃO 01

QUESTÃO 02

Na estrutura administrativa do Estado do Maranhão, a autarquia Ômega é responsável pelo desempenho das funções estatais na proteção e defesa dos consumidores. Em operação de fiscalização realizada pela autarquia, constatou-se que uma fornecedora de bebidas realizou "maquiagem" em seus produtos, ou seja, alterou o tamanho e a forma das garrafas das bebidas que comercializava, para que os consumidores não percebessem que passaria a haver 5% menos bebida em cada garrafa. Após processo administrativo em que foi conferida ampla defesa à empresa, a autarquia lhe aplicou multa, por violação ao dever de informar os consumidores acerca da alteração de quantidade dos produtos.

Na semana seguinte, a infração praticada pela empresa foi noticiada pelos meios de comunicação tradicionais, o que acarretou considerável diminuição nas suas vendas, levando-a a ajuizar ação indenizatória em face da autarquia. A empresa alega que a repercussão social dos fatos acabou gerando danos excessivos à sua imagem.

Diante das circunstâncias narradas, responda aos itens a seguir.

A) A autarquia Ômega, no exercício de suas atividades de proteção e defesa dos consumidores, possui o poder de aplicar multa à empresa de bebidas?

B) A autarquia deve reparar os danos sofridos pela redução de vendas dos produtos da empresa fiscalizada?

A mera citação do dispositivo legal não confere pontuação.

RASCUNHO - QUESTÕES DISCURSIVAS	
→ **Resposta**	A)
	B)
→ **Fundamentação Jurídica**	A)
	B)

QUESTÃO 02

QUESTÃO 03

Um determinado fiscal de vigilância sanitária do Estado, ao executar uma operação de fiscalização em alguns restaurantes situados no centro da cidade do Rio de Janeiro, acabou por destruir todo o estoque de gêneros alimentícios perecíveis que se encontravam na câmara frigorífica de um dos estabelecimentos fiscalizados. A destruição do estoque, alegou o fiscal posteriormente, deveu-se à impossibilidade de separar os produtos que já estavam com o prazo de validade vencido, daqueles que, ainda, se encontravam dentro da validade.

O dono do estabelecimento fiscalizado, um restaurante, procura um advogado com o objetivo de se consultar acerca de possíveis medidas judiciais em face do Estado, em virtude dos prejuízos de ordem material sofridos.

Na qualidade de advogado do dono do estabelecimento comercial, indique qual seria a medida judicial adequada e se ele possui o direito a receber uma indenização em face do Estado, em razão da destruição dos produtos que se encontravam dentro do prazo de validade.

A simples menção ou transcrição do dispositivo legal não pontua.

RASCUNHO - QUESTÕES DISCURSIVAS	
→ **Resposta**	
→ **Fundamentação Jurídica**	

QUESTÃO 03

QUESTÃO 04

"Um adolescente e um homem encapuzados atacaram na manhã desta quarta-feira (13) a Escola Estadual Professor Raul Brasil, em Suzano, na Região Metropolitana de São Paulo, e mataram sete pessoas, sendo cinco alunos e duas funcionárias do colégio." (G1, 13/03/2019).

Considerando a manchete da notícia acima, discorra sobre o instituto jurídico identificado.

RASCUNHO – QUESTÕES DISCURSIVAS	
→ **Resposta**	
→ **Fundamentação Jurídica**	

QUESTÃO 04

Treino nº 16

PEÇA PRÁTICO-PROFISSIONAL

Juliano Augusto, brasileiro, médico pediatra, ao atravessar a rua na faixa de pedestres, na cidade de Antures, foi atropelado por uma viatura da Polícia Militar do Estado de Conceição. Em virtude do acidente, Juliano fraturou a coluna e ficou paraplégico, não obstante tenha o motorista do veículo tomado todas as providências possíveis para impedir o fato.

No bojo da ação judicial proposta por ele, a fim de obter indenização pelos danos causados, foi julgado improcedente o pleito, uma vez que restou comprovada a ausência de culpa do motorista.

Inconformado, Juliano procurou seu escritório de advocacia e apresentou apelação, dentro do prazo legal. No julgamento da apelação, o Tribunal de Justiça alegou que a decisão deveria ser mantida por estar conforme a orientação estampada na Constituição Federal acerca da matéria. Tal decisão foi publicada em 12/05/2023, sexta-feira.

O seu cliente informa que pretende recorrer dessa decisão, haja vista o fato de que houve violação direta ao texto constitucional.

Em face dessa situação hipotética, redija, no último dia do prazo, na qualidade de advogado(a) contratado(a) por Juliano, a peça judicial cabível, contra o Estado, para pleitear a indenização pelos danos causados.

ESTRUTURAÇÃO DA INICIAL

→ **Legitimidade Ativa**		
→ **Legitimidade Passiva**		
→ **Competência**		
→ **Pedido**	→ **Liminar**	
	→ **Principal**	
→ **Causa de Pedir**		

ESTRUTURAÇÃO DO RECURSO

→ **Recorrente**		
→ **Recorrido**		
→ **Competência**		
→ **Pedido**	→ **Efeito Suspensivo?**	
	→ **Principal**	
→ **Causa de Pedir**		

PEÇA PROFISSIONAL 1/5

PEÇA PROFISSIONAL 2/5

PEÇA PROFISSIONAL 3/5

PEÇA PROFISSIONAL 4/5

PEÇA PROFISSIONAL 5/5

QUESTÃO 01

Maria construiu, de forma clandestina, um imóvel residencial em local de risco e, em razão disso, a vida de sua família e outros imóveis situados na região estão ameaçados. A autoridade municipal competente, por meio do devido processo administrativo, tomou as providências cabíveis para determinar e promover a demolição de tal construção, nos exatos termos da legislação local.

Diante dessa situação hipotética, responda aos itens a seguir.

A) Pode o Município determinar unilateralmente a obrigação demolitória?

B) Caso Maria não cumpra a obrigação imposta, o Município está obrigado a postular a demolição em Juízo?

A mera citação do dispositivo legal não confere pontuação.

RASCUNHO - QUESTÕES DISCURSIVAS	
→ **Resposta**	A)
	B)
→ **Fundamentação Jurídica**	A)
	B)

QUESTÃO 01

QUESTÃO 02

A sociedade empresária "Mais Veloz", concessionária do serviço público de transporte ferroviário de passageiros no Estado X, está encontrando uma série de dificuldades na operação de um dos ramais do sistema ferroviário. Os consultores da sociedade empresária recomendaram aos seus administradores a manutenção da concessão, que é lucrativa, e a subconcessão do ramal que está gerando problemas. Os consultores, inclusive, indicaram o interesse de duas empresas em assumir a operação do ramal – e ambas atendem a todos os requisitos de qualificação que haviam sido inicialmente exigidos no edital de concessão do serviço.

Com base no caso apresentado, responda fundamentadamente.

A) Caso seja silente o contrato de concessão celebrado, pode haver a subconcessão do ramal que está gerando problemas operacionais?

B) Caso autorizada a subconcessão, a sociedade empresária "Mais Veloz" pode escolher livremente uma das duas empresas para celebrar o contrato de subconcessão?

A mera citação do dispositivo legal não confere pontuação.

RASCUNHO – QUESTÕES DISCURSIVAS	
→ **Resposta**	A)
	B)
→ **Fundamentação Jurídica**	A)
	B)

QUESTÃO 02

QUESTÃO 03

Transvia, empresa de grande porte concessionária da exploração de uma das mais importantes rodovias federais, foi surpreendida com a edição de decreto do Presidente da República excluindo as motocicletas da relação de veículos sujeitos ao pagamento de pedágio nas rodovias federais, medida que reduz substancialmente as vantagens legitimamente esperadas pela concessionária.

Considerando a situação hipotética narrada, responda aos itens a seguir, empregando os argumentos jurídicos apropriados e a fundamentação legal pertinente ao caso.

A) É juridicamente possível que o Poder Concedente estabeleça unilateralmente benefícios tarifários não contemplados originariamente no contrato de concessão?

B) A empresa concessionária tem direito a alguma forma de compensação em decorrência do impacto que o decreto produz na remuneração contratual?

A simples menção ou transcrição do dispositivo legal não pontua.

RASCUNHO - QUESTÕES DISCURSIVAS	
→ Resposta	A)
	B)
→ Fundamentação Jurídica	A)
	B)

QUESTÃO 03

QUESTÃO 04

O prefeito de um determinado município está interessado em descentralizar o serviço de limpeza urbana e pretende, para tanto, criar uma empresa pública. Diante disso, formula consulta jurídica a respeito do regime a ser observado pela estatal em relação aos aspectos abaixo transcritos.

Com base no relatado acima, responda aos itens a seguir, empregando os argumentos jurídicos apropriados e a fundamentação legal pertinente ao caso.

A) Qual é o instrumento jurídico necessário para a instituição de uma empresa pública?

B) Qual é o regime de pessoal a ser observado e a respectiva forma de recrutamento e seleção?

C) A empresa pública em questão deve observar limite máximo de remuneração previsto no artigo 37, inciso XI, da Constituição da República?

RASCUNHO - QUESTÕES DISCURSIVAS	
→ Resposta	A)
	B)
	C)
→ Fundamentação Jurídica	A)
	B)
	C)

QUESTÃO 04

Treino nº 17

PEÇA PRÁTICO-PROFISSIONAL

O departamento de trânsito, órgão integrante da Administração Direta, do Estado X, lavrou auto de infração contra Coriolano, morador da cidade de Barricadas. As multas de trânsito foram-lhe impostas, em 04 de maio de 2022, pelo Superintendente da entidade, sem que ele fosse notificado e pudesse apresentar defesa prévia.

Inconformado, ele interpôs recurso administrativo ao qual foi negado provimento pelo Governador do Estado em 30 de maio de 2022.

Com o propósito de desconstituir o referido auto de infração, Coriolano impetrou Mandado de Segurança no Tribunal de Justiça do Estado, em 05 de novembro de 2022, contra o ato do governador. O relator do *mandamus* extinguiu o feito sem julgamento de mérito sob a alegação de que haveria passado o prazo decadencial, uma vez que a multa foi imposta há mais de 120 dias. Coriolano, então, contratou seus serviços de profissional da advocacia, a fim de recorrer da decisão denegatória do Mandado de Segurança impetrado.

Na qualidade de advogado(a), proponha a medida judicial cabível para a reforma da decisão.

ESTRUTURAÇÃO DA INICIAL

→ **Legitimidade Ativa**		
→ **Legitimidade Passiva**		
→ **Competência**		
→ **Pedido**	→ **Liminar**	
	→ **Principal**	
→ **Causa de Pedir**		

ESTRUTURAÇÃO DO RECURSO

→ **Recorrente**		
→ **Recorrido**		
→ **Competência**		
→ **Pedido**	→ **Efeito Suspensivo?**	
	→ **Principal**	
→ **Causa de Pedir**		

PEÇA PROFISSIONAL 1/5

PEÇA PROFISSIONAL 2/5

PEÇA PROFISSIONAL 3/5

61	
62	
63	
64	
65	
66	
67	
68	
69	
70	
71	
72	
73	
74	
75	
76	
77	
78	
79	
80	
81	
82	
83	
84	
85	
86	
87	
88	
89	
90	

PEÇA PROFISSIONAL 4/5

PEÇA PROFISSIONAL 5/5

121	
122	
123	
124	
125	
126	
127	
128	
129	
130	
131	
132	
133	
134	
135	
136	
137	
138	
139	
140	
141	
142	
143	
144	
145	
146	
147	
148	
149	
150	

QUESTÃO 01

Sobre as duas espécies de empresas estatais reconhecidas pelo ordenamento jurídico vigente, esclareça: a) a natureza jurídica e o enquadramento das mesmas no âmbito da Administração Pública; b) as características comumente presentes nessas espécies e em razão das quais elas se assemelham e se diferenciam entre si e em relação a outras espécies da Administração descentralizada; c) o(s) regime(s) de responsabilidade extracontratual aplicável(is) a essas empresas estatais.

RASCUNHO - QUESTÕES DISCURSIVAS	
→ **Resposta**	
→ **Fundamentação Jurídica**	

QUESTÃO 01

QUESTÃO 02

Em 2017, Ana Célia foi aprovada em concurso público federal mediante a realização de provas, avaliação de títulos e exame psicotécnico, de acordo com o previsto em legislação específica e nas normas do edital. Ocorre que após 04 (quatro) anos de efetivo exercício, passou a faltar intencionalmente ao serviço.

A autoridade competente determinou a instauração de processo administrativo disciplinar para apurar a conduta da servidora. Ao final do processo, restou configurada a inassiduidade habitual, em virtude da ausência injustificada da servidora por 72 (setenta e dois) dias no período de 12 (doze) meses, o que culminou na aplicação da pena de demissão.

Com base no exposto, responda, fundamentadamente, aos itens a seguir.

A) Ana Célia poderia ter sido submetida à exame psicotécnico para sua habilitação no concurso público?

B) A abertura de sindicância é indispensável para a instauração do processo administrativo disciplinar?

A simples menção ou transcrição do dispositivo legal não pontua.

RASCUNHO – QUESTÕES DISCURSIVAS	
→ **Resposta**	A)
	B)
→ **Fundamentação Jurídica**	A)
	B)

QUESTÃO 02

QUESTÃO 03

O Estado Alpha editou lei estadual prevendo que a remuneração do grau máximo de determinada carreira estadual corresponderá a 90,25% (noventa inteiros e vinte e cinco centésimos por cento) da remuneração dos Ministros do Supremo Tribunal Federal, escalonados conforme as respectivas classes, sendo a diferença entre uma e outra de 5% (cinco por cento).

Com base na legislação estadual acima destacada, responda:

A) A legislação editada pelo Estado Alpha poderá ser considerada inconstitucional? Justifique.

B) Qual medida deve ser adotada na hipótese de recebimento, por parte de algum servidor do Estado Alpha, de remuneração acima do teto constitucional?

A mera citação do dispositivo legal não confere pontuação.

RASCUNHO - QUESTÕES DISCURSIVAS	
→ **Resposta**	A)
	B)
→ **Fundamentação Jurídica**	A)
	B)

QUESTÃO 03

QUESTÃO 04

Yuri, agente público de trânsito do município de Salvador, ao ver um veículo aparentemente abandonado às margens da Av. Paralela, uma das mais movimentadas da cidade, aplicou uma multa ao condutor do veículo e solicitou ao guincho que retirasse o veículo do local, para evitar o congestionamento generalizado na via.

Trinta minutos depois após a retirada do veículo, Pedro, o proprietário e condutor, questionou ao agente o porquê de o seu veículo ter sido guinchado, visto que ele somente parou o veículo na via para ir buscar a sua esposa do outro lado da rua, para que ela não atravessasse sozinha, já que estava tendo uma crise de labirintite.

Yuri disse a Pedro que o veículo estava parado há cerca de uma hora no local e que teve que ser retirado, pois, estava atrapalhando o tráfego e oferecendo perigo aos transeuntes.

Pedro, então, disse que o agente estava mentindo e agindo com abuso de poder e que iria tomar as providências cabíveis.

Com base na situação hipotética responda: Pedro agiu acertadamente?

RASCUNHO – QUESTÕES DISCURSIVAS	
→ **Resposta**	
→ **Fundamentação Jurídica**	

QUESTÃO 04

Treino nº 18

PEÇA PRÁTICO-PROFISSIONAL

Petrúncio Oswaldo, governador do Estado do Pará, nomeou seu irmão, Juvídio Oswaldo, Conselheiro do Tribunal de Contas do Estado, em 15/04/2022.

Com a situação, a população ficou indignada e, Maria João, moradora da cidade de Belém, procuradora do Tribunal de Contas do Estado, que estava cotada para ser nomeada para a função, apresentou reclamação administrativa a qual foi julgada improcedente pelo chefe do executivo estadual, sob a alegação de que a nomeação se tratava de ato político.

Assim, procurou seu escritório requisitando seus serviços para que sejam tomadas as medidas judiciais cabíveis ao desfazimento do ato violador da moralidade pública. Nesse diapasão, informou que gostaria que fosse proposta a medida mais célere diretamente no Supremo Tribunal Federal, pelo descumprimento de Súmula Vinculante.

Em face dessa situação hipotética, redija, na qualidade de advogado(a) contratado(a) por Maria, a peça judicial mais adequada.

ESTRUTURAÇÃO DA PEÇA – TREINO Nº 18

→ **Legitimidade Ativa**		
→ **Legitimidade Passiva**		
→ **Competência**		
→ **Pedido**	→ **Liminar**	
	→ **Principal**	
→ **Causa de Pedir**		

PEÇA PROFISSIONAL 1/5

PEÇA PROFISSIONAL 2/5

PEÇA PROFISSIONAL 3/5

PEÇA PROFISSIONAL 4/5

PEÇA PROFISSIONAL 5/5

QUESTÃO 01

No regular exercício do poder de polícia e após o devido processo administrativo, certo órgão competente da Administração Pública Federal aplicou à sociedade empresária Beleza Ltda. multa de R$ 10.000,00 (dez mil reais) pelo descumprimento de normas administrativas que lhe são aplicáveis.

Inconformada, a apenada apresentou o recurso administrativo cabível, no qual foi verificado que o valor da multa aplicada estava muito aquém dos limites estabelecidos pela lei. Após ciência e manifestação da pessoa jurídica em questão, a multa foi majorada para R$ 50.000,00 (cinquenta mil reais), sendo certo que tal valor foi mantido na terceira instância administrativa após novo recurso da sociedade.

Diante dessa situação hipotética, considerando que existe autoridade superior à que manteve a majoração da multa aplicada à sociedade empresária Beleza Ltda. e que não há legislação específica acerca de recursos no mencionado processo administrativo, responda aos itens a seguir.

A) Analise a viabilidade de a pessoa jurídica prejudicada recorrer administrativamente dessa última decisão.

B) É cabível a majoração da multa efetuada pela autoridade administrativa?

A mera citação do dispositivo legal não confere pontuação.

RASCUNHO – QUESTÕES DISCURSIVAS	
→ **Resposta**	A)
	B)
→ **Fundamentação Jurídica**	A)
	B)

QUESTÃO 01

1	
2	
3	
4	
5	
6	
7	
8	
9	
10	
11	
12	
13	
14	
15	
16	
17	
18	
19	
20	
21	
22	
23	
24	
25	
26	
27	
28	
29	
30	

QUESTÃO 02

O Município de Itaú decide retomar o serviço de transportes urbanos de passageiros executado por uma empresa privada por meio de permissão.

A empresa, então, reivindica indenização do Município, mas este se recusa a atender sob a alegação de que, pela Lei n. 8.987/95, a permissão se consubstancia por delegação a título precário, qualificação esta repetida no art. 40 do mesmo diploma legal.

Diante do caso, responda:

A) É cabível a encampação da permissão? Justifique.

B) Procede a alegação do Município quanto à inexistência de obrigação indenizatória na hipótese?

RASCUNHO – QUESTÕES DISCURSIVAS	
→ **Resposta**	A)
	B)
→ **Fundamentação Jurídica**	A)
	B)

QUESTÃO 02

QUESTÃO 03

O Congresso Nacional aprovou recentemente a Lei nº 20.100/22, que reestruturou diversas carreiras do funcionalismo público federal e concedeu a elas reajuste remuneratório. Especificamente em relação aos analistas administrativos de determinada agência reguladora, foi instituída gratificação de desempenho.

Ao proceder aos cálculos, a Administração interpreta equivocadamente a lei e calcula a maior o acréscimo salarial, erro que só é percebido alguns anos depois de iniciado o pagamento.

Sobre a hipótese apresentada, responda aos itens a seguir.

A) Não havendo má-fé dos servidores, a Administração pode rever a qualquer tempo os cálculos e exigir a devolução da quantia paga indevidamente?

B) O ato da Administração que resultar na revisão do cálculo da gratificação precisa, obrigatoriamente, ser motivado?

A mera citação do dispositivo legal não confere pontuação.

RASCUNHO – QUESTÕES DISCURSIVAS	
→ **Resposta**	A)
	B)
→ **Fundamentação Jurídica**	A)
	B)

QUESTÃO 03

QUESTÃO 04

O Município Beta, que possui cerca de quinze mil habitantes, pretende fazer uso de instrumentos previstos na ordem jurídica pátria para promover a ordenação urbana local, tais como os de parcelamento e edificação compulsórios.

Para tanto, fez editar o plano diretor da cidade, aprovado pela Câmara Municipal, cujo projeto foi de iniciativa do Prefeito, após a efetivação de estudos técnicos por especialistas multidisciplinares contratados, que não realizaram a oitiva popular acerca das mudanças sugeridas.

Diante dessa situação hipotética, responda aos questionamentos a seguir.

A) Para o Município Beta, a elaboração de plano diretor para se utilizar dos instrumentos de parcelamento e edificação compulsórios é obrigatória?

B) Considerando as diretrizes estabelecidas na legislação de regência, o Município Beta deveria ter promovido a participação popular no processo de elaboração do plano diretor?

A mera citação do dispositivo legal não confere pontuação.

RASCUNHO – QUESTÕES DISCURSIVAS	
→ **Resposta**	A)
	B)
→ **Fundamentação Jurídica**	A)
	B)

QUESTÃO 04

Treino nº 19

PEÇA PRÁTICO-PROFISSIONAL

Em 14/09/2021, terça-feira, foi publicado edital, iniciando procedimento licitatório, do tipo menor preço, na modalidade concorrência, pelo Ministério da Educação, para compra veículos automotores. A referida licitação foi regulamentada com base na Lei 14.133/21.

No prazo estabelecido, a empresa X Veículos, microempresa do ramo de vendas de carros, apresentou todos os documentos necessários à habilitação, não conseguindo demonstrar, no entanto, regularidade fiscal, uma vez que se encontrava inadimplente em relação a tributos federais. Em virtude da situação exposta, a empresa apresentou a comprovação de débitos com a Receita Federal, não cumprindo a exigência de regularidade fiscal.

Em virtude da ausência da regularidade fiscal, com base na lei 14.133/21, o agente de contratação inabilitou referida empresa, no dia 29/10/2021.

Em face dessa situação hipotética, elabore, na qualidade de advogado(a) contratado(a) pela empresa X Veículos, recurso administrativo contra a decisão de inabilitação.

ESTRUTURAÇÃO DA PEÇA – TREINO Nº 19

<table>
<tr><td colspan="2">→ Recorrente</td><td></td></tr>
<tr><td colspan="2">→ Autoridade</td><td></td></tr>
<tr><td colspan="2">→ Competência</td><td></td></tr>
<tr><td rowspan="2">→ Pedido</td><td>→ Liminar</td><td></td></tr>
<tr><td>→ Principal</td><td></td></tr>
<tr><td colspan="2">→ Causa de Pedir</td><td></td></tr>
</table>

PEÇA PROFISSIONAL 1/5

PEÇA PROFISSIONAL 2/5

PEÇA PROFISSIONAL 3/5

PEÇA PROFISSIONAL 4/5

PEÇA PROFISSIONAL 5/5

QUESTÃO 01

Discorra sobre as Agências Reguladoras e Agências executivas.

RASCUNHO - QUESTÕES DISCURSIVAS	
→ **Resposta**	
→ **Fundamentação Jurídica**	

QUESTÃO 01

QUESTÃO 02

Determinado município precisou adquirir produtos de informática no valor de R$ 60.000,00 (sessenta mil reais), razão pela qual fez publicar edital de licitação, na modalidade pregão, destinado exclusivamente à participação de microempresas e empresas de pequeno porte.

Observou-se, no entanto, que, na região em que está sediado tal ente federativo, existiam apenas duas sociedades capazes de preencher os requisitos constantes do instrumento convocatório e que apresentaram preços competitivos, a saber, Gama ME e Delta ME.

Por ter apresentado a melhor proposta, a sociedade Gama ME foi declarada vencedora do certame e apresentou todos os documentos necessários para a habilitação.

Considerando a situação narrada, responda aos itens a seguir.

A) O tratamento diferenciado conferido pelo Município às microempresas e empresas de pequeno porte é constitucional?

B) O pregão deveria ser homologado?

A mera citação do dispositivo legal não confere pontuação.

RASCUNHO – QUESTÕES DISCURSIVAS	
→ **Resposta**	A)
	B)
→ **Fundamentação Jurídica**	A)
	B)

QUESTÃO 02

QUESTÃO 03

José prestou concurso público federal mediante a realização de provas e de exame psicotécnico, etapa integrante do certame e previsto na legislação. Ele logrou aprovação e foi regularmente investido na vaga existente no Estado Alfa. Sua esposa, Maria, já é servidora federal estável lotada no mesmo Estado. Logo após a nomeação de José, ela foi removida para o Estado Beta, no extremo oposto do país, onde terá que passar a residir, no interesse da Administração.

Diante dessa situação hipotética, responda aos itens a seguir.

A) José poderia ser submetido à realização de exame psicotécnico como etapa de concurso público, ciente de que o cargo exige equilíbrio emocional?

B) José tem direito de ser removido para outro cargo, no âmbito do mesmo quadro funcional, para o Estado Beta, com o fim de se juntar a Maria?

A mera citação do dispositivo legal não confere pontuação.

RASCUNHO - QUESTÕES DISCURSIVAS	
→ **Resposta**	A)
	B)
→ **Fundamentação Jurídica**	A)
	B)

QUESTÃO 03

QUESTÃO 04

Um veículo particular colidiu com um cavalo que escapara da fazenda de seu proprietário e, subitamente, atravessou a pista de uma rodovia interestadual, em ponto situado na divisa do Estado do Rio de Janeiro. Resultaram do acidente a morte do motorista e lesões graves nos demais passageiros, cujos familiares ajuizaram, na Justiça Comum, ação de responsabilidade civil, almejando a reparação de danos materiais e morais. Estabelecido que se trata de rodovia federal, sujeita à fiscalização da Polícia Rodoviária Federal (órgão subordinado ao Ministério da Justiça), mas que teve delegada a uma concessionária privada mediante licitação a prestação da respectiva execução dos serviços públicos de sua manutenção e exploração.

Quem está legitimado para responder à demanda reparatória – a União, ou a Polícia Rodoviária Federal, ou a Concessionária?

RASCUNHO – QUESTÕES DISCURSIVAS	
→ **Resposta**	
→ **Fundamentação Jurídica**	

QUESTÃO 04

PARTE 5

Gabaritos COMENTADOS

Treino nº 1

PEÇA PRÁTICO-PROFISSIONAL

A empresa Aquatrans é concessionária de transporte público aquaviário no Estado X há sete anos e foi surpreendida com a edição do Decreto 1.234, da Chefia do Poder Executivo Estadual, que, na qualidade de Poder Concedente, declarou a caducidade da concessão e fixou o prazo de trinta dias para assumir o serviço, ocupando as instalações e os bens reversíveis.

A concessionária, inconformada com a medida, especialmente porque jamais fora cientificada de qualquer inadequação na prestação do serviço, procura-o, na qualidade de advogado(a), e o contrata para ajuizar a medida judicial pertinente para discutir a juridicidade do decreto, bem como para assegurar à concessionária o direito de continuar prestando o serviço até que, se for o caso, a extinção do contrato se opere de maneira regular.

Elabore a peça processual adequada, levando em consideração que a matéria não demanda qualquer dilação probatória e que se deve optar pela medida judicial cujo rito, em tese, seja o mais célere.

PEÇA PRÁTICO PROFISSIONAL - PADRÃO DE RESPOSTA

ESTRUTURAÇÃO DA PEÇA - TREINO Nº 01		
→ Legitimidade Ativa		Aquatrans
→ Legitimidade Passiva		**Autoridade Coatora:** Governador do Estado X. **Réu:** Estado X
→ Competência		Tribunal de Justiça do Estado X
→ Pedido	→ Liminar	Suspensão do ato coator e manutenção da prestação dos serviços pela impetrante até o julgamento final
	→ Principal	Anulação do ato impugnado e, consequentemente, a manutenção da prestação dos serviços pela Impetrante até que se encerre o contrato
→ Causa de Pedir		Art. 35, III da Lei nº 8.987/95 + art. 38, §§2 e 3º da Lei nº 8.987/95

EXCELENTÍSSIMO SENHOR DOUTOR DESEMBARGADOR PRESIDENTE DO TRIBUNAL DE JUSTIÇA DO ESTADO X

(10 linhas)

Aquatrans, pessoa jurídica de direito privado, concessionária de serviço público, inscrita sob o CNPJ nº..., com sede na Rua..., endereço eletrônico, vem, pelo seu advogado infrafirmado, com procuração anexa, endereço profissional na Rua..., onde doravante serão encaminhadas todas as intimações do feito, impetrar MANDADO DE SEGURANÇA contra ato do Governador do Estado X, agente público, com endereço profissional na Rua..., endereço eletrônico, e em face do Estado X, pessoa jurídica de direito público interno, CNPJ nº..., com sede na Rua..., endereço eletrônico, pelos fatos e fundamentos a seguir.

DO CABIMENTO

É cabível o presente Mandado de Segurança com fulcro no art. 5º, LXIX da CRFB e art. 1º da Lei nº 12016/09, por se tratar de violação a direito líquido e certo do impetrante.

DOS FATOS

A Impetrante é concessionária do serviço público de transporte aquaviário no Estado X há sete anos e foi surpreendida com a edição do Decreto 1.234, da Autoridade Coatora, que, na qualidade de Poder Concedente, declarou a caducidade da concessão e fixou o prazo de trinta dias para assumir o serviço, ocupando as instalações e os bens reversíveis.

A Impetrante, então, inconformada com a medida, porque jamais fora cientificada de qualquer inadequação na prestação do serviço, vem impetrar Mandado de Segurança contra o ato que declarou a caducidade da concessão.

DA MEDIDA LIMINAR

O art. 7º, III da Lei nº 12.016/09 prevê a possibilidade de concessão de liminar em Mandado de Segurança desde que presentes o fundamento relevante do pedido e o perigo de ineficácia da medida.

O perigo de ineficácia da medida decorre do fato de que a impetrante, com a declaração da caducidade do contrato de concessão, sem se programar para tal, poderá sofrer um prejuízo de difícil reparação *a posteriori*.

Já o fundamento relevante do pedido se baseia no disposto no art. 38, §§2º e 3º da Lei 8.987/95, o qual exige que a declaração de caducidade seja precedida de verificação de inadimplência da empresa concessionária, e que nesta é assegurada a ampla defesa.

Portanto, deve ser suspenso o ato coator, determinando-se a manutenção da prestação dos serviços pela impetrante até o julgamento final do feito.

DO MÉRITO

Inicialmente, o art. 35, III da Lei nº 8.987/95, prevê que os contratos de concessão podem ser extintos, entre outros, por declaração de caducidade. Vejamos:

> "Art. 35. Extingue-se a concessão por:
>
> [...]
>
> III - caducidade;"

A caducidade, via de regra, é declarada pelo poder concedente em casos inexecução do contrato de concessão de serviço público, seja ela parcial ou total.

Conforme o art. 38, §§2º e 3º da Lei nº 8.987/95, a declaração de caducidade deve, obrigatoriamente, ser precedida de verificação do inadimplemento do contrato de concessão por parte da concessionária, através de um processo administrativo, assegurada a ampla defesa.

Ressalta-se que, antes da instauração do processo supramencionado, a concessionária deve ser notificada com as informações detalhadas acerca da sua inadimplência, oferecendo-lhe um prazo para corrigi-las. Assim, se a concessionária se enquadrar após essa notificação, o processo administrativo deve, sequer, ser instaurado.

Na situação em epígrafe não houve notificação prévia, tampouco a instauração de processo administrativo, sendo a Impetrante surpreendida com a declaração de caducidade do contrato ao qual é parte, por ato da Autoridade Coatora.

Portanto, além da violação da norma no dispositivo citado, houve a violação ao princípio do devido processo legal, conforme art. 5º, LIV da CRFB, haja vista que o procedimento previsto legalmente não fora observado; e aos princípios do contraditório e ampla defesa, conforme art. 5º, LV, da CRFB, uma vez que não houve notificação da concessionária e tampouco oportunidade de apresentar defesa.

DOS PEDIDOS

Pelo exposto, requer:

a) a notificação da Autoridade Coatora para que preste informações na forma da lei;

b) a ciência do órgão de representação judicial do Réu para, querendo, integrar a lide;

c) a concessão da medida liminar com a suspensão do ato coator e a manutenção da prestação do serviço pela da Impetrante até o julgamento final do feito;

d) a ratificação da medida liminar com a procedência do pedido, determinando anulação do ato impugnado e, consequentemente, a manutenção da prestação dos serviços pela Impetrante até que se encerre o contrato;

e) a intimação do ilustríssimo representante do Ministério Público para atuar como fiscal da lei;

f) a juntada de todos os documentos inerentes à comprovação do direito líquido e certo da Impetrante;

g) a condenação do Réu ao pagamento das custas processuais.

Dá-se à causa o valor de R$...

Nestes termos, pede deferimento.

Local, data.
Advogado
OAB nº...

QUESTÃO 1

O Poder Executivo municipal da cidade X resolve, após longos debates públicos com representantes de associações de moradores, editar um decreto de desapropriação de uma determinada área urbana, a fim de atender às exigências antigas da comunidade local dos Pontinhos, que ansiava pela construção de um hospital público na região. Entretanto, outra comunidade de moradores do mesmo município X, localizada a 10 km da primeira comunidade acima citada e denominada Matinhos, resolve ajuizar mandado de segurança coletivo contra o ato (decreto expropriatório) praticado pelo Prefeito. A comunidade de Matinhos é devidamente representada pela respectiva associação de moradores, constituída há pelo menos cinco anos e em funcionamento. A ação judicial coletiva objetiva, em sede liminar e de forma definitiva, sob pena de multa, a decretação de nulidade do decreto de desapropriação e a determinação de que o hospital seja imediatamente construído na localidade de Matinhos. Argumenta a associação, ora autora da ação coletiva, que em sua campanha política o Prefeito prometeu a construção de um hospital na localidade de Matinhos e que, por razões de conveniência e oportunidade, o Poder Executivo municipal não deveria construir o hospital na localidade de Pontinhos, pois lá já existe um hospital público federal em funcionamento, enquanto na localidade de Matinhos não há qualquer hospital.

Diante da situação acima narrada e ao considerar que o decreto de desapropriação foi editado de forma válida e legal, sem qualquer vício de legalidade, explicite a possibilidade ou não de:

A) Anulação do ato administrativo de desapropriação pelo Poder Judiciário;

B) Determinação judicial de que o Prefeito deva construir o hospital na região de Matinhos.

QUESTÃO 01 - PADRÃO DE RESPOSTA

RASCUNHO - QUESTÕES DISCURSIVAS	
→ **Resposta**	A) É possível.
	B) Não pode decidir.
→ **Fundamentação Jurídica**	A) Princípio da Autotutela (Súmula nº 473).
	B) Controle judicial é só acerca da legalidade, não pode decidir em lugar da autoridade administrativa competente.

OBS. Essa questão não deve ser respondida separadamente, porque a questão pediu a elaboração de um só texto.

O princípio da autotutela administrativa, consagrado na Súmula nº 473 do Supremo Tribunal Federal, impõe à Administração Pública o poder-dever de anular os atos ilegais ou revogá-los, por motivo de oportunidade e conveniência, em ambos os casos, respeitados os direitos adquiridos.

Esse enunciado, entretanto, não afasta a apreciação do Poder Judiciário, ou seja, o controle judicial dos atos praticados pela Administração Pública que, hoje, conforme a doutrina do direito público e a jurisprudência, permite que seja realizado não só um controle acerca da legalidade ou juridicidade, como também permite ao Juiz apreciar o denominado "mérito" administrativo, ou seja, permite a análise e o controle dos atos discricionários.

Os atos discricionários, segundo a melhor e atual doutrina do direito administrativo, devem pautar a sua edição em determinados critérios eleitos que serão analisados pelo Poder Judiciário, quais sejam: 1) se o ato praticado atendeu ao princípio da razoabilidade (se foi necessário e se os meios foram proporcionais aos fins pretendidos e executados); 2) se o ato atendeu aos motivos que determinaram a sua edição ou se apenas atendeu a interesses privados e secundários (teoria dos motivos determinantes); 3) e se o ato atendeu às finalidades da lei, em última análise, se o ato atendeu aos interesses públicos reais, sem qualquer desvio de poder.

Por fim, importa ressaltar que o Poder Judiciário não pode substituir o administrador. Dessa forma, quando da anulação do ato discricionário, não cabe ao Juiz determinar a prática do ato, mas sim devolver ao administrador público essa decisão que deverá ser fundamentada e exposta, segundo novos critérios de oportunidade e conveniência, respeitados os motivos determinantes, a razoabilidade e a finalidade (interesse público).

QUESTÃO 2

No curso de uma inundação e do aumento elevado das águas dos rios em determinada cidade no interior do Brasil, em razão do expressivo aumento do índice pluviométrico em apenas dois dias de chuvas torrenciais, o Poder Público municipal ocupou durante o período de 10 (dez) dias a propriedade de uma fazenda particular com o objetivo de instalar, de forma provisória, a sede da Prefeitura, do Fórum e da Delegacia de Polícia, que foram completamente inundadas pelas chuvas.

Diante da hipótese acima narrada, identifique e explicite o instituto de direito administrativo de que se utilizou o Poder Público municipal, indicando a respectiva base legal.

QUESTÃO 02 - PADRÃO DE RESPOSTA

RASCUNHO - QUESTÕES DISCURSIVAS	
→ **Resposta**	*Ocupação Temporária de bens privados ou requisição.*
	Instrumento de Exceção. Exige situação emergencial.
→ **Fundamentação Jurídica**	Art. 5°, XXV, CRFB.
	-

O aluno deve indicar que se trata do instituto da ocupação temporária de bens privados ou da requisição, tal como prevê o artigo 5º, XXV, da CRFB.

A ocupação temporária de bens privados consiste no apossamento, mediante ato administrativo unilateral, de bem privado para uso temporário, em caso de iminente perigo público, com o dever de restituição no mais breve espaço de tempo e eventual pagamento de indenização pelos danos produzidos.

Deve, o aluno, explicitar que se trata de instrumento de exceção e que exige a configuração de uma situação emergencial. E, mais, que a ocupação independe da concordância do particular e que se configura instituto temporário, a ser exercido por meio de ato administrativo.

QUESTÃO 3

O prefeito do município "A", buscando aumentar o turismo na festa de Ano Novo de sua cidade, decidiu contratar músicos renomados e uma agência de publicidade para realizar a propaganda do evento, procedendo de referidas contratações diretamente, sem proceder à realização de licitação.

Com base no caso acima, responda, fundamentadamente, aos itens a seguir.

A) Pode o prefeito realizar as referidas contratações sem licitação? Sob qual fundamento legal?

B) Pode o administrador realizar contratação direta em casos que não estejam taxativamente arrolados na lei de licitações?

QUESTÃO 03 - PADRÃO DE RESPOSTA

RASCUNHO - QUESTÕES DISCURSIVAS	
→ **Resposta**	A) Sim, para a contratação direta dos músicos renomados e não, para a contratação direta da agência de publicidade.
	B) Não.
→ **Fundamentação Jurídica**	A) Art. 74, II, da Lei 14.133/21.
	B) Dispensa (taxativo). Inexigibilidade (exemplificativo).

A) O aluno deverá responder que o prefeito poderia realizar a contratação direta de músicos, uma vez que se trata de uma das hipóteses de inexigibilidade de licitação, à luz do art. 74, II, da Lei 14.133/21. Todavia, em relação à contratação de agência de publicidade, deveria o aluno indicar não ser possível a contratação, diante da vedação legal constante do art. 74, III, da Lei 14.133/21.

B) O aluno deverá analisar cada meio de contratação. No caso da licitação dispensada e da licitação dispensável, as hipóteses legais são taxativas, ou seja, não pode o administrador extrapolar o legalmente previsto.

Por sua vez, no caso de licitação inexigível, é possível ao administrador aventar outras hipóteses, uma vez que o rol é meramente exemplificativo.

QUESTÃO 4

Em sede de processo administrativo disciplinar (PAD) instaurado após sindicância patrimonial em face de servidor público federal, foi-lhe aplicada a penalidade de demissão do serviço público, tendo em vista a constatação de variação patrimonial a descoberto.

Inconformado, o servidor demitido impetra mandado de segurança visando a anular o ato demissório e argumenta, preliminarmente, a nulidade do PAD por ter sido instaurado com base em denúncia anônima e por ter sido negada a constituição de defesa técnica, por parte da Administração Pública.

Considerando a narrativa fática hipotética acima, responda os questionamentos abaixo:

A) De acordo com o entendimento do Superior Tribunal de Justiça, é permitida a instauração do PAD com base em denúncia anônima?

B) Considerando o entendimento firmado pelo Supremo Tribunal Federal, no caso concreto, a nulidade do PAD pode ser constatada por não lhe ter sido assegurada defesa técnica?

QUESTÃO 04 - PADRÃO DE RESPOSTA

RASCUNHO - QUESTÕES DISCURSIVAS	
→ Resposta	A) Sim.
	B) Sim.
→ Fundamentação Jurídica	A) Súmula nº 611, do STJ.
	B) entendimento do Supremo Tribunal Federal, fixado na súmula vinculante de nº 5.

A) Sim. Conforme o entendimento do Superior Tribunal de Justiça, é permitida a instauração do PAD com base em denúncia anônima. Nesse sentido, a súmula nº 611, do STJ, que determina que desde que devidamente motivada e com amparo em investigação ou sindicância, é permitida a instauração de processo administrativo disciplinar com base em denúncia anônima, em face do poder-dever de autotutela imposto à Administração.

B) Sim. De acordo com o entendimento do Supremo Tribunal Federal, fixado na súmula vinculante de nº 5, a falta de defesa técnica por advogado no processo administrativo disciplinar não ofende a Constituição.

Assim, do texto da súmula supracitada, depreende-se que, se o acusado não quiser constituir advogado, pode seguir no PAD sozinho. Todavia, se optar pela defesa técnica e a Administração lhe negar, ocorrerá violação da ampla defesa, princípio assegurado pela Carta Magna, no seu art. 5º, inciso LV.

Treino nº 2

PEÇA PRÁTICO-PROFISSIONAL

João Paulo Nóbrega, servidor público federal de um determinado órgão da União, foi aprovado em concurso público e após comprovar todos os requisitos exigidos para investidura em seu cargo, entrou em exercício em 05 de setembro de 2016.

João Paulo sempre foi um servidor assíduo, competente e disciplinado. A extrema organização e responsabilidade em seu trabalho chamava atenção de todos em seu setor e, inclusive, sempre estava entre os servidores mais produtivos do órgão.

Ocorre que, no dia 02 de março de 2020, ao chegar no seu trabalho, João Paulo recebeu, de seu superior hierárquico, a notícia que havia sido exonerado, pois estava havendo corte de gastos em sua repartição e que a partir do dia seguinte não precisaria mais retornar ao seu ambiente de trabalho.

Diante disso, João Paulo procurou você como Advogado(a) para propor a peça judicial cabível. Durante a consulta jurídica, João mencionou que algumas pessoas ocupantes de cargos em comissão foram mantidas, o que enseja a necessidade de dilação probatória.

Na mesma consulta, o servidor ainda disse que é provedor de sua família, reside com sua mãe idosa e seus 2 irmãos que dele dependem financeiramente e diante da exoneração, eles estão passando por dificuldades financeiras.

PEÇA- PRÁTICO PROFISSIONAL - PADRÃO DE RESPOSTA

ESTRUTURAÇÃO DA PEÇA - TREINO Nº 02		
→ **Legitimidade Ativa**		João Paulo Nóbrega
→ **Legitimidade Passiva**		União Federal
→ **Competência**		Justiça Federal
→ **Pedido**	Liminar	Suspensão do ato de exoneração do Autor até o final da lide.
	Principal	Confirmação da tutela de urgência com a procedência do pedido, resultando na determinação da anulação do ato de exoneração.
→ **Causa de Pedir**		Art. 41, §1º, da CF e art. 169, §§3º e 4º, da CF.

EXCELENTÍSSIMO SENHOR DOUTOR JUIZ FEDERAL DA ____ VARA DA SEÇÃO JUDICIÁRIA DO ESTADO...

(10 linhas)

JOÃO PAULO NÓBREGA, nacionalidade, estado civil, servidor público federal, portador do RG nº..., CPF ..., endereço eletrônico, residente e domiciliado na rua..., vem por seu advogado infrafirmado, com procuração anexa e endereço profissional na Rua... onde serão doravante encaminhadas as intimações, propor **<u>AÇÃO ANULATÓRIA COM PEDIDO DE TUTELA DE URGÊNCIA</u>**, em face da **UNIÃO FEDERAL**, pessoa jurídica de direito público interno, CNPJ nº..., endereço eletrônico, com sede na Rua.., pelos fatos e fundamentos a seguir.

I - <u>DO CABIMENTO</u>

A presente ação de procedimento comum é cabível, com fulcro no **art. 319 do CPC,** por se tratar de requerimento de anulação de ato administrativo ilegal.

II - <u>DOS FATOS</u>

O Autor, servidor público federal, entrou em exercício em 05 de setembro de 2016, depois de aprovado em concurso público e após comprovar todos os requisitos exigidos para investidura em seu cargo.

O Autor sempre foi um servidor assíduo, competente e disciplinado. A extrema organização e responsabilidade em seu trabalho chamava atenção de todos em seu setor e, inclusive, sempre estava entre os servidores mais produtivos do órgão.

Ocorre que, no dia 02 de março de 2020, ao chegar no seu trabalho, João Paulo recebeu, de seu superior hierárquico, a notícia que havia sido exonerado, pois estava havendo corte de gastos em sua repartição e que a partir do dia seguinte não precisaria mais retornar ao seu ambiente de trabalho.

Ainda é válido informar que algumas pessoas ocupantes de cargo em comissão foram mantidas. Ademais, o Requerente é provedor de sua família, reside com sua mãe idosa e seus 2 irmãos que dele dependem financeiramente e diante da exoneração, eles estão passando por dificuldades financeiras.

Diante da exoneração sofrida, não restou alternativa ao servidor público federal, senão a busca pela tutela do Poder Judiciário, a fim de que possa ser anulado o referido ato administrativo ilegal.

III - <u>DA TUTELA DE URGÊNCIA</u>

O art. 300 do CPC prevê a possibilidade de concessão da tutela de urgência, desde que estejam presentes a probabilidade do direito e o perigo de dano ou risco ao resultado útil do processo.

O perigo de dano ocorre pelo fato de que o autor é o provedor de sua família e todos dependem dele financeiramente, sendo assim, a exoneração do serviço trará sérios problemas financeiros para a família.

A probabilidade do direito se baseia no fato de que o servidor público goza de estabilidade, só podendo ser exonerado nos casos do art. 41, § 1º, da CF. Além disso, existe a possibilidade de exoneração por corte de gastos, desde que obedecida uma ordem de preferência e o servidor estável poderá ser exonerado após a redução dos cargos comissionados e os não estáveis, conforme art. 169, § 4º, da CF.

Portanto, deve ser suspenso o ato de exoneração do autor até o julgamento final.

IV - <u>DO MÉRITO</u>

Inicialmente o art. 41, § 1º, da CF, dispõe sobre as possibilidades de perda do cargo de servidor estável. Vejamos:

> Art. 41. São estáveis após três anos de efetivo exercício os servidores nomeados para cargo de provimento efetivo em virtude de concurso público.
>
> § 1º O servidor público estável só perderá o cargo:
>
> I - em virtude de sentença judicial transitada em julgado
>
> II - mediante processo administrativo em que lhe seja assegurada ampla defesa;
>
> III - mediante procedimento de avaliação periódica de desempenho, na forma de lei complementar, assegurada ampla defesa.

Portanto, tendo em vista que João Paulo é um servidor estável, ele não poderia ser exonerado do cargo sem antes verificar as possibilidades de perda do cargo.

Ademais, a justificativa para a referida exoneração era a de que estava havendo um corte de gastos em sua repartição, diante disso, existe a possibilidade de exoneração do servidor estável, entretanto, para isso ocorrer deveria ser obedecido o disposto no art. 169, §§ 3º e 4º, da CF.

Logo, antes de haver a exoneração de João Paulo que é servidor estável, deveriam ter sido implementadas as medidas estabelecidas no texto constitucional, quais sejam: de reduzir pelo menos vinte por cento das despesas com cargos em comissão e funções de confiança, em seguida, deveria exonerar os servidores não estáveis e por fim, se essas medidas não fossem suficientes, o servidor estável poderia ser exonerado, desde que o ato fosse motivado.

Contudo, apesar da estabilidade, João Paulo apenas recebeu a notícia de exoneração por seu superior, sem haver a observação das disposições constitucionais acima mencionadas.

Além disso, outros colegas de trabalho que ocupam cargos comissionados foram mantidos no serviço público, enquanto o Autor (servidor estável) foi exonerado. Com isso, verifica-se que o Poder Público não respeitou a ordem legal estabelecida na Constituição Federal.

Diante disso, é ilícito o ato que determinou a exoneração do servidor, pois deveria ser observado a ordem de preferência na escala de exoneração, assim, o ato que determinou a exoneração de João Paulo deve ser anulado.

V - <u>DOS PEDIDOS</u>

Diante do exposto, requer:

A) A citação do réu, na pessoa do Advogado geral da União, para, querendo, contestar o feito no prazo legal;

B) A concessão da tutela de urgência com a suspensão do ato de exoneração do autor até o julgamento final da lide;

C) A confirmação da tutela de urgência com a procedência do pedido, resultando na determinação da anulação do ato de exoneração impugnado;

D) A produção de todos os meios de prova em direito admitidos e necessários a solução da controvérsia;

E) A condenação do réu ao pagamento de custas processuais e honorários advocatícios.

Em observância ao disposto no art. 319, VII, do CPC, manifesta-se pelo interesse na realização da audiência de conciliação ou mediação.

Dá-se a causa o valor de R$...

Nestes Termos,

Pede Deferimento

Local, data...

Advogado
Oab Nº...

QUESTÃO 01

Durante a propagação de um vírus que se espalhou por todo o mundo e que ocasionou inúmeros prejuízos que comprometeram a segurança das pessoas, o Estado S decretou estado de calamidade pública. Diante da crítica situação, várias pessoas precisaram ser hospitalizadas. Ocorre que, devido a grande quantidade de pacientes internados nos hospitais, os equipamentos de proteção individual necessários ao atendimento da situação emergencial, como máscaras e luvas, acabaram rapidamente.

Diante dessa situação, o Estado S, sem a observância de um procedimento licitatório e justificando a sua atuação com base no Poder Discricionário, não apresentou o motivo de escolher o fornecedor do produto, adquiriu da empresa Alfa milhares de máscaras, luvas e outros equipamentos hospitalares a fim de conter as consequências geradas pelo vírus.

Na qualidade de advogado(a) consultado(a), responda aos itens a seguir.

A) O Estado S poderia ter adquirido produtos da empresa Alfa sem o devido procedimento licitatório?

B) O Estado S agiu corretamente em não justificar a escolha pela empresa Alfa, tendo como justificativa o seu Poder Discricionário?

QUESTÃO 01 – PADRÃO DE RESPOSTA

RASCUNHO – QUESTÕES DISCURSIVAS	
→ **Resposta**	A) Sim.
	B) Não.
→ **Fundamentação Jurídica**	A) Art. 75, VIII, da Lei 14.133/21.
	B) Art. 72, VI, da Lei 14.133/21.

A) A resposta é positiva, pois estamos diante de um estado de calamidade decretado pelo Estado S, onde existe a urgência e necessidade de material para conter a propagação do vírus. Nesses casos, a legislação autoriza o Estado a adquirir produtos destinados ao enfrentamento da calamidade por meio de dispensa de licitação, conforme o art. 75, VIII, da Lei 14.133/21.

B) A Resposta é negativa. Tendo em vista o estado de calamidade e apesar da dispensa de licitação para aquisição dos produtos, o Estado S, ao escolher a empresa Alfa, entre outros requisitos, deveria ter apresentado as razões de ter escolhido essa empresa para ser a fornecedora dos produtos hospitalares, conforme art. 72, VI, da Lei 14.133/21.

QUESTÃO 02

Na cidade Y existe uma linha de trem que é operada por uma concessionária de serviço público, com sistema de condução semiautomatizado, ou seja, apesar da utilização de tecnologia avançada, como exemplo do piloto automático, ainda trabalha com a incidência da interferência humana em alguns aspectos.

Em um determinado dia, em razão de um erro humano, cometido por parte do controlador responsável pelo Centro de Controle Operacional, houve um acidente envolvendo a linha de Trem, deixando diversas vítimas, dentre elas, pessoas que faziam uso efetivo do transporte e pessoas que estavam próximas ao local do acidente e foram atingidas pelo descarrilamento do Trem.

Em razão disso, algumas vítimas sobreviventes do acidente procuram você para, na qualidade de advogado(a), responder, fundamentadamente, aos questionamentos a seguir.

A) A concessionária de serviços públicos pode ser acionada de forma preferencial em relação ao Poder Público?

B) Com base no entendimento do STF, discorra sobre como deve ser verificada a incidência da responsabilização pelos danos sofridos por vítimas usuárias e não usuárias do serviço público prestado.

QUESTÃO 02 – PADRÃO DE RESPOSTA

RASCUNHO – QUESTÕES DISCURSIVAS	
Resposta	A) Não
	B) ---
Fundamentação Jurídica	A) Art. 37, §6º, da CF
	B) Princípio da Isonomia

A) A resposta é negativa, conforme o art. 37, §6º, da CF, as responsabilidades da concessionária e do Estado são aplicadas na modalidade objetiva. Contudo, a responsabilidade do Estado é subsidiária à da empresa prestadora do serviço público, ou seja, sendo os danos causados por uma entidade prestadora de serviços públicos, somente é possível a responsabilização do Estado após o esgotamento das tentativas de pagamento por parte da empresa pelos prejuízos causados.

B) Com base no Princípio da Isonomia, o Supremo Tribunal Federal já decidiu que em ambas as hipóteses a responsabilidade é objetiva. Assim, ainda que o dano seja causado a terceiro, não usuário do serviço público, a responsabilidade também será objetiva, pois, se a própria constituição não diferencia, não cabe ao intérprete diferenciar os danos causados a terceiros, em virtude de serem ou não usuários do serviço.

QUESTÃO 03

Luiz, servidor público comissionado, foi exonerado de seu cargo sem a apresentação dos motivos por parte da Administração Púbica.

Inconformado e alegando a ilegalidade do ato de exoneração praticado pelo Poder Público, procura você como advogado (a) para solucionar alguns questionamentos:

A) Houve ilegalidade pela não apresentação dos motivos da exoneração de Luiz?

B) No referido ato de exoneração, caso fossem apresentados motivos com vícios inerentes, quais as consequências jurídicas?

QUESTÃO 03 - PADRÃO DE RESPOSTA

RASCUNHO - QUESTÕES DISCURSIVAS	
→ **Resposta**	A) Não
	B) ----
→ **Fundamentação Jurídica**	A) Exoneração ad nutum
	B) Teoria dos Motivos Determinantes

A) A reposta é negativa. Na situação tratada pela questão verifica-se que o servidor ocupa cargo em comissão, o qual é de livre nomeação e livre exoneração. Assim, por se tratar de relação de confiança entre agentes, a exoneração do servidor ocupante deste cargo é de livre iniciativa de sua chefia, sem a necessidade de qualquer motivação ou garantia de contraditório. A doutrina costuma designar como exoneração *ad nutum* a dispensa do servidor comissionado.

B) Segundo a Teoria dos Motivos Determinantes, os motivos apresentados como justificadores da prática do ato administrativo vinculam este ato e, caso os motivos apresentados sejam viciados, o ato será ilegal. Sendo assim, ainda que a lei não estabeleça o dever de motivar o ato administrativo, como exemplo, a exoneração exposta na questão, uma vez apresentados os motivos, eles passam a integrar a conduta praticada e, caso estes motivos expostos não correspondam à realidade, o ato será viciado.

QUESTÃO 04

JL Transportes, empresa de transporte coletivo que atua na cidade Y prestando serviço público, ultimamente vem prestando serviço de maneira inadequada, com muitos atrasos, veículos desgastados e irregularidades nos horários, além de outros descumprimentos contratuais.

Diante da má prestação do serviço público, a Administração aplicou diversas multas, porém sem sucesso, visto que a empresa JL Transportes continuou apresentando as mesmas irregularidades.

Com base no enunciado, utilizando-se dos argumentos e da fundamentação jurídica necessária, responda os questionamentos abaixo:

A) Nesse caso, tendo em vista que as multas não foram suficientes para regularizar a prestação do serviço e o cumprimento das obrigações do contrato administrativo, o Poder Público poderá adotar outras providências?

B) O Poder público poderá extinguir a concessão do serviço?

QUESTÃO 04 - PADRÃO DE RESPOSTA

RASCUNHO - QUESTÕES DISCURSIVAS	
→ **Resposta**	A) Sim
	B) Sim
→ **Fundamentação Jurídica**	A) *Arts. 32 e 33, da Lei 8.987/95*
	B) *Art. 35, III e art. 38, § 1º, da Lei 8.987/95*

A) A resposta é positiva. Tendo em vista a má prestação do serviço e o não cumprimento das obrigações contratuais, o Estado poderá intervir na concessão, mas para isso deverá ser declarada uma intervenção por meio do decreto do poder concedente e posteriormente será instaurado um procedimento administrativo assegurado o contraditório e a ampla defesa., conforme disposto nos arts. 32 e 33, da Lei 8.987/95.

B) A resposta é positiva. Após o procedimento administrativo e comprovada a inadimplência, a concessão poderá ser extinta por caducidade, desde que comprovado que houve a prestação do serviço de maneira inadequada e o descumprimento das cláusulas contratuais, de acordo com o art. 35, III e art. 38, § 1º, da lei 8.987/95.

Treino nº 3

PEÇA PRÁTICO-PROFISSIONAL

A equipe pedagógica da Escola Estadual Delta, resolveu implementar um projeto de esporte e lazer a toda a comunidade. Como evento inaugural, promoveu um campeonato esportivo e atividades recreativas no amplo espaço de esporte e lazer do colégio, tendo como único requisito a apresentação de documento de identificação.

Luan, estudante do Delta, levou seu irmão Jorge, que, embora não fosse matriculado na instituição de ensino, foi autorizado a ingressar e participar das programações, sem a presença dos responsáveis. Enquanto participavam das dinâmicas propostas pela professora Ana, os dois meninos foram surpreendidos e gravemente atingidos por uma barra de ferro, que se desprendeu de um antigo balanço infantil, o qual era pouco usado no colégio, por não ser devidamente fixado no chão.

A escola informou os pais sobre o acidente e encaminhou as crianças ao hospital, sendo então submetidas a procedimento cirúrgico. Luan teve traumatismo craniano, precisando permanecer internado. Jorge, por sua vez, teve fraturas no braço e perna direita.

Diante do ocorrido, Marina, mãe de ambos, ajuizou ação visando a responsabilização civil do Estado D, haja vista se tratar de evento público em escola estadual. O ente público foi regularmente citado, e alegou, em sua defesa, que Jorge não merecia amparo estatal, pois não estava matriculado na instituição de ensino, bem como não demonstrou a culpa e a relação entre o acidente e a conduta estatal, requerendo, então sua exclusão da lide.

Em 13/03/2020 (sexta-feira), o juiz acolheu, em decisão interlocutória, o pleito de exclusão do litisconsorte ativo, determinando seguimento do processo apenas em relação à Luan. Inconformada, Marina procurou você, na qualidade de advogado (a), para impugnar a mencionada decisão no que tange a Jorge, datando a peça no último dia do prazo.

PEÇA PRÁTICO-PROFISSIONAL – PADRÃO DE RESPOSTA

ESTRUTURAÇÃO DA INICIAL

→ **Legitimidade Ativa**		Jorge
→ **Legitimidade Passiva**		Estado D
→ **Competência**		Juiz de Direito
→ **Pedido**	Liminar	De acordo com o caso concreto, existe a possibilidade de requerer o fornecimento de procedimentos médicos, medicamentos, exames, etc.
	Principal	Responsabilização do Estado pelos danos experimentados (materiais e morais).
→ **Causa de Pedir**		Artigo 37, §6º, CF, responsabilidade objetiva. Situação de custódia. Teoria da conditio sine qua non.

ESTRUTURAÇÃO DO RECURSO

→ **Agravante**		Jorge
→ **Agravado**		Decisão interlocutória
→ **Competência**		Tribunal de Justiça do Estado D
→ **Pedido**	Efeito Suspensivo?	Sim
	Principal	Reforma da decisão, para que seja proferida nova decisão, determinando a permanência de Jorge da relação processual originária.
→ **Causa de Pedir**		Artigo 37, §6º, CF, responsabilidade objetiva. Situação de custódia. Teoria da conditio sine qua non.

EXCELENTÍSSIMO SENHOR DOUTOR DESEMBARGADOR PRESIDENTE DO TRIBUNAL DE JUSTIÇA DO ESTADO D.

(10 linhas)

JORGE, nacionalidade, menor impúbere, representado por sua genitora MARINA, nacionalidade, estado civil, profissão, RG nº... e CPF nº..., endereço eletrônico, residente e domiciliada na Rua..., nos autos do Processo nº..., em que litiga com o ESTADO D, pessoa jurídica de direito público interno, com sede à Rua..., vem, respeitosamente, perante Vossa Excelência, por meio de seu advogado infrafirmado, com procuração anexa e endereço profissional na Rua..., onde serão doravante encaminhadas as intimações do feito, interpor o presente AGRAVO DE INSTRUMENTO, em face da Decisão interlocutória proferida nos autos, pelos fatos e fundamentos a seguir.

Conforme dispõe o artigo 1016, IV, CPC, informa o nome e endereço dos advogados do Agravante e do Agravado.

Em observância ao artigo 1017, I, do CPC, junta a cópia da petição inicial, da contestação, da petição que ensejou a decisão agravada, da própria decisão agravada, da certidão da respectiva intimação e das procurações outorgadas aos advogados.

DO CABIMENTO

É cabível o presente agravo de instrumento com fulcro no artigo 1015, VII do Código de Processo Civil, por se tratar de impugnação a decisão interlocutória que versa sobre exclusão de litisconsorte.

DOS FATOS

(Neste tópico, basta o aluno apresentar os fatos com base no enunciado da questão).

DO EFEITO SUSPENSIVO

O artigo 1019, I, do CPC, permite que se conceda efeito suspensivo ao agravo de instrumento desde que presentes o *fumus boni iuris* e o *periculum in mora.*

O *fumus boni iuris* se baseia no fato de que a decisão deixou de verificar que a situação de custódia cria uma situação de risco, a qual enseja a incidência da responsabilidade objetiva estatal em caso de ocorrência de danos, independente de demonstração de culpa ou dolo de determinado agente público.

O *periculum in mora* decorre do fato da irreparabilidade dos danos decorrentes da falha estatal e necessidade de manutenção do litisconsorte na lide a fim de assegurar a devida reparação do dano causado.

Portanto, deve ser suspensa a decisão impugnada até o julgamento do presente recurso.

DO MÉRITO

Inicialmente, vale destacar o artigo 37, §6º, CF, o qual representa o dispositivo legal que serve como norte para análise da responsabilidade civil do Estado. O referido artigo estabelece que o ente público responde objetivamente pelos danos causados por atos de seus agentes, vejamos:

> "Art. 37. 6º. As pessoas jurídicas de direito público e as de direito privado prestadoras de serviços públicos responderão pelos danos que seus agentes, nessa qualidade,

causarem a terceiros, assegurado o direito de regresso contra o responsável nos casos de dolo ou culpa."

Em relação ao caso em análise, além da aplicabilidade do dispositivo constitucional supramencionado, deve-se atentar para o fato de que Jorge estava em uma situação de custódia perante o Poder Público.

Nessas situações de custódia, a responsabilidade Estatal é considerada objetiva em relação aos danos causados nesse contexto, ainda que não se demonstre conduta direta de um agente público, sendo irrelevante a demonstração de dolo ou culpa.

Assim, quando o Estado detém alguém sob sua custódia, passa a criar um risco diferenciado, tão somente pela natureza da condição de custódia, que é uma condição sem a qual o dano não teria ocorrido.

Trata-se da aplicação da chamada teoria da *conditio sine qua non*, a responsabilizar o Estado em casos de custódia.

Dessa maneira, ao receber Jorge para realização das atividades recreativas, a unidade pública de ensino passou a exercer a custódia em relação ao mesmo, independentemente de ser matriculado ou não. Com isso, a Administração Pública ficou investida do dever de vigilância e guarda, devendo preservar pela integridade física e moral da criança, empregando todos os meios para evitar qualquer ofensa ou dano àquele sob sua guarda.

No caso analisado, restam demonstrados os requisitos para a responsabilização estatal pelos danos sofridos por Jorge, visto que, a custódia representou condição sem a qual os danos não teriam ocorrido.

Assim sendo, Jorge é parte legítima e merece permanecer na relação jurídica processual, haja vista ser vítima de negligência estatal quanto à vigilância, sendo ainda, devidos todos os direitos pleiteados.

DOS PEDIDOS

Pelo exposto, requer:

Seja atribuído o efeito suspensivo ao presente recurso, suspendendo a decisão agravada até seu julgamento;

Seja o presente agravo conhecido e provido determinando-se a reforma da decisão agravada, determinando a manutenção de Jorge na relação processual originária;

a) a juntada de comprovação do preparo;

b) condenação do Agravado ao pagamento das custas processuais e honorários advocatícios.

Nestes termos, pede deferimento.

Estado D, 03 de abril de 2020.

Advogado (a)

OAB nº ...

QUESTÃO 01

A prefeitura do Município A, realizou concurso público para provimento dos cargos de técnico administrativo e guarda-vidas. O edital previa para ambos os cargos a restrição a pessoas com tatuagens que contrariem os princípios constitucionais e institucionais, limite de idade e exame psicotécnico, todos independentemente de previsão legal, sob o fundamento de que "o edital a lei do concurso".

Com base no exposto no enunciado da questão, responda os questionamentos utilizando a fundamentação jurídica necessária:

A) Assiste razão o Município? Qual é a natureza jurídica do referido edital?

B) Seria possível o edital prever cláusula de barreira? Defina o instituto e responda com base no entendimento jurisprudencial do STF.

A simples menção ou transcrição do dispositivo legal não pontua.

QUESTÃO 01 - PADRÃO DE RESPOSTA

RASCUNHO - QUESTÕES DISCURSIVAS	
→ **Resposta**	A) Não
	B) Sim
→ **Fundamentação Jurídica**	A) Princípios constitucionais de isonomia, impessoalidade e moralidade administrativa
	B) Entendimento jurisprudencial do STF. RE n. 635.739/Al

A) A resposta é negativa, pois o edital é ato administrativo discricionário expedido pela Administração Pública para definir regras básicas de ingresso em determinados cargos ou empregos públicos, devendo se adequar à lei e aos princípios constitucionais aplicáveis à atuação do Estado. Logo, o edital não pode estipular regras e requisitos de ingresso que extrapolem as reais necessidades daquele cargo ou emprego, sob pena de violação aos princípios constitucionais de isonomia, impessoalidade e moralidade administrativa.

B) A resposta é positiva. A cláusula de barreira consiste na limitação do número de candidatos participantes em cada fase da disputa, para selecionar somente os concorrentes mais bem classificados para prosseguir no certame. Segundo STF tal previsão é constitucional, desde que fundada em critérios objetivos relacionados ao mérito do desempenho do candidato.

QUESTÃO 02

Controlar a administração pública é fiscalizar a legitimidade e legalidade da atuação estatal. O controle pode ser realizado por diversos agentes, pela própria Administração Pública, pelo Poder Legislativo, entre outros. Em relação ao tema do controle administrativo, comente os seguintes itens:

A) Quanto à extensão do controle da atividade administrativa, explique e diferencie controle interno do externo.

B) O Poder Judiciário pode revogar ato administrativo?

QUESTÃO 02 - PADRÃO DE RESPOSTA

RASCUNHO - QUESTÕES DISCURSIVAS	
→ **Resposta**	A) ---
	B) Não
→ **Fundamentação Jurídica**	A) *Base doutrinária*
	B) *Base doutrinária*

A) O controle interno é aquele exercido dentro de um mesmo Poder, seja o exercido por meio de órgãos especializados, até entre órgãos de uma mesma entidade, quando se manifesta relação de hierarquia. Por seu turno, se considera controle externo (não obstante seja controle administrativo) aquele efetivado entre entidades diferentes, como ocorre com o controle que a administração direta exerce sobre a administração indireta de um mesmo poder. Desta forma, pode-se entender que o controle exercido pelo Ministério sobre os atos praticados pelo Instituto Nacional do Seguro Social – INSS é modalidade de controle administrativo externo. Por outro lado, é considerado controle interno a fiscalização efetivada pela Secretaria de Saúde sobre os postos de saúde localizados no estado. Por fim, vale destacar que o controle externo também é exercido por um poder em relação aos atos administrativos praticados por outro poder do estado.

B) A resposta é negativa. É pacífico o entendimento de que não cabe ao Judiciário, no exercício da função jurisdicional, o controle de mérito sobre os atos praticados no exercício de função administrativa, devendo proceder somente anulação do ato administrativo, em caso de ilegalidade.

QUESTÃO 03

O Ministério Público do Estado Alfa ajuizou ação imputando ao servidor público Bruno a prática de ato de improbidade administrativa, ocorrido em dezembro de 2022, que resultou em enriquecimento ilícito. Também é réu na mencionada demanda o particular Carlos.

Bruno, no exercício da função, recebeu, de forma dolosa, para si, dez mil reais em espécie, a título de presente de Carlos, que tinha interesse direto que podia ser amparado por ação decorrente das atribuições do agente público.

De acordo com a inicial, Carlos dolosamente pagou propina a Bruno para agilizar a expedição de uma certidão em seu nome, o que foi feito, inclusive com preterimento de outros requerimentos mais antigos que aguardavam andamento no setor em que Bruno está lotado, tudo em desacordo com as normas de regência. No curso do processo judicial, após a fase de instrução probatória, em que foram produzidas fartas provas do ilícito imputado aos réus, o Ministério Público peticionou nos autos, requerendo a intimação de ambos os réus para se manifestarem sobre proposta de acordo de não persecução cível, que naquele momento lhes oferecia.

Na qualidade de advogado(a) dos réus, responda aos itens a seguir.

A) O particular Carlos pode ser responsabilizado por ato de improbidade administrativa? Justifique. (Valor: 0,65)

B) É possível, em tese, a celebração de acordo de não persecução cível no bojo de ação civil pública por ato de improbidade administrativa em tela? Justifique. (Valor: 0,60)

Obs.: o(a) examinando(a) deve fundamentar suas respostas. A mera citação do dispositivo legal não confere pontuação.

COMENTÁRIOS

A) Sim. Carlos, apesar de não ser servidor público, pode ser responsabilizado por ato de improbidade administrativa porque concorreu dolosamente para a prática do ato de improbidade (pagando a propina), consoante dispõe o Art. 3º da Lei nº 8.429/92, que importou enriquecimento ilícito (Art. 9º, inciso I, da Lei nº 8.429/92).

B) Sim. Em tese, é possível a celebração de acordo de não persecução cível no bojo de ação de improbidade administrativa na hipótese narrada, pois o Art. 17-B da Lei nº 8.429/92 prevê a possibilidade desse tipo de solução negocial.

QUESTÃO 04

Após firmar contrato com o Município Y, o licitante-vencedor é surpreendido pela majoração de tributos incidentes sobre determinada matéria-prima essencial à execução do contrato.

Considerando a presente situação, aplicando os fundamentos jurídicos pertinentes, responda os itens a seguir:

A) O particular contratado tem direito de revisão?

B) As cláusulas econômico-financeiras **podem** ser alteradas sem anuência do contratado?

A simples menção ou transcrição do dispositivo legal não pontua.

QUESTÃO 04 – PADRÃO DE RESPOSTA

RASCUNHO – QUESTÕES DISCURSIVAS	
→ **Resposta**	A) Sim
	B) Não
→ **Fundamentação Jurídica**	A) Art. 134, *da Lei* 14.133/21.
	B) Art. 104, §1º, *da Lei* 14.133/21.

A) A resposta é positiva, pois conforme o art. 134, da Lei 14.133/21, a criação, alteração ou extinção de tributos, após a data da apresentação da proposta que repercutir nos preços contratados, implicará na revisão contratual, a fim de restabelecer o equilíbrio econômico-financeiro do contrato administrativo, sendo esta uma hipótese de fato do príncipe.

B) A resposta é negativa, segundo o art. 104, §1º, da Lei 14.133/21, as cláusulas econômico-financeiras e monetárias dos contratos administrativos **não poderão** ser alteradas sem prévia concordância do contratado.

Treino nº 4

PEÇA PRÁTICO-PROFISSIONAL

Pedro José ingressou na Infraero, empresa pública federal, em fevereiro de 1997, para o exercício do "CARGO A", o qual exigia o ensino médio como grau de escolaridade. Já em março de 2005, Pedro José ascendeu ao "CARGO B", sem a prestação de qualquer concurso público. Vale esclarecer que o "CARGO B" exigia o ensino superior como grau de escolaridade.

Posteriormente, em maio de 2011, a ascensão funcional conferida a Pedro José foi apreciada e aprovada pelo Tribunal de Contas da União. Contudo, em 2022, devido a denúncias de irregularidades em processos de ascensão funcional de cargos de nível médio a cargos de nível superior, o Tribunal de Contas da União realizou auditoria e constatou diversas irregularidades.

Em fevereiro de 2024, através do Acórdão nº 1234/2024, o Tribunal de Contas da União, sem efetivar qualquer notificação, anulou a ascensão funcional de Pedro José.

Diante de todos os fatos expostos e com base em provas pré-constituídas, Pedro José te procurou na qualidade de advogado (a) para adotar a medida jurídica mais adequada ao caso.

Obs.: a peça deve abranger os fundamentos de Direito que possam ser utilizados para dar respaldo à pretensão. A simples menção ou transcrição de dispositivo legal não confere pontuação.

PEÇA PRÁTICO-PROFISSIONAL – PADRÃO DE RESPOSTA

<table>
<tr><th colspan="3">ESTRUTURAÇÃO DA PEÇA – TREINO Nº 04</th></tr>
<tr><td colspan="2">→ Legitimidade Ativa</td><td>Pedro José.</td></tr>
<tr><td colspan="2">→ Legitimidade Passiva</td><td>Autoridade Coatora: Presidente do Tribunal de Contas da União.

Réu: União.</td></tr>
<tr><td colspan="2">→ Competência</td><td>Supremo Tribunal Federal.</td></tr>
<tr><td rowspan="2">→ Pedido</td><td>→ Liminar</td><td>A sustação dos efeitos do Acórdão nº 1234/2024, mantendo o Impetrante no emprego público, até o julgamento final do feito.</td></tr>
<tr><td>→ Principal</td><td>A confirmação da liminar com a procedência do pedido, concedendo-se a segurança através da declaração de nulidade do Acórdão nº 1234/2024, do Tribunal de Contas da União, determinando a manutenção do Impetrante no emprego público.</td></tr>
<tr><td colspan="2">→ Causa de Pedir</td><td>A violação ao art. 5º, LV, da Constituição Federal e à Súmula Vinculante nº 3, do STF, mostrando a ilegalidade do Acórdão nº 1234/2024, do Tribunal de Contas da União, pois não foi garantido ao Impetrante o exercício do contraditório e da ampla defesa.

Com fulcro no art. 54, da Lei 9.784/99, ocorreu a decadência do direito da Administração Pública de anular a ascensão do Impetrante após cinco anos da sua prática.

A Violação aos Princípios da Segurança Jurídica E/OU da Boa-fé, pois esse mesmo órgão de controle externo já havia, no ano de 2011, apreciado e atestado a regularidade da ascensão do empregado público.</td></tr>
</table>

EXCELENTÍSSIMO SENHOR DOUTOR MINISTRO PRESIDENTE DO COLENDO SUPREMO TRIBUNAL FEDERAL

(10 linhas)

Pedro José, nacionalidade, estado civil, empregado público, RG nº... e CPF nº ..., endereço eletrônico, residente e domiciliado na Rua ... vem, por seu advogado infrafirmado, com procuração anexa, endereço profissional na Rua... onde serão doravante encaminhadas as intimações do feito, impetrar MANDADO DE SEGURANÇA COM PEDIDO LIMINAR contra ato do Presidente do Tribunal de Contas da União, agente público, com endereço profissional na Rua... e em face da União, Pessoa Jurídica de Direito Público Interno, CNPJ..., endereço eletrônico, com sede na Rua..., pelos fatos e fundamentos a seguir.

DO CABIMENTO

É cabível o presente Mandado de Segurança com fulcro no Art. 5º LXIX da CRFB/88 e Art. 1º da Lei 12.016/09, por se tratar de ato que viola o direito líquido e certo do impetrante.

DOS FATOS

Neste tópico o aluno deve apresentar os dados conforme o enunciado da questão.

DA MEDIDA LIMINAR

O Art. 7º, III, da Lei 12.016/09 prevê a possibilidade de concessão de liminar em Mandado de Segurança desde que presentes o Fundamento Relevante do Pedido e o Perigo de Ineficácia da Medida.

O Fundamento Relevante do Pedido se baseia na violação ao disposto no art. 5º, LV, da Constituição Federal, bem como à Súmula Vinculante nº 3, do Supremo Tribunal Federal. Ademais, o presente requisito resta preenchido pelo desrespeito ao que dispõe o art. 54, da Lei 9.784/99, assim como pela violação aos Princípios da Segurança Jurídica e da Boa-fé.

O Perigo de Ineficácia da Medida decorre do fato de que em razão da lesão sofrida, o Impetrante se encontra impossibilitado de exercer as funções inerentes ao emprego que ocupa, assim como de receber os vencimentos a ele pertinentes.

Portanto deve ser determinada a sustação dos efeitos do Acórdão nº 1234/2024, mantendo o Impetrante no emprego público, até o julgamento final do feito.

DO MÉRITO

De logo, é necessário ressaltar a violação ao art. 5º, LV, da Constituição Federal, mostrando-se ilegal o Acórdão nº 1234/2021, do Tribunal de Contas da União, pois não foi garantido ao Impetrante o exercício do contraditório e da ampla defesa.

Nesta senda, ainda é necessário destacar a Súmula Vinculante nº 3, do Supremo Tribunal Federal. Vejamos:

> "Nos processos perante o Tribunal de Contas da União asseguram-se o contraditório e a ampla defesa quando da decisão puder resultar anulação ou revogação de ato administrativo que beneficie o interessado, excetuada a apreciação da legalidade do ato de concessão inicial de aposentadoria, reforma e pensão".

Além disso, com fulcro no art. 54, da Lei 9.784/99, em razão da ascensão funcional do Impetrante representar ato de natureza ampliativa, decai o direito da Administração Pública de anulá-lo após cinco anos da sua prática.

Sendo assim, na situação ora analisada, verifica-se que já havia decaído o direito do Tribunal de Contas da União de anular o ato de ascensão do Impetrante, visto que se passaram mais de 5 anos para a sua efetivação.

Por fim, o Acórdão nº 1234/2024, do Tribunal de Contas da União, viola os Princípios da Segurança Jurídica e da Boa-fé, pois esse mesmo órgão de controle externo já havia, no ano de 2011, apreciado e atestado a regularidade da ascensão do empregado público.

DOS PEDIDOS

Ante o exposto, requer:

1. A notificação da autoridade coatora para que preste informações no prazo de lei;
2. A ciência do órgão de representação judicial da União para, querendo, ingressar o feito;
3. A concessão da medida liminar para determinar a sustação dos efeitos do Acórdão nº 1234/2024, mantendo o Impetrante no emprego público, até o julgamento final do feito;
4. A confirmação da liminar com a procedência do pedido, concedendo-se a segurança através da declaração de nulidade do Acórdão nº 1234/2024, do Tribunal de Contas da União, determinando a manutenção do Impetrante no emprego público;
5. A intimação do Ilustríssimo representante do Ministério Público para atuar como fiscal da lei;
6. A juntada dos documentos necessários para a comprovação do direito líquido e certo do impetrante;
7. A condenação do réu ao pagamento das custas processuais.

Dá-se a causa do valor de R$...

Nestes termos, pede deferimento.

Local, data.

Advogado (a)
OAB nº ...

QUESTÃO 01

Manoel foi nomeado e empossado no cargo de Analista Judiciário do Tribunal de Justiça do Estado X, o qual emitia certidões nos processos, expedia atos ordinatórios e todas as outras funções atribuídas ao cargo para qual foi nomeado. Após um ano em exercício das funções públicas inerentes ao cargo, foi instaurado regular processo administrativo para apurar vícios no ato de nomeação do servidor Manoel, uma vez que havia indícios de irregularidade, isto é, de burla pelo servidor às regras do concurso público.

Nesse caso hipotético, responda fundamentalmente os seguintes quesitos, na posição de advogado (a).

A) O ato de nomeação é nulo ou anulável? A própria Administração pode praticar a extinção do ato? Explique de maneira fundamentada.

B) Quantos aos atos praticados pelo servidor serão declarados inválidos?

C) Deverá haver a devolução dos salários?

QUESTÃO 01 – PADRÃO DE RESPOSTA

RASCUNHO - QUESTÕES DISCURSIVAS	
→ **Resposta**	A) Sim
	B) Não
	C) Não
→ **Fundamentação Jurídica**	A) Súmula 473, do Supremo Tribunal Federal.
	B) Teoria da Aparência. Princípio da Segurança Jurídica.
	C) Base doutrinária.

A) A nomeação do servidor sem concurso público é considerada um ato nulo.

A resposta é positiva. Neste caso, a própria Administração poderá anular seus próprios atos, quando eivados de vícios que os tornam ilegais, porque deles não se originam direitos, conforme Súmula 473, do Supremo Tribunal Federal.

B) A resposta é negativa. Os atos praticados por Manoel no Tribunal de Justiça do Estado X, como certidões por ele expedidas, serão válidos, pois, pela teoria da aparência, a nomeação de servidor com burla às regras do concurso público é nula, mas os atos por ele praticados são válidos, em atenção ao princípio da segurança jurídica e para resguardar os terceiros interessados de boa-fé.

C) A resposta é negativa. Não haverá a devolução de salários, sob pena de enriquecimento da Administração Pública já que os serviços foram prestados e, não se faz possível retornar ao *status quo ante*.

QUESTÃO 02

Murilo, servidor público federal, pretende sair de férias, haja vista já ter preenchido os requisitos legais para tanto. Contudo, Murilo, por razões pessoais, não pretende usufruir de todo o período de férias de uma só vez.

A propósito do tema e nos termos da Lei nº 8.112/1990, responda os questionamentos abaixo:

A) Murilo poderá parcelar as suas férias? Em caso positivo, como é feito o pagamento do seu adicional?

B) A legislação federal admite alguma hipótese de interrupção de férias?

QUESTÃO 02 – PADRÃO DE RESPOSTA

RASCUNHO – QUESTÕES DISCURSIVAS	
→ Resposta	A) Sim
	B) Sim
→ Fundamentação Jurídica	A) Art. 37, XVI, "a", da CF/88 Art. 77, §3º, c/c o art. 76, da Lei 8.112/90.
	B) Art. 80, caput e parágrafo único, da Lei Federal n.º 8.112/90.

A) Sim. Com base no art. 77, § 3º, da Lei 8.112/90, a pedido do servidor e a critério da Administração, as férias do servidor público podem ser parceladas em até 3 (três) períodos. Porém, com fulcro no art. 76, da Lei 8.112/90, em caso de parcelamento das férias, o adicional de férias (1/3 da remuneração do mês das férias) não é parcelado, sendo pago de uma única vez, antes do primeiro período.

B) Sim. Na busca do interesse público, o servidor pode ter suas férias interrompidas. A lei 8.112/90, no seu art. 80, define um rol taxativo de hipóteses de interrupção.

> "Art. 80. As férias somente poderão ser interrompidas por motivo de calamidade pública, comoção interna, convocação para júri, serviço militar ou eleitoral, ou por necessidade do serviço declarada pela autoridade máxima do órgão ou entidade.

Ademais, conforme explicitado no parágrafo único, do art. 80, da lei 8.112/90, as férias do servidor só podem ser interrompidas uma única vez, no mesmo período e o restante do tempo será usufruído pelo servidor público sem que haja nova interrupção.

QUESTÃO 03

A Autarquia do Estado X editou e publicou edital de licitação para contratação de empresa especializada em manutenção de elevador. A empresa interessada foi regularmente convocada para assinar o termo de contrato, todavia o interessado recusou assinar o contrato. Sendo assim, o segundo classificado ao tomar conhecimento da desistência do primeiro classificado pretende assinar o contrato para prestar os serviços definidos no Edital.

O representante legal da Empresa Y, segunda empresa classificada, procura você na figura de advogado (a) para dirimir os seguintes questionamentos.

A) A empresa Y, segunda classificada, poderá ser convocada para assinar o contrato nos termos da sua proposta apresentada na licitação?

B) Caso a Administração Pública convoque a licitante após o prazo de validade da proposta indicado no edital, o licitante fica obrigado a assumir os compromissos assumidos?

QUESTÃO 03 - PADRÃO DE RESPOSTA

RASCUNHO - QUESTÕES DISCURSIVAS	
→ **Resposta**	A) Não
	B) Não
→ **Fundamentação Jurídica**	A) Art. 90, §2°, da Lei 14.133/21.
	B) Art. 90, §3°, da Lei 14.133/21.

A) A resposta é negativa. A empresa pode até ser convocada para assinar o termo de contrato, no entanto nas mesmas condições propostas pelo primeiro classificado com fulcro no art. 90, §2°, da Lei 14.133/21.

B) A resposta é negativa. Decorrido o prazo de validade da proposta indicado no edital, sem convocação para a contratação, ficam os licitantes liberados dos compromissos assumidos, conforme prevê o art. 90, §3°, da Lei 14.133/21.

QUESTÃO 04

Paulo e Fábio, policiais militares do Estado Beta, no exercício da função e de forma dolosa, receberam vantagem econômica direta, consistente em propina no valor de setenta mil reais, para tolerar a prática de narcotráfico por determinada organização criminosa.

Considerando as informações acima e de acordo com a Lei nº 8.429/92 (com alterações da Lei nº 14.230/21), responda os questionamentos seguintes:

A) Qual a espécie de ato de improbidade praticado pelos policiais militares?

B) Quais sanções podem ser aplicadas aos policiais militares?

QUESTÃO 04 – PADRÃO DE RESPOSTA

RASCUNHO – QUESTÕES DISCURSIVAS	
→ Resposta	A) ---
	B) ---
→ Fundamentação Jurídica	A) *Lei 8.429/92, no seu art. 9º, caput c/c o seu inciso V.*
	B) *Art. 12, caput c/c o seu inciso I, da Lei 8.429/92.*

A) No que tange à espécie do ato de improbidade, pode-se afirmar que os Policiais militares, Paulo e Fábio, praticaram uma conduta que gerou enriquecimento ilícito em detrimento da função pública.

Sendo assim, a Lei 8.429/92, no seu art. 9º, *caput* c/c o seu inciso V, define que constitui ato de improbidade administrativa importando em enriquecimento ilícito auferir, mediante a prática de ato doloso, qualquer tipo de vantagem patrimonial indevida em razão do exercício de cargo, de mandato, de função, de emprego ou de atividade nas entidades referidas no art. 1º desta Lei, e notadamente receber vantagem econômica de qualquer natureza, direta ou indireta, para tolerar a exploração ou a prática de jogos de azar, de lenocínio, de narcotráfico, de contrabando, de usura ou de qualquer outra atividade ilícita, ou aceitar promessa de tal vantagem.

B) Diante do caso apresentado pelo enunciado da questão e com base no art. 12, *caput* c/c o seu inciso I, da Lei 8.429/92, independentemente do ressarcimento integral do dano patrimonial, se efetivo, e das sanções penais comuns e de responsabilidade, civis e administrativas previstas na legislação específica, os policiais militares estão sujeitos às seguintes cominações, que podem ser aplicadas isolada ou cumulativamente, de acordo com a gravidade do fato: perda dos bens ou valores acrescidos ilicitamente ao patrimônio, perda da função pública, suspensão dos direitos políticos até 14 (catorze) anos, pagamento de multa civil equivalente ao valor do acréscimo patrimonial e proibição de contratar com o poder público ou de receber benefícios ou incentivos fiscais ou creditícios, direta ou indiretamente, ainda que por intermédio de pessoa jurídica da qual seja sócio majoritário, pelo prazo não superior a 14 (catorze) anos.

Treino nº 5

PEÇA PRÁTICO-PROFISSIONAL

Francisco de Tal é proprietário de uma área de 2.000m² situada bem ao lado da sede da Prefeitura do Município de Bugalhadas. Ao se aposentar, no ano de 2017, cansado da agitada vida da cidade de São Paulo, onde reside, Francisco resolveu viajar pelo mundo por ininterruptos três anos.

Ao retornar, Francisco descobre que o Município de Bugalhadas iniciou em 2018, sem sua autorização, obra em seu terreno para a construção de um prédio que servirá de apoio às atividades da Prefeitura. A obra já se encontra em fase bem adiantada, com inauguração prevista para o início do próximo mês.

Francisco procura-o, na qualidade de advogado(a), para identificar e minutar a medida judicial que pode ser adotada para tutelar seus direitos. A medida judicial deve conter argumentação jurídica apropriada e desenvolvimento dos fundamentos legais do instituto jurídico contido no problema, abordando necessariamente: (i) competência do órgão julgador; (ii) a natureza da pretensão a ser deduzida por Francisco; (iii) a observância do prazo prescricional; e (iv) incidência de juros.

PEÇA PRÁTICO-PROFISSIONAL - PADRÃO DE RESPOSTA

ESTRUTURAÇÃO DA PEÇA - TREINO Nº 05		
→ Legitimidade Ativa		Francisco de Tal
→ Legitimidade Passiva		Município de Bugalhas
→ Competência		Juiz de Direito
→ Pedido	→ Liminar	Não
	→ Principal	A procedência do pedido, condenando o Réu ao pagamento de indenização nos moldes do art. 27 do Decreto-Lei nº 3.365/41;
→ Causa de Pedir		Art. 5º, inciso XXIV, da CRFB + art. 35; 15-A, §3º; art. 10 do Decreto-Lei nº 3365/41 + Súmula 119 do STJ + Art. 1238, do CC.

EXCELENTÍSSIMO SENHOR DOUTOR JUIZ DE DIREITO DA __ VARA DA FAZENDA PÚBLICA DA COMARCA DE BUGALHAS NO ESTADO DE SÃO PAULO

(10 linhas)

Francisco de Tal, nacionalidade, estado civil, RG nº..., CPF nº..., endereço eletrônico, residente e domiciliado na Rua..., vem, pelo seu advogado infrafirmado, com procuração anexa, endereço profissional na Rua..., onde doravante serão encaminhadas todas as intimações do feito, propor AÇÃO DE DESAPROPRIAÇÃO INDIRETA em face do Município de Bugalhas, pessoa jurídica de direito público interno, CNPJ nº..., com sede na Rua..., endereço eletrônico, pelos fatos e fundamentos expostos a seguir.

DO CABIMENTO

É cabível a presente ação de desapropriação indireta com fulcro no art. 319, NCPC, por se tratar de pretensão indenizatória em face do Poder Público por apossamento de terreno sem a observação do devido processo legal.

DOS FATOS

O Autor é proprietário de uma área de 2.000 m², situada bem ao lado da sede da Prefeitura do Município de Bugalhadas. Ao se aposentar, no ano de 2017, cansado da agitada vida da cidade de São Paulo, onde reside, Francisco resolveu viajar pelo mundo por ininterruptos três anos.

Ao retornar, o Autor descobre que o Réu iniciou, em 2018, sem sua autorização, obra em seu terreno para a construção de um prédio que servirá de apoio às atividades da Prefeitura.

A obra já se encontra em fase bem adiantada, com inauguração prevista para o início do próximo mês.

Sendo assim, por não haver mais possibilidade de reaver a propriedade, o Autor pleiteia justa indenização pela perda desta.

DO MÉRITO

Preliminarmente, conforme o art. 5º, inciso XXIV, da CRFB, a desapropriação por utilidade pública tem procedimento regulado em lei específica, e deve ser realizada mediante o pagamento de prévia e justa indenização, ou seja, o valor da propriedade de acordo com o mercado.

Nos casos em que o disposto no artigo supra não é respeitado, opera-se a chamada desapropriação indireta, uma vez que o Estado, ainda que sem observar o disposto em lei, se apropria do bem do particular, e a reversão do bem ao proprietário se torna impossível. Então, a solução dada pelo direito é a indenização posterior, conforme o art. 35 do Decreto-Lei nº 3365/41.

Sobre a indenização posterior, por força do art. 15-A, §3º do Decreto-Lei nº 3365/41, incidem os juros compensatórios, já que o particular se restou privado da sua propriedade sem contrapartida alguma por parte do Estado. Logo, a sua finalidade é compensar o particular por esse período correspondente à perda do seu terreno.

No caso em tela, o Autor teve a sua propriedade tomada pelo Município de Bugalhas sem a observância do devido processo legal previsto no Decreto-Lei nº 3365/41 e o disposto na Constituição Federal, ou seja, sem a prévia e justa indenização em dinheiro; operando-se, então, a desapropriação indireta.

Portanto, o Autor faz jus ao pagamento de justa indenização em dinheiro, correspondente ao valor do imóvel no mercado, somado aos juros compensatórios incidentes sobre o todo o tempo que restou-se privado da sua propriedade sem contrapartida do Poder Público.

Por fim, ressalta-se que, em que pese o art. 10 do Decreto-Lei nº 3365/41 prever a prescrição da ação de desapropriação no prazo de cinco anos, este não se aplica ao caso das desapropriações indiretas, conforme preleciona a Súmula 119 do Superior Tribunal de Justiça, combinada com o artigo 1238, do Código Civil, que prevê a prescrição, nestes casos, no prazo de dez anos.

DOS PEDIDOS

Pelo exposto, requer:

A) a citação do Réu, na pessoa do Procurador-Geral do Município, para responder aos termos da demanda;

B) a procedência do pedido, condenando o Réu ao pagamento de indenização nos moldes do art. 27 do Decreto-Lei nº 3.365/41;

C) a produção de todos os meios de prova em direito admitidos e necessários à solução da controvérsia;

D) a condenação do Réu ao pagamento das custas processuais e honorários advocatícios.

Dá-se à causa o valor de R$....

Nestes termos, pede deferimento.

Bugalhas, data.
Advogado
OAB nº...

QUESTÃO 01

João, analista de sistemas dos quadros do Ministério da Educação, foi demitido de seu cargo público, por meio de Portaria do Ministro da Educação publicada em 19 de maio de 2010, após responder a processo administrativo em que restou apurada infração funcional relativa ao recebimento indevido de vantagem econômica. Exatamente pelo mesmo fato, João também foi processado criminalmente, vindo a ser absolvido por negativa de autoria, em decisão que transitou em julgado em 18 de janeiro de 2011.

João, então, procurou um advogado e, após narrar os fatos acima, informou que se encontrava, desde a sua demissão, em profunda depressão, sem qualquer atividade laborativa, sobrevivendo por conta de ajuda financeira que tem recebido de parentes e amigos.

O seu advogado, então, ajuizou uma ação pelo rito ordinário, objetivando a invalidação da demissão, a reintegração do autor no cargo público e respectivo ressarcimento de todas as vantagens inerentes ao exercício do cargo.

Qual a fundamentação jurídica que o advogado de João deveria ter utilizado para pleitear em juízo?

QUESTÃO 01 – PADRÃO DE RESPOSTA

RASCUNHO – QUESTÕES DISCURSIVAS	
→ **Resposta**	-
→ **Fundamentação Jurídica**	Arts. 141, inciso I, 126, 28 da Lei n. 8.112/90.

A Ação ajuizada pelo advogado de João deveria pleitear a nulidade da portaria demissional, por ter sido adotada por autoridade incompetente, na forma do Art. 141, inciso I, da Lei n. 8.112/90 – usurpação de competência do Presidente da República. Além disso, deveria, também, pleitear a invalidação da pena de demissão em razão da absolvição penal por negativa de autoria, decisão esta que vincula a esfera administrativa, na forma do Art. 126, da Lei n. 8.112/90. Como resultado, deverá ser João reintegrado no cargo de Analista de Sistemas, com o ressarcimento de todas as vantagens (Art. 28, da Lei n. 8.112/90).

QUESTÃO 02

O Departamento da Polícia Federal deseja realizar a contratação de sociedade empresária para a aquisição de computadores para propósitos específicos com sistema de segurança de dados, a fim de serem utilizados em atividades de planejamento e inteligência policial.

O objeto contratual envolve inovação tecnológica ou técnica; impossibilidade da Polícia Federal ter sua necessidade satisfeita sem a adaptação de soluções disponíveis no mercado; e impossibilidade de as especificações técnicas serem definidas com precisão suficiente pela entidade pública.

Ademais, a Polícia Federal verificou a necessidade de definir e identificar os meios e as alternativas que possam satisfazer suas necessidades, com destaque para a solução técnica mais adequada, os requisitos técnicos aptos a concretizar a solução já definida e a estrutura jurídica ou financeira do contrato.

Considerando as informações destacadas e a regulamentação da Nova Lei de Licitações nº 14.133/21, responda:

A) Qual a modalidade licitatória deverá ser utilizada para a contratação pretendida pela Polícia Federal?

B) No âmbito do referido procedimento licitatório deverá ser formado algum tipo de comissão?

QUESTÃO 02 – PADRÃO DE RESPOSTA

RASCUNHO - QUESTÕES DISCURSIVAS	
→ **Resposta**	A) ---
	B) Sim
→ **Fundamentação Jurídica**	A) Art. 6º, XLII OU art. 32, I, da Lei 14.133/21.
	B) Art. 32, § 1º, XI, da Lei 14.133/21.

A) A Polícia Federal deverá utilizar o denominado Diálogo Competitivo, previsto no art. 6º, XLII, da Lei 14.133/21.

Trata-se de modalidade de licitação utilizada para contratação de obras, serviços e compras em que a Administração Pública realiza diálogos com licitantes previamente selecionados mediante critérios objetivos, com o intuito de desenvolver uma ou mais alternativas capazes de atender às suas necessidades, devendo os licitantes apresentar proposta final após o encerramento dos diálogos.

Como afirmado na questão, a Polícia Federal verificou a necessidade de definir e identificar os meios e as alternativas que possam satisfazer suas necessidades, com destaque para a solução técnica mais adequada, os requisitos técnicos aptos a concretizar a solução já definida e a estrutura jurídica ou financeira do contrato.

Dessa forma, com base no art. 32, I, da Lei 14.133/21, a Polícia Federal deverá utilizar o diálogo competitivo para descobrir a melhor forma de suprir a sua necessidade, da forma mais adequada, dada a sua complexidade e, para tanto, precisa de auxílio dos particulares.

Assim, deverá ser utilizado o diálogo competitivo, pois é a modalidade que permite que seja implementado um diálogo entre o ente estatal e seus fornecedores para encontrarem a melhor solução para atender às necessidades do poder público.

B) Sim. O procedimento licitatório do diálogo competitivo é subdividido nas seguintes fases: a) preparatória; b) de divulgação do edital; c) de diálogo; d) de apresentação das propostas e julgamento; e) recurso; f) encerramento.

A Lei 14.133/21, no seu art. 32, § 1º, XI, define que na fase preparatória será designada a comissão de contratação, a qual será composta de pelo menos 3 (três) servidores efetivos ou empregados públicos pertencentes aos quadros permanentes da Administração, admitida a contratação de profissionais para assessoramento técnico.

QUESTÃO 03

Liviana, moradora do Município de Trás dos Montes, andava com sua bicicleta em uma via que não possui acostamento, próxima ao centro da cidade, quando, de forma repentina, foi atingida por um ônibus de uma empresa concessionária de serviços públicos de transportes municipais. Após o acidente, Liviana teve as duas pernas quebradas e ficou em casa, sem trabalhar, em gozo de auxílio-doença, por cerca de dois meses. Então, resolveu procurar um advogado para ajuizar ação de responsabilidade civil em face da empresa concessionária de serviços públicos.

Qual é o fundamento jurídico e o embasamento legal da responsabilidade civil da empresa concessionária, considerando o fato de que Liviana se enquadrava na qualidade de terceiro em relação ao contrato de transporte municipal, no momento do acidente?

QUESTÃO 03 – PADRÃO DE RESPOSTA

RASCUNHO - QUESTÕES DISCURSIVAS	
→ **Resposta**	-
→ **Fundamentação Jurídica**	Art. 37, §6°, da CRFB.

A questão trata acerca da responsabilidade civil objetiva de terceiro não usuário dos serviços públicos de transportes municipais.

Na hipótese, tem-se que a responsabilidade civil será objetiva, comprovado o nexo de causalidade entre o ato administrativo e o dano causado ao terceiro não usuário do serviço público, sendo tal condição suficiente para estabelecer a responsabilidade objetiva da pessoa jurídica de direito privado, nos termos do art. 37, §6°, da CRFB. De acordo com a jurisprudência atual e consolidada do STF, não se pode interpretar restritivamente o alcance do art. 37, §6°, da CRFB, sobretudo porque a Constituição, interpretada à luz do princípio da isonomia, não permite que se faça qualquer distinção entre os chamados "terceiros", ou seja, entre usuários e não usuários do serviço público, haja vista que todos eles, de igual modo, podem sofrer dano em razão da ação administrativa do Estado, seja ela realizada diretamente, seja por meio de pessoa jurídica de direito privado. Observa-se, ainda, que o entendimento de que apenas os terceiros usuários do serviço gozariam de proteção constitucional decorrente da responsabilidade objetiva do Estado, por terem o direito subjetivo de receber um serviço adequado, contrapor-se-ia à própria natureza do serviço público, que, por definição, tem caráter geral, estendendo-se, indistintamente, a todos os cidadãos, beneficiários diretos ou indiretos da ação estatal.

QUESTÃO 04

Os Municípios Alfa, Beta e Gama decidiram criar um consórcio público para a execução de serviços de saneamento básico. Como não iriam outorgar o exercício de potestades públicas à entidade administrativa, os entes federativos em questão formalizaram o respectivo protocolo de intenções, no qual previram a criação de uma pessoa jurídica de direito privado, a ser denominada "Saneare", pelo prazo de vinte anos, constituída na forma da lei. Contudo, logo no início das atividades da "Saneare", o Município Alfa descumpriu com as obrigações regularmente assumidas no contrato de rateio.

Na qualidade de advogado(a) consultado(a), esclareça os questionamentos a seguir.

A) "Saneare" é uma associação pública?

B) O Município Gama,tem legitimidade para, isoladamente, exigir do Município Alfa o cumprimento das obrigações constantes do contrato de rateio?

Obs.: o(a) examinando(a) deve fundamentar as respostas. A mera citação do dispositivo legal não confere pontuação.

QUESTÃO 04 – PADRÃO DE RESPOSTA

RASCUNHO - QUESTÕES DISCURSIVAS	
→ **Resposta**	A) Não
	B) Sim
→ **Fundamentação Jurídica**	A) Art. 6º da Lei nº 11.107/05.
	B) Art. 8º, § 3º, da Lei nº 11.107/05.

A) A resposta é negativa. *"Saneare"* é pessoa jurídica de direito privado, razão pela qual não pode ser considerada uma associação pública, que é pessoa jurídica de direito público, na forma do Art. 6º da Lei nº 11.107/05.

B) A resposta é positiva. O Município Gama é legitimado para exigir o cumprimento das obrigações constantes do contrato de rateio, isoladamente ou em conjunto com os demais entes consorciados, nos termos do Art. 8º, § 3º, da Lei nº 11.107/05.

Treino nº 6

PEÇA PRÁTICO-PROFISSIONAL

João Faz-Tudo, prefeito da cidade de Santa Cruz, construiu uma boa reputação política devido a grande quantidade de obras públicas realizadas durante o período de seu mandato. Com pretensões de futuramente tornar-se governador, contratou diretamente, com inexigibilidade de licitação, a agência MKT, especializada em serviços de publicidade e propaganda.

Investindo fervorosamente em sua campanha, cujo *slogan* era "*Foi João que fez*", João Faz-Tudo ainda aparecia em comerciais de TV afirmando ser o responsável pelas obras públicas realizadas nos últimos 4 anos, e que pretendia continuar reformando e melhorando a qualidade de vida dos cidadãos daquele Estado.

Ao voltar para casa do trabalho, Maria Ambiciosa, líder da oposição, percebeu que ao lado das obras públicas pelo qual havia passado tinha sido erguido *outdoors* com a imagem de João Faz-Tudo, onde se estampava o *slogan* de sua campanha.

Inconformada com ações do prefeito, enquanto cidadã do município, Maria Ambiciosa contratou seus serviços a fim de que fosse intentada a medida judicial cabível, fundamentando-a com os argumentos que entender pertinentes e observando os requisitos formais da medida.

PEÇA PRÁTICO-PROFISSIONAL - PADRÃO DE RESPOSTA

<table>
<tr><th colspan="3">ESTRUTURAÇÃO DA PEÇA - TREINO Nº 06</th></tr>
<tr><td colspan="2">→ Legitimidade Ativa</td><td>Maria Ambiciosa</td></tr>
<tr><td colspan="2">→ Legitimidade Passiva</td><td>João Faz Tudo
Município da Santa Cruz
Agência MKT</td></tr>
<tr><td colspan="2">→ Competência</td><td>Vara da Fazenda Pública</td></tr>
<tr><td rowspan="2">→ Pedido</td><td>→ Liminar</td><td>Suspensão do contrato até o julgamento final da demanda.</td></tr>
<tr><td>→ Principal</td><td>Anulação do contrato impugnado, bem como o ressarcimento ao erário pelos prejuízos causados.</td></tr>
<tr><td colspan="2">→ Causa de Pedir</td><td>Art. 74, III, da Lei 14.133/21 + art. 37, caput, §1°, da CF.</td></tr>
</table>

EXCELENTÍSSIMO SENHOR DOUTOR JUIZ DE DIREITO DA VARA DA FAZENDA PÚBLICA DA COMARCA DE SANTA CRUZ, ESTADO...
(10 linhas)

Maria Ambiciosa, brasileira, estado civil, profissão, RG nº... e CPF nº..., título de eleitor nº..., endereço eletrônico, residente e domiciliada na Rua ..., vem, por seu advogado infrafirmado, com procuração anexa e endereço profissional na Rua..., onde serão doravante encaminhadas as intimações do feito, propor AÇÃO POPULAR COM PEDIDO DE TUTELA DE URGÊNCIA em face de

* João Faz-Tudo, nacionalidade, estado civil, Prefeito, RG nº... e CPF nº..., endereço eletrônico, residente e domiciliado na Rua...;
* Município de Santa Cruz, pessoa jurídica de direito público interno, CNPJ nº..., endereço eletrônico, com sede na Rua...;
* Agência MKT, pessoa jurídica de direito privado, CNPJ nº..., endereço eletrônico, com sede na Rua...;

pelos fatos e fundamentos a seguir.

DO CABIMENTO

É cabível a presente Ação Popular, com fulcro no art. 5º, LXXIII, da CRFB/88 c/c art. 1º da Lei 4.717/65, por se tratar de ato lesivo à moralidade administrativa e o interesse da coletividade.

DOS FATOS

DA TUTELA DE URGÊNCIA

O art. 5º, § 4º da Lei 4.717/65 c/c art. 300 do CPC preveem a possibilidade de concessão da tutela de urgência, desde que presentes a probabilidade do direito e o perigo de dano ou risco ao resultado útil do processo.

O perigo de dano decorre do fato de que o contrato de prestação de serviços de publicidade já foi celebrado e a propaganda está sendo veiculada, não podendo ser revertidos os danos já provocados.

A probabilidade do direito se baseia na violação ao Princípio da Impessoalidade, previsto no §1º do art. 37 da CRFB/88, que veda a promoção pessoal de agentes, além da contratação irregular do serviço de publicidade por inexigibilidade de licitação, que viola o art. 74, III, da Lei 14.133/21.

Dessa forma, deve ser suspenso o contrato firmado, até o julgamento final da demanda.

DO MÉRITO

Inicialmente, o art. 74, III, da Lei 14.133/21, estabelece, em caráter excepcional, a impossibilidade de inexigibilidade licitatória dos serviços de publicidade.

Dessa forma, a contratação direta de serviços técnicos de natureza singular, quando houver inviabilidade de competição pode ser efetivada mediante a inexigibilidade licitatória, exceto quando se tratar de serviços de publicidade e divulgação.

No caso em epígrafe, a inexigibilidade licitatória foi utilizada na contratação dos serviços de publicidade para a campanha política da parte ré, pela Agência MKT, em evidente violação ao dispositivo mencionado alhures.

Por consequência, nulo é o contrato em análise.

Outrossim, o art. 37 da CRFB/88, dispõe que a Administração Pública deve respeitar, dentre outros, o Princípio da Impessoalidade, que, visto pela ótica do Agente Público, institui que sua conduta não pode ser imputada à pessoa do agente, mas sim ao próprio Estado.

Ademais, como prevê a Teoria do Órgão, ou Teoria da Imputação, retratada no §1º do art. 37 da CRFB/88, que determina que a publicidade dos atos, programas, obras, serviços e campanhas dos órgãos públicos não podem caracterizar promoções pessoais das autoridades ou servidores, também evidencia a ilegalidade da conduta do réu, pois este utilizou os atos realizados pelo Estado em sua gestão política objetivando sua promoção pessoal, o que não pode se manter.

Logo, incontestável a nulidade do contrato apreciado.

DOS PEDIDOS

Ante o exposto:

a) A citação dos réus para, querendo, contestarem o feito;

b) A concessão da tutela de urgência, com a suspensão do contrato impugnado;

c) A confirmação da tutela de urgência, com total procedência dos pedidos, para que haja a anulação do contrato impugnado, bem como o ressarcimento ao erário pelos prejuízos causados;

d) A produção de todos os meios de prova em direito admitidos necessários à resolução da controvérsia, inclusive com a juntada dos documentos anexos e do título de eleitor que comprova a qualidade de cidadão da parte autora;

e) A condenação dos réus no ônus da sucumbência.

Em observância ao disposto no art. 319, VII, do CPC, manifesta o interesse na realização da audiência de mediação ou conciliação.

Dá-se a causa do valor de R$...

Nestes termos, pede deferimento.

Santa Cruz, data,

Advogado (a)
OAB nº ...

QUESTÃO 01

O Estado X está realizando obras de duplicação de uma estrada. Para tanto, foi necessária a interdição de uma das faixas da pista, deixando apenas uma faixa livre para o trânsito de veículos. Apesar das placas sinalizando a interdição e dos letreiros luminosos instalados, Fulano de Tal, dirigindo em velocidade superior à permitida, distraiu-se em uma curva e colidiu com algumas máquinas instaladas na faixa interditada, causando danos ao seu veículo.

A partir do caso proposto, responda, fundamentadamente, aos itens a seguir.

A) Em nosso ordenamento, é admissível a responsabilidade civil do Estado por ato lícito?

B) Considerando o caso acima descrito, está configurada a responsabilidade objetiva do Estado X?

QUESTÃO 01 - PADRÃO DE RESPOSTA

RASCUNHO - QUESTÕES DISCURSIVAS	
→ **Resposta**	A) Sim.
	B) Não.
→ **Fundamentação Jurídica**	A) Art. 37 da CRFB/88 (princípio da isonomia).
	B) -

A) A resposta é positiva. A responsabilidade do Estado pela prática de ato lícito assenta no princípio da isonomia, ou seja, na igualdade entre os cidadãos na repartição de encargos impostos em razão do interesse público. Assim, quando for necessário o sacrifício de um direito em prol do interesse da coletividade, tal sacrifício não pode ser suportado por um único sujeito, devendo ser repartido entre toda a coletividade.

B) A resposta é negativa. A configuração da responsabilidade objetiva requer a presença de um ato (lícito ou ilícito), do dano e do nexo de causalidade entre o ato e o dano. A culpa exclusiva da vítima é causa de exclusão da responsabilidade objetiva, uma vez que rompe o nexo de causalidade: o dano é ocasionado por conduta da própria vítima. No caso proposto, Fulano de Tal conduzia seu veículo em velocidade superior à permitida, distraiu-se em uma curva e deixou de observar as placas e o letreiro luminoso que indicavam a interdição da pista.

QUESTÃO 02

Celso, Prefeito da cidade de Ximbinha, durante o último ano do seu mandato, construiu, no centro da cidade, uma praça poliesportiva, com o objetivo de promover a saúde e o esporte, e melhorar o lazer na localidade.

A rádio local noticiava o fato exaustivamente. Assim, toda a comunidade passou a chamar, informalmente, o prefeito de "*SuCelso*", por conta do efeito positivo que a obra pública causou.

Então, Celso decidiu contratar uma empresa de publicidade por meio de dispensa de licitação, para que esta colocasse um outdoor na praça com o seguinte enunciado "*Esta obra tem o selo de qualidade do SuCelso*!", com o brasão da prefeitura de Ximbinha.

A partir do caso proposto, responda, fundamentadamente, aos itens a seguir.

A) O procedimento licitatório escolhido pelo prefeito da cidade de Ximbinha foi adequado?

B) Há algum entrave jurídico à colocação do referido outdoor na praça?

QUESTÃO 02 – PADRÃO DE RESPOSTA

RASCUNHO - QUESTÕES DISCURSIVAS	
→ **Resposta**	A) Não.
	B) Sim.
→ **Fundamentação Jurídica**	A) Art. 75, da Lei 14.133/21 (rol taxativo).
	B) Art. 37, *caput* e §1º da CRFB.

A) A resposta é negativa. A dispensa de licitação é uma forma direta de contratação, em que a Administração tem a prerrogativa de escolher, sem procedimento licitatório regular, com quem deseja contratar. Todavia, as suas hipóteses estão elencadas no art. 75, da Lei 14.133/21, o qual traz um rol exaustivo, ou seja, *numerus clausus*, de situações específicas em que é permitida, não havendo margem de discricionariedade para o agente público.

B) A resposta é afirmativa. O prefeito de Ximbinha violou o princípio da impessoalidade (art. 37, *caput* e §1º da CRFB), segundo o qual, quando um agente público pratica um ato, quem o faz, em verdade, é a Administração, e não a pessoa em si. Assim, quem realizou a obra pública, não foi Celso, mas a Prefeitura de Ximbinha, não podendo a publicidade, paga com o dinheiro público, fazer propaganda pessoal de Celso.

QUESTÃO 03

O Estado X ajuizou ação de reintegração de posse em face de Caio, servidor público que, na qualidade de vigia de uma escola pública estadual, reside em uma pequena casa nos fundos do referido imóvel público e, embora devidamente notificado para desocupar o bem, recusou-se a fazê-lo.

Em sua defesa, Caio alega (i) que reside no imóvel com a anuência verbal do Poder Público e (ii) que a sua boa-fé, associada ao decurso de mais de quinze anos de ocupação do bem sem qualquer oposição, lhe asseguram a usucapião do imóvel.

Considerando a situação hipotética apresentada, analise os dois fundamentos deduzidos por Caio em sua defesa, empregando os argumentos jurídicos apropriados e a fundamentação legal pertinente ao caso.

QUESTÃO 03 - PADRÃO DE RESPOSTA

RASCUNHO - QUESTÕES DISCURSIVAS	
→ **Resposta**	-
→ **Fundamentação Jurídica**	*Art. 95, §2º, da Lei 14.133/21 + art. 183, §3º e 191, parágrafo único, ambos da CRFB.*

A anuência verbal do Poder Público em relação à ocupação do imóvel não repercute sobre a esfera jurídica do Poder Público, uma vez que os contratos verbais com a Administração Pública são nulos e sem nenhum efeito, nos termos do art. 95, §2º, da Lei 14.133/21.

Em relação ao segundo argumento, um dos atributos dos bens públicos, qual seja, a sua imprescritibilidade, de modo que os bens públicos não se sujeitam à prescrição aquisitiva de direitos. Assim, a pretensão de usucapião de um bem público deve ser rejeitada, conforme previsto nos artigos 183, §3º (propriedade urbana) e 191, parágrafo único (propriedade rural), ambos da CRFB.

É importante ressaltar que, por se tratar de prova discursiva, será exigido do examinando o desenvolvimento do tema apresentado. Desse modo, além de resposta conclusiva acerca do arguido, a mera menção ao artigo não é pontuada, nem a mera resposta negativa desacompanhada do fundamento correto.

QUESTÃO 04

O município "X", tendo desapropriado um imóvel para a instalação da sede da prefeitura e, necessitando realizar obras de reparo no prédio, instala em terreno contíguo, de propriedade de Mário, o canteiro de obra necessário à realização dos reparos.

Considerando apenas os fatos descritos acima, responda aos itens a seguir, de forma fundamentada.

A) Qual é a figura de intervenção utilizada pelo Município e quais são suas características?

B) Nesse caso, é devida alguma indenização? Indique o fundamento legal.

QUESTÃO 04 – PADRÃO DE RESPOSTA

RASCUNHO – QUESTÕES DISCURSIVAS	
→ Resposta	A) Ocupação temporária.
	B) Sim.
→ Fundamentação Jurídica	A) Uso transitório por parte do Poder Público de imóvel privado, como meio de apoio à execução de obras públicas.
	B) Art. 36 do Decreto Lei n. 3.365/41.

A) Trata-se de ocupação temporária, que se caracteriza pelo uso transitório por parte do Poder Público de imóvel privado, como meio de apoio à execução de obras públicas.

B) Nessa modalidade de ocupação temporária, por expressa disposição de lei (Art. 36 do Decreto Lei n. 3.365/41), é devida indenização.

Treino nº 7

PEÇA PRÁTICO-PROFISSIONAL

A Indústria Lubrifacil, instalada no Município X há mais de 10 anos, tem o óleo lubrificante para veículos automotores como principal item de fabricação. Para que a empresa pudesse se instalar e permanecer no referido Município, ela teve que atender alguns requisitos de segurança, entre eles os referentes à legislação ambiental, tendo em vista que o produto é considerado altamente tóxico e de difícil decomposição no meio ambiente. João, Morador do Município X, é o dirigente da Associação Todos Pelo Meio Ambiente desde 2018.

João, analisando os jornais locais, percebeu que desde 2013, quando o Prefeito Carlos da Silva assumiu e fora reeleito em 2016, a empresa deixou de atender as exigências de segurança, em especial as referentes ao meio ambiente, percebendo, ainda, que isso se deu em virtude da amizade de infância entre o Diretor da Indústria Lubrifacil e o Prefeito Carlos.

Nos primeiros meses de 2020, os jornais locais divulgaram um aumento de 200% na poluição dos rios do Município, chegando a atingir os Municípios limítrofes. No entanto, a Indústria Lubrifacil já alegou que os resíduos por ela descartados não causam danos ao meio ambiente.

Diante da urgência, sem desconsiderar a necessidade de produção de prova acerca dos efeitos do despejo irregular, redija a peça cabível para a defesa do meio ambiente.

PEÇA PRÁTICO-PROFISSIONAL – PADRÃO DE RESPOSTA

ESTRUTURAÇÃO DA PEÇA – TREINO Nº 07		
→ **Legitimidade Ativa**		Associação Todos pelo Meio Ambiente
→ **Legitimidade Passiva**		Município X, Indústria Lubrifacil e Carlos da Silva.
→ **Competência**		Juiz de Direito
→ **Pedido**	Liminar	A imposição para que a Empresa Lubrifacil não realize o despejo dos materiais tóxicos nos rios, utilizando-se de todos os meios cabíveis para resguardar o meio ambiente até o julgamento final do feito.
	Principal	A proibição de despejar os rejeitos tóxicos nos rios, bem como a imposição de medidas de segurança, procedendo, ainda, a reparação de todos os danos passados, presentes e futuros.
→ **Causa de Pedir**		Art. 225, §3°, da CF. Art. 14, §1°, da Lei n. 6.938/81. Art. 3°, da Lei 7.347/85 c/c o art. 497, do CPC.

EXCELENTÍSSIMO SENHOR DOUTOR JUIZ DE DIREITO DA __ VARA DA FAZENDA PÚBLICA DO MUNICÍPIO X, ESTADO...

Associação Todos Pelo Meio Ambiente, pessoa jurídica de direito privado, CNPJ nº ..., endereço eletrônico, com sede na Rua ..., vem, por seu advogado infrafirmado, com procuração anexa e endereço profissional na Rua ..., onde serão doravante encaminhadas as intimações do feito, propor AÇÃO CIVIL PÚBLICA COM PEDIDO LIMINAR em face de

- Município X, pessoa jurídica de direito público, CNPJ nº ..., endereço eletrônico, com sede na Rua...;
- Indústria Lubrifacil, pessoa jurídica de direito privado, CNPJ nº ..., endereço eletrônico, com sede na Rua...;
- Carlos da Silva, agente político, nacionalidade, estado civil, endereço eletrônico, CPF nº ... e RG nº ..., pelos fatos e fundamentos a seguir.

DO CABIMENTO E DA LEGITIMIDADE ATIVA

É cabível a presente Ação Civil Pública, com fulcro no art. 1º da Lei 7.437/85, por se tratar de ato que viola direitos e interesses coletivos relacionados ao meio ambiente.

É a Associação Todos Pelo Meio Ambiente legitimada, por se tratar de associação em funcionamento já mais de um ano e por ter finalidade institucional a proteção e manutenção do meio ambiente, conforme prevê o art. 5, V, "a" e "b", da Lei 7.347/85 c/c art. 129, §1º, da Constituição Federal.

DOS FATOS

Inicialmente, vale registrar que a Indústria Lubrifacil, parte ré no presente processo, instalada no Município X há mais de 10 anos, tem o óleo lubrificante para veículos automotores como principal item de fabricação.

Noutro giro, ainda é devido informar que para a empresa acionada se instalar e permanecer no referido Município X, ela teve que atender alguns requisitos de segurança, entre eles os referentes à legislação ambiental, tendo em vista que o produto é considerado altamente tóxico e de difícil decomposição no meio ambiente.

Contudo, a Associação Todos pelo Meio Ambiente, que visa a proteção e preservação do Meio Ambiente, analisando os jornais locais, percebeu que desde 2013, quando o Prefeito Carlos da Silva assumiu o primeiro mandato, a empresa ré deixou de atender as exigências de segurança, em especial aquelas referentes ao meio ambiente, percebendo, ainda, que isso se deu em virtude da amizade de infância entre o Diretor da Indústria Lubrifacil e o Prefeito Carlos, reeleito em 2016.

Além disso, mostra-se necessário registrar que nos primeiros meses de 2020, os jornais locais divulgaram um aumento de 200% na poluição dos rios do Município, chegando a atingir os Municípios limítrofes.

Dessa forma, a Associação Todos pelo Meio Ambiente, diante das evidências trazidas nas reportagens anexas aos autos, as quais apontam o despejo irregular de óleo tóxico nos rios, vem propor a presente Ação Civil Pública, a fim de que a Indústria Lubrifacil seja proibida de despejar os seus rejeitos tóxicos no meio ambiente, bem como sejam impostas as medidas de segurança necessárias, procedendo, ainda, a reparação de todos os danos passados, presentes e futuros.

DA MEDIDA LIMINAR

O art. 12, da Lei 7.347/85 c/c o art. 300, do CPC, estabelecem a possibilidade de concessão de medida liminar, desde que presentes a probabilidade do direito e o perigo de dano ou risco ao resultado útil do processo.

O perigo de dano decorre do fato de que a Indústria Lubrifacil vem, de acordo com as evidências trazidas nas reportagens anexas aos autos, despejando irregularmente óleo tóxico nos rios, causando danos ao meio ambiente.

A probabilidade do direito, por sua vez, baseia-se no fato de que a imposição de obrigação de não fazer tem com fim evitar, neste momento processual, a permanência do despejo irregular, tendo em vista se tratar de um material tóxico.

Dessa forma, deve ser imposto aos réus que o despejo não seja realizado nos rios, utilizando de todos os meios cabíveis para resguardar o meio ambiente.

DO MÉRITO

Inicialmente, o art. 225, §3º, da Constituição Federal, estabelece que as pessoas físicas e/ou jurídicas serão responsabilizadas pelas condutas lesivas ao meio ambiente, independentes da obrigação de reparar os danos causados. Vejamos:

> Art. 225, §3º, da CF: As condutas e atividades consideradas lesivas ao meio ambiente sujeitarão os infratores, pessoas físicas ou jurídicas, a sanções penais e administrativas, independentemente da obrigação de reparar os danos causados.

Com efeito, o art. 14, §1º, da Lei n. 6.938/81, prevê que o poluidor é obrigado a reparar os danos causados ao meio ambiente independente da existência de culpa. Nesse sentido, tem-se que a responsabilidade por danos ambientais é objetiva, consubstanciada na teoria do risco integral, a qual parte da premissa de que a simples existência do dano e do nexo causal é suficiente para direcionar a responsabilidade e o dever de reparar pelos danos causados.

No caso em epígrafe, a Indústria Lubrifacil estava, aparentemente, realizando o despejo de óleo de maneira inadequada e em desacordo com as normas ambientais, causando evidente danos ambientais. A prefeitura do Município X e o prefeito Carlos da Silva, em contrapartida, não submeteram a referida empresa em nenhuma fiscalização durante todo esse tempo.

Diante desses fatos, tem-se a possibilidade de impor obrigação de não fazer, consubstanciada na tentativa de impedir que a empresa continue despejando resíduos tóxicos nos rios, conforme reportagens anexas, mas também impor obrigação de fazer, a qual deve ser realizada no sentido de fazer com que ou não ocorra o despejo irregular nos rios, ou, alternativamente, venha a ocorrer conforme todos os parâmetros de segurança ambiental, os quais estão previstas no art. 3º da Lei n. 7.347/85 c/c art. 497 do CPC.

É necessário, ainda, a inversão do ônus da prova, conforme art. 21 da Lei n. 7.347/85 c/c art. 6º, VIII, Código de Defesa do Consumidor, uma vez presente, levando-se em consideração a defesa dos direitos e interesses difusos, como é o caso do meio ambiente, a dificuldade da Associação autora promover a produção probatória acerca da gravidade do despejo do óleo produzido pela indústria para o meio ambiente.

DOS PEDIDOS

Ante o exposto:

a) A citação dos réus para, querendo, apresentar defesa no prazo legal;

b) A concessão da medida liminar, para impedir que a Indústria Lubrifacil continue a despejar rejeitos tóxicos nos rios;

c) A confirmação da medida liminar, com total procedência da demanda, para que haja a proibição de despejar os rejeitos tóxicos nos rios, bem como a imposição de medidas de segurança, procedendo, ainda, a reparação de todos os danos passados, presentes e futuros;

d) A intimação do Ilustríssimo Representante do Ministério Público, para atuar no feito como fiscal da lei;

e) A produção de todos os meios de prova em direito admitidos necessários a resolução da controvérsia, inclusive com a juntada dos documentos anexos e do regulamento constitutivo da Associação para fazer prova acerca da sua legitimidade;

f) A condenação dos réus ao pagamento do ônus da sucumbência.

Em observância ao disposto no art. 319, VII, do CPC, informa o interesse na realização da audiência de mediação ou conciliação.

Dá-se a causa do valor de R$...

Nestes termos, pede deferimento.

Município X, data,
Advogado (a)
OAB nº ...

QUESTÃO 01

Maria é filha da servidora pública federal Josefina, aposentada por invalidez em janeiro de 2020. Depois de uma briga com sua genitora, formula denúncia ao órgão federal competente, afirmando que sua mãe, na verdade, está apta para o exercício das funções inerentes ao seu cargo, o que se comprova mediante a verificação de que ela exerce semelhantes funções em um escritório privado desde fevereiro de 2021, quando se recuperou plenamente da doença.

Depois de aberto o processo administrativo para fins de verificação de eventual erro na perícia médica e apuração da possibilidade de reversão ao serviço público ativo, o feito é encaminhado novamente ao mesmo médico, que retifica o laudo anterior, opinando pela possibilidade de a servidora ser mantida no serviço ativo, e remete o feito à autoridade superior para decisão.

Antes da decisão final, Maria, já reconciliada com Josefina, formula pleito de desistência do processo administrativo, informando que, na verdade, contara inverdades sobre sua mãe e que esta é incapaz para o trabalho, tanto no serviço público quanto na iniciativa privada, juntando laudos médicos diversos, inclusive dos hospitais públicos em que sua mãe foi atendida.

Diante de decisão fundamentada que determina o prosseguimento do processo, mesmo com a desistência da requerente, Maria interpõe recurso, argumentando que o processo não pode prosseguir diante da contrariedade da requerente e apontando a nulidade do processo pela participação do mesmo médico responsável pela primeira perícia.

Com base no caso apresentado e na lei de processo administrativo federal, responda, justificadamente, aos itens a seguir.

A) Foi regular o prosseguimento do processo após a desistência formulada por Maria?

B) Uma vez que a decisão se baseou no laudo do citado profissional, é procedente o argumento da nulidade do processo pela participação do médico em questão?

QUESTÃO 01 – PADRÃO DE RESPOSTA

RASCUNHO – QUESTÕES DISCURSIVAS	
→ **Resposta**	*A) Sim*
	B) Sim
→ **Fundamentação Jurídica**	*A) Art. 51, § 2º da Lei nº 9.784/1999*
	B) Art. 18, II da Lei nº 9.784/1999

A) Sim, porque a Lei nº 9.784/1999 estabelece que a desistência ou renúncia do interessado, conforme o caso, não prejudica o prosseguimento do processo, se a Administração considerar que o interesse público assim o exige (Art. 51, § 2º).

B) Sim, pois a Lei de processo administrativo (Lei nº 9.784/99), ao prever as hipóteses de impedimento do servidor, estabelece ser impedido de atuar em processo administrativo o servidor ou autoridade que tenha participado ou venha a participar como perito (Art. 18, II).

QUESTÃO 02

"A segurança jurídica tem muita relação com a ideia de respeito à boa-fé. Se a Administração adotou determinada interpretação como a correta e a aplicou a casos concretos, não pode depois vir a anular atos anteriores, sob o pretexto de que os mesmos foram praticados com base em errônea interpretação. Se o administrador teve reconhecido determinado direito com base em interpretação adotada em caráter uniforme para toda a Administração, é evidente que a sua boa-fé deve ser respeitada. Se a lei deve respeitar o direito adquirido, o ato jurídico perfeito e a coisa julgada, por respeito ao princípio da segurança jurídica, não é admissível que o administrado tenha seus direitos flutuando ao sabor de interpretações jurídicas variáveis no tempo." (DI PIETRO, 2018).

Considerando o texto apresentado, comente os seguintes itens:

A) Há estabilização dos efeitos dos atos administrativos? Deve-se abordar, necessariamente, se há ou não a convalidação do ato.

B) O prazo para anulação de ato administrativo é aplicável aos casos em que haja comprovação da má-fé?

QUESTÃO 02 – PADRÃO DE RESPOSTA

RASCUNHO – QUESTÕES DISCURSIVAS	
→ **Resposta**	A) Sim
	B) Não
→ **Fundamentação Jurídica**	A) Art. 55, da Lei 9.784/99.
	B) Art. 54, da Lei 9.784/99.

A) Sim. A estabilização dos atos administrativos decorre principalmente dos princípios da confiança, da segurança jurídica e da proteção da boa-fé. Isso ocorre porque alguns atos, ainda que viciados, caso venha a ser considerado nulo trará mais prejuízos do que sua manutenção com os devidos vícios que o comete. Nesse caso, portanto, não há convalidação dos atos, visto que isto ocorre quando os vícios podem ser sanáveis e na estabilização os vícios não são sanáveis, conforme o art. 55, da Lei 9.784.

B) Não. O art. 54, da Lei 9.784/99, ressalva que caso haja demonstração da má-fé, o prazo de 5 anos para anulação do ato administrativo de que decorram efeitos favoráveis aos destinatários não será aplicado, podendo, portanto, Administração Pública anular ainda que haja passado os 5 anos.

QUESTÃO 03

Considere que Mário, habitante do Município Y, no dia 01 de setembro de 2022, trafegava obedecendo às regras de trânsito em uma estrada da cidade às 15 horas quando seu veículo se chocou com um animal de grande porte que estava no meio da pista. Em decorrência do acidente, Mário ficou tetraplégico. Vale destacar que é conhecido do Poder Público a ocorrência de diversos acidentes semelhantes ao relatado, embora ainda não tenha tomado alguma medida para evitar tais situações. Com base nisso, analise os seguintes itens:

A) Está presente a responsabilidade civil do Estado?

B) Qual o prazo prescricional para o ajuizamento da ação de reparação pelos danos sofridos por Mário?

QUESTÃO 03 – PADRÃO DE RESPOSTA

RASCUNHO – QUESTÕES DISCURSIVAS	
→ **Resposta**	A) Sim
	B) ----
→ **Fundamentação Jurídica**	A) Responsabilidade Civil por omissão, Teoria da Responsabilidade Subjetiva.
	B) Art. 1º, do Decreto n. 20.910/32.

A) Sim. A responsabilidade por omissão do Estado está demonstrada, tendo em vista a sua negligência em fiscalizar a rodovia conhecida por diversos acidentes de trânsito. Com isso, verifica-se que a responsabilização do Estado deriva da sua omissão, no que tange ao dever de fiscalizar as estradas e de impedir que animais fiquem soltos em suas imediações e invadam a pista.

Ademais, a doutrina e jurisprudência dominantes reconhecem que, em casos de omissão, aplica-se a Teoria da responsabilidade subjetiva, onde o elemento subjetivo está condicionando o dever de indenizar.

B) O prazo para ajuizamento da ação indenizatória é de cinco anos, conforme o art. 1º, do Decreto n. 20.910/32.

QUESTÃO 04

No Município X, até o ano de 2020, a Empresa de Trânsito e Transporte Urbano, uma sociedade de economia mista, era a responsável pelo exercício do poder de polícia referente à aplicação das multas de trânsito, bem como pela edição de atos de caráter normativo. Ocorre que a partir do ano de 2022, O Município X passou a delegar o poder de polícia e a edição de atos de caráter normativo para a Autarquia Municipal de Trânsito. João, cursando o 8º período do curso de Direito, ao estudar Direito Administrativo, ficou em dúvida se as multas por ele sofridas até o ano de 2020 podiam ser consideradas nulas. A partir desse contexto, comente os seguintes itens:

A) Considerando a divisão da atividade de polícia administrativa (ordem de polícia, consentimento de polícia, fiscalização de polícia e sanção de polícia) e o exercício da delegação deste poder pelo Chefe do Executivo, quais poderiam ser delegados às pessoas jurídicas de direito privado?

B) É legítima a delegação para a edição de atos de caráter normativo às Autarquias?

QUESTÃO 04 - PADRÃO DE RESPOSTA

RASCUNHO - QUESTÕES DISCURSIVAS	
→ **Resposta**	A) Consentimento, fiscalização e multa (se for pessoa jurídica da Administração Indireta)
	B) Não.
→ **Fundamentação Jurídica**	A) Estudo doutrinário e jurisprudencial, acerca da delegação do Poder de Polícia.
	B) Art. 13, I, da Lei n. 9.784/99.

A) Segundo a doutrina e jurisprudência dominante as atividades que envolvem a consecução do poder de polícia podem ser sumariamente divididas em quatro grupos, a saber: legislação (ou ordem de polícia), consentimento, fiscalização e sanção. Nesta senda, é possível delegar aos particulares o consentimento e a fiscalização, a multa, segundo o entendimento do Supremo Tribunal Federal, também pode ser delegada, mas às pessoas jurídicas de direito privado que sejam integrante da Administração Pública indireta de capital majoritariamente público e que prestem exclusivamente serviço público de atuação própria do Estado e em regime não concorrencial. Enquanto os atos referentes à legislação, por serem atos de império, típicos de pessoas jurídicas de direito público, não podem ser delegados às pessoas jurídicas de direito privado.

B) O poder de polícia pode ser delegado às pessoas jurídicas de direito público, como uma autarquia, exceto a competência para legislar em sentido estrito que não pode ser delegada. Assim, há vedação legal quanto à possibilidade de delegação da edição de atos de caráter normativo, conforme o art. 13, I, da Lei n. 9.784/99, independendo se o delegatário é pessoa jurídica de direito público ou privado.

5.8

Treino nº 8

PEÇA PRÁTICO-PROFISSIONAL

O Diretor do Departamento de Recursos Humanos de uma prefeitura municipal encaminhou ao departamento jurídico dessa entidade a seguinte consulta: "Senhor Diretor Jurídico, o servidor Raimundo Nonato da Silva, que trabalha no almoxarifado, na função de almoxarife, solicitou a este Departamento o pagamento de duas horas extraordinárias por dia, tendo em vista a sua jornada de trabalho ser das 9 h às 12 h e das 13 h às 19 h, de segunda a sexta-feira. O servidor foi nomeado, após aprovação em concurso público, para jornada de trabalho de 8 horas/dia. Assim, solicito orientação desse Departamento Jurídico sobre a obrigatoriedade do pagamento das horas extraordinárias solicitadas."

Com base na situação hipotética apresentada e na condição de membro da equipe do departamento jurídico da mencionada prefeitura, redija um parecer jurídico dando a solução à consulta do diretor de recursos humanos.

PEÇA PRÁTICO-PROFISSIONAL - PADRÃO DE RESPOSTA

PARECER

EMENTA: JORNADA DE TRABALHO SUPERIOR A OITO HORAS POR DIA. SERVIÇO EXTRAORDINÁRIO. ADICIONAL À REMUNERAÇÃO.

RELATÓRIO

Foi elaborada consulta jurídica pelo Diretor do Departamento de Recursos Humanos da Prefeitura Municipal a este Departamento Jurídico acerca da seguinte situação.

O servidor Raimundo Nonato da Silva, que trabalha no almoxarifado, na função de almoxarife, solicitou ao Departamento de Recursos Humanos, o pagamento de duas horas extraordinárias por dia, tendo em vista a sua jornada de trabalho ser das 9h às 12h e das 13h às 19h, de segunda a sexta-feira.

O servidor foi nomeado, após aprovação em concurso público, para jornada de trabalho de 8 horas/dia.

Assim, foi questionado se há a obrigatoriedade do pagamento das horas extraordinárias solicitadas.

É o Relatório.

FUNDAMENTAÇÃO

Preliminarmente, o art. 7º, XIII e XVI da CRFB prevê, como direito constitucional do trabalhador, a carga horária de até oito horas por dia ou quarenta e quatro semanais, de modo que, as horas que ultrapassassem esse período, são consideradas como serviço extraordinário, cuja remuneração deve ser superior, no mínimo, em cinquenta por cento à normal.

Já o art. 39, §3º da CRFB prevê que os direitos acima expostos se estendem ao servidor público.

A lei específica sobre o regime jurídico dos servidores públicos federais vislumbra o constante dispositivos constitucionais alhures, conforme se vê no art. 19 da Lei nº 8.112/90, que a carga horária máxima do servidor em oito horas diárias ou quarenta e quatro horas semanais; o art. 61, V da Lei nº 8.112/90, que garante que, além da remuneração, é garantido ao servidor o adicional pela prestação de serviço extraordinário; e o art. 73 da Lei nº 8.112/90, que determina que o acréscimo da hora do serviço extraordinário é de cinquenta por cento da hora normal de trabalho.

O servidor Raimundo Nonato da Silva, na função de almoxarife, foi aprovado em concurso para o cumprimento de oito horas por dia e, está cumprindo jornada de trabalho superior, então, faz jus ao recebimento do adicional de serviço extraordinário.

Ademais, cumpre salientar que, conforme a súmula 207 do STF, o valor a ser pago a título de horas extras deverá incidir a contribuição previdenciária, porém, as horas extras não se incorporam ao salário do servidor.

CONCLUSÃO

Pelo exposto, entende-se pela concessão do adicional de serviço extraordinário, uma vez que o servidor está cumprindo jornada de trabalho superior àquela prevista no concurso que o investiu no cargo.

É o Parecer.

Local, data.
Advogado
OAB nº...

QUESTÃO 01

O proprietário de um terreno passou dois anos sem ir até sua propriedade. Após esse período, ao visitar o local, constata que, em seu terreno, foi construída uma escola municipal que, àquela altura, já se encontra em pleno funcionamento.

Com base no relatado acima, com o emprego dos argumentos jurídicos apropriados e a fundamentação legal pertinente ao caso, responda aos itens a seguir.

A) Indique e conceitue o fato administrativo tratado no caso apresentado.

B) Diante do ocorrido, que medida o proprietário do terreno pode tomar?

QUESTÃO 01 - PADRÃO DE RESPOSTA

RASCUNHO - QUESTÕES DISCURSIVAS	
→ Resposta	A) Desapropriação indireta.
	B) Requerer indenização.
→ Fundamentação Jurídica	A) -
	B) Art. 35, do Decreto Lei n. 3.365/41.

A) O examinando deve identificar a desapropriação indireta como o fato administrativo ocorrido no caso em questão, descrevendo-o como ato da administração pública apropriar-se de um bem privado sem o devido processo legal.

B) Deve também reconhecer a impossibilidade de o proprietário reaver o bem, uma vez que o mesmo já se encontra afetado para a prestação de um serviço público, restando ao proprietário tão somente o ajuizamento de ação pleiteando indenização pelas perdas sofridas, conforme Art. 35, do Decreto Lei n. 3.365/41.

QUESTÃO 02

O governador de determinado Estado da Federação, comprometido com a recuperação do sistema penitenciário estadual, decide lançar edital de licitação para a contratação de uma parceria público-privada tendo por objeto a construção e a gestão de complexo penal, abrangendo a execução de serviços assistenciais (recreação, educação e assistência social e religiosa), de hospedaria e de fornecimento de bens aos presos (alimentação e produtos de higiene). O edital de licitação estima o valor do contrato em R$ 28.000.000,00 (vinte e oito milhões de reais) e estabelece o prazo de quinze anos para a concessão.

Com base nesse cenário, responda aos itens a seguir, empregando os argumentos jurídicos apropriados e a fundamentação legal pertinente ao caso.

A) Analise a juridicidade do projeto à luz do valor estimado do contrato e do prazo de concessão.

B) É juridicamente possível que o contrato de parceria público-privada contemple, além dos serviços descritos no enunciado, a delegação das funções de direção e coerção na esfera prisional?

QUESTÃO 02 – PADRÃO DE RESPOSTA

RASCUNHO - QUESTÕES DISCURSIVAS	
→ **Resposta**	*A) Juridicamente correto.*
	B) Não.
→ **Fundamentação Jurídica**	*A) Arts. 2º, §4º, incisos I e II, OU 5º, I, da Lei 11.079/2004.*
	B) Art. 4º, inciso III, da Lei 11.079/04.

A) À luz do valor estimado do contrato e do prazo de concessão, o projeto é juridicamente correto, atendendo aos requisitos estabelecidos no artigo 2º, §4º, incisos I e II, ou art. 5º, I, da Lei 11.079/2004.

B) Não é possível a delegação das funções de direção e coerção na esfera prisional ao parceiro privado, uma vez que essas são atividades típicas de Estado e, logo, indelegáveis. A própria legislação de regência das PPP's prevê expressamente a indelegabilidade do exercício do poder de polícia e de outras atividades exclusivas de Estado (art. 4º, inciso III, da Lei 11.079/04).

QUESTÃO 03

O prefeito do município "P", conhecido como João do "P", determinou que, em todas as placas de inauguração das novas vias municipais pavimentadas em seu mandato na localidade denominada "E", fosse colocada a seguinte homenagem: "À minha querida e amada comunidade "E", um presente especial e exclusivo do João do "P", o único que sempre agiu em favor de nosso povo!"

O Ministério Público estadual intimou o Prefeito a fim de esclarecer a questão.

Na qualidade de procurador do município, você é consultado pelo Prefeito, que insiste em manter a situação.

Indique o princípio da Administração Pública que foi violado e por que motivo.

QUESTÃO 03 – PADRÃO DE RESPOSTA

RASCUNHO – QUESTÕES DISCURSIVAS	
→ **Resposta**	*Princípio da impessoalidade*
→ **Fundamentação Jurídica**	Art. 37, *caput*, CRFB

Houve a violação ao princípio da impessoalidade, segundo o qual a Administração Pública tem que tratar a todos os administrados sem discriminações, benéficas ou negativas. Dessa forma, não se admite, por força de regra constitucional, nem favoritismos, nem perseguições, sejam políticas, ideológicas ou eleitorais.

A resposta deve considerar que, no caso concreto, a violação ao princípio da impessoalidade decorre do fato de que a publicidade dos atos, programas, obras ou serviços devem ter caráter educativo, informativo ou de orientação social, dela não podendo constar nomes ou quaisquer elementos que caracterizem promoção pessoal de autoridade ou servidor público.

QUESTÃO 04

Caio, Tício e Mévio são servidores públicos federais exemplares, concursados do Ministério dos Transportes há quase dez anos. Certo dia, eles pediram a três colegas de repartição que cobrissem suas ausências, uma vez que sairiam mais cedo do expediente para assistir a uma apresentação de balé.

No dia seguinte, eles foram severamente repreendidos pelo superior imediato, o chefe da seção em que trabalhavam. Nada obstante, nenhuma consequência adveio a Caio e Tício, ao passo que Mévio, que não mantinha boa relação com seu chefe, foi demitido do serviço público, por meio de ato administrativo que apresentou, como fundamentos, reiterada ausência injustificada do servidor, incapacidade para o regular exercício de suas funções e o episódio da ida ao balé.

Na situação hipotética, agiu corretamente o chefe de Caio, Tício e Mévio?

QUESTÃO 04 – PADRÃO DE RESPOSTA

RASCUNHO - QUESTÕES DISCURSIVAS	
→ **Resposta**	Não.
→ **Fundamentação Jurídica**	*Art. 5°, LIV e LV; art. 37, caput; 41, § 1°, todos da CRFB.*

A resposta é negativa, uma vez que foi violado o disposto no art. 41, § 1º, inciso II, da Constituição Federal, uma vez que Mévio foi demitido do Serviço Público sem a abertura de regular processo administrativo.

Assim, não foi assegurado a Mévio o contraditório e a ampla defesa, violando o devido processo legal (art. 5º, LIV e LV, CRFB). Além disso, o ato representa violação aos princípios da isonomia, uma vez que Mévio foi o único dos três servidores penalizados pela ida ao balé, e da impessoalidade (art. 37, *caput*, CRFB), pois Mévio foi alvo de perseguição por seu chefe.

Sendo assim, o ato administrativo em questão está sujeito ao controle da legalidade pelo Judiciário, e que o motivo alegado no ato de demissão é falso, em violação à teoria dos motivos determinantes.

Treino nº 9

PEÇA PRÁTICO-PROFISSIONAL

Creuza Carcará, brasileira, oficial de justiça da justiça federal há 25 anos, pretende se aposentar em seu cargo e requereu a aposentadoria especial. Embasou o pleito de aposentadoria com critérios diferenciados no fato de que suas funções envolvem alta periculosidade.

Argumentou ainda que os servidores da polícia federal gozam de aposentadoria especial com 25 de idade, se mulheres e que tal direito deveria ser estendido à sua categoria.

O pleito foi negado sob a alegação do órgão de não haver lei regulamentando seu direito de aposentadoria especial, razão pela qual deverá seguir os padrões de aposentadoria normais, determinados para todos os servidores públicos federais.

Inconformada, Creuza procura seu escritório de advocacia a fim de propor a ação cabível para defender os seus direitos. Na qualidade de advogado contratado, elabore a minuta da peça judicial cabível.

PEÇA PRÁTICO-PROFISSIONAL – PADRÃO DE RESPOSTA

ESTRUTURAÇÃO DA PEÇA – TREINO Nº 09		
→ Legitimidade Ativa		Creuza Carcará
→ Legitimidade Passiva		União Federal (por ato omissivo do Congresso Nacional)
→ Competência		Supremo Tribunal Federal
→ Pedido	→ Liminar	Não
	→ Principal	Suprimento da omissão legislativa + a concessão da aposentadoria da impetrante
→ Causa de Pedir		Art. 40, §4º, da CRFB

EXCELENTÍSSIMO SENHOR DOUTOR MINISTRO PRESIDENTE DO SUPREMO TRIBUNAL FEDERAL

(10 linhas)

Creuza Carcará, brasileira, estado civil, oficial de justiça federal, RG nº..., CPF nº..., endereço eletrônico, residente e domiciliada na Rua..., vem, pelo seu advogado infrafirmado, com procuração anexa, endereço profissional na Rua..., onde doravante serão encaminhadas todas as intimações do feito, impetrar MANDADO DE INJUNÇÃO contra ato omissivo do Congresso Nacional, e em face da União Federal, pessoa jurídica de direito público interno, CNPJ nº..., com sede na Rua..., endereço eletrônico, pelos fatos e fundamentos expostos a seguir.

DO CABIMENTO

É cabível o presente Mandado de Injunção com fulcro no art. 5º, LXXI, da CRFB e no art. 2º da Lei nº 13.300/2016, por se tratar de omissão de norma regulamentadora que torna inviável o exercício de direito constitucional da Impetrante.

DOS FATOS

A Impetrante, que é oficial de justiça federal há 25 anos, pretende se aposentar em seu cargo e requereu a aposentadoria especial. Embasou o pleito de aposentadoria com critérios diferenciados no fato de que suas funções envolvem alta periculosidade.

Argumentou ainda que os servidores da polícia federal gozam de aposentadoria especial com 25 de idade, se mulheres, e que tal direito deveria ser estendido à sua categoria.

O pleito foi negado sob a alegação do órgão de não haver lei regulamentando seu direito de aposentadoria especial, razão pela qual deverá seguir os padrões de aposentadoria normais, determinados para todos os servidores públicos federais.

DO MÉRITO

Inicialmente, cumpre esclarecer que, conforme o art. 40 da CRFB, os servidores de cargos efetivos da União têm regime de previdência específico, sendo aposentados, entre outras formas, voluntariamente, aos cinquenta e cinco anos, se mulher.

O art. 40, §4º, da CRFB, em que pese vedar a adoção de critérios e requisitos diferentes daqueles previstos nela própria para concessão de aposentadoria, excepciona os casos servidores que exercem atividade de risco, de modo que gozam de regime especial de aposentadoria.

Porém, o dispositivo alhures é uma norma de eficácia limitada, ou seja, depende de edição de lei federal que a regulamente.

No caso em apreço, a Impetrante exerce atividade de risco, visto que é oficial de justiça federal, da Vara Criminal, levando mandados de citação em locais perigosos.

O risco ao qual a Impetrante é exposto, se assemelha àquele que os policiais federais enfrentam no exercício da sua atividade, sendo que estes podem gozar de vosso direito constitucional à aposentadoria especial, pois há norma regulamentadora.

Dessa forma, considerando que a Impetrante está impedida de exercer direito que lhe é garantido por norma constitucional, deve ser suprida a omissão legislativa em questão, para que possa fazê-lo.

DOS PEDIDOS

Pelo exposto, requer:

a) a notificação da Autoridade Coatora, para que preste informações no prazo de lei;

b) a ciência do órgão de representação judicial da Ré para, querendo, ingressar na lide;

c) a procedência do pedido, para que seja suprida a omissão legislativa e seja, então, concedida a aposentadoria da Impetrante;

d) a intimação do ilustríssimo representante do Ministério Público, para atuar como fiscal da lei;

e) a juntada de todos os documentos necessários à comprovação as alegações da Impetrante;

f) a condenação da Ré ao pagamento das custas processuais.

Dá-se à causa o valor de R$....

Nestes termos, pede deferimento.

Local, data.
Advogado
OAB nº...

QUESTÃO 01

Determinada Sociedade de Economia Mista federal, exploradora de atividade econômica, é objeto de controle pelo Tribunal de Contas da União, o qual verifica, em tomada de contas especial, que há editais de licitação da estatal que contêm critérios de julgamento inadequados.

Sobre o caso, empregando os argumentos jurídicos apropriados e a fundamentação legal pertinente, responda aos itens a seguir.

A) Uma sociedade de economia mista que explora atividade econômica pode ser submetida ao controle do Tribunal de Contas?

B) O Tribunal de Contas pode determinar a aplicação de critérios que entenda mais adequados, para o julgamento de licitações?

QUESTÃO 01 - PADRÃO DE RESPOSTA

RASCUNHO - QUESTÕES DISCURSIVAS	
→ Resposta	A) Sim.
	B) Não.
→ Fundamentação Jurídica	A) Art. 71, II, CRFB.
	B) Art. 2º, da CRFB.

A) Sim, é possível o controle das sociedades de economia mista pelo Tribunal de Contas, nos termos do Art. 71, II, da Constituição, já que se trata de uma sociedade instituída pelo Poder Público. O Supremo Tribunal Federal firmou entendimento no sentido de que as sociedades de economia mista sujeitam-se à fiscalização pelos Tribunais de Contas. (STF, MS 25092/DF, RE 356209 AgR/GO, MS 26117/DF, dentre outros).

B) Não, pois estaria substituindo a vontade do administrador em seu campo discricionário, em violação ao princípio da separação dos Poderes (Art. 2º, da CRFB). Tal situação é excepcionada, nos termos da jurisprudência do STF (RE 547063), quando há fundado receio de irregularidade na licitação, como ocorre, por exemplo, quando há critério de julgamento manifestamente irrazoável, com suspeita de direcionamento do resultado do certame.

QUESTÃO 02

João prestou com sucesso concurso público para uma empresa pública federal e para uma autarquia estadual. Em ambos os casos, entretanto, o concurso público destinava-se à formação de cadastro de reserva, até porque, tanto na autarquia quanto na empresa pública, os quadros de pessoal estão completos.

Diante do caso exposto, empregando os argumentos jurídicos apropriados e a fundamentação legal pertinente, responda aos itens a seguir.

A) Para a criação de novas vagas naqueles entes (empresa pública e autarquia), é necessária a edição de lei ou é admitida a criação por outras formas, indistintamente?

B) O cargo e o emprego pretendidos por João estão alcançados pelo teto remuneratório constitucional?

QUESTÃO 02 – PADRÃO DE RESPOSTA

RASCUNHO - QUESTÕES DISCURSIVAS	
→ **Resposta**	A1) Não A2) Sim
	B) Não.
→ **Fundamentação Jurídica**	A) 61, § 1º, II, "a" da CRFB.
	B) 37, XI, da CRFB + 37, § 9º, da CRFB.

A.1) Em relação ao emprego público na empresa pública federal, não é necessária a edição de lei, pois as entidades de direito privado da Administração Indireta estão excluídas da dicção daquele dispositivo constitucional.

A.2) Em relação ao cargo público na autarquia estadual, é necessária a edição de lei de iniciativa do Chefe do Poder Executivo, conforme interpretação do artigo 61, § 1º, II, "a" da CRFB, aplicável aos Estados pelo princípio da simetria.

B.1) O cargo público na autarquia estadual submete-se ao teto remuneratório constitucional, na forma do artigo 37, XI, da CRFB.

B.2) O emprego na empresa pública federal somente se submete ao teto remuneratório previsto no artigo 37, XI, da CRFB, se a entidade receber recursos da União para pagamento de despesas de pessoal ou de custeio em geral, na forma do artigo 37, § 9º, da CRFB.

QUESTÃO 03

O prefeito do município "X", ao tomar posse, descobriu que diversos servidores públicos vinham recebendo de boa-fé, há mais de dez anos, verbas remuneratórias ilegais e indevidas. Diante de tal situação, o prefeito, após oportunizar o contraditório e a ampla defesa aos servidores, pretende anular o ato concessivo do referido benefício.

Antes, porém, resolve consultar seu assessor jurídico, formulando algumas indagações.

Responda aos itens a seguir, utilizando os argumentos jurídicos apropriados e a fundamentação legal pertinente ao caso.

A) É juridicamente correta a pretensão do prefeito, considerando, hipoteticamente, não existir no município legislação disciplinadora do processo administrativo?

B) Diante da ausência de legislação local, poder-se-ia aplicar à hipótese a Lei Federal n. 9.784/99, que regula o processo administrativo no âmbito federal?

QUESTÃO 03 – PADRÃO DE RESPOSTA

RASCUNHO – QUESTÕES DISCURSIVAS	
Resposta	A) Sim.
	B) Sim.
Fundamentação Jurídica	A) Súmulas 346 e 473 do STF + Súmula 106 do TCU.
	B) Art. 54 da Lei n. 9.784/99.

A) Sim, à luz do princípio da legalidade e o poder-dever de autotutela, segundo o qual o administrador público não pode e não deve compactuar com a manutenção de ilegalidades na Administração Pública e, por isso, tem o poder-dever de anular o ato (Súmulas 346 e 473 do STF).

Todavia, considerando o tempo decorrido e a ausência de marco temporal previsto em lei local, dever-se-ia aplicar, *in casu*, do princípio da segurança jurídica, que, tendo em conta a boa-fé dos servidores e o recebimento do benefício financeiro há mais de dez anos, sugere manutenção das verbas em favor dos beneficiários, porquanto já incorporadas ao seu patrimônio. (TCU, enunciado nº 106).

B) Sim. No caso específico, é possível extrair da Lei n. 9.784/99 a regra do artigo 54, que estabelece o prazo de cinco anos para a Administração Pública anular seus próprios atos, quando deles derivar direito a terceiros, desde que estes estejam de boa-fé.

O STJ tem entendimento de que, em nome do princípio da segurança jurídica, na ausência de lei local sobre processo administrativo, Estados e Municípios devem aplicar a Lei n. 9.784/99, pois, se não houvesse regra expressa na legislação local para o exercício da autotutela, essa ausência, por si só, não pode autorizar o entendimento da inexistência de prazo decadencial para anulação de ato administrativo que produza efeitos patrimoniais favoráveis a beneficiários de boa-fé, sob pena de violação ao princípio da segurança jurídica.

QUESTÃO 04

Natanael Silva ajuizou ação de manutenção de posse contra a União Federal, na qual sustenta que, há mais de vinte anos, detém a posse de determinado terreno, onde edificou casa e plantou um laranjal, do qual retira o seu sustento. Informa que, há um mês, foi intimado pelo órgão de fiscalização para desocupar a área no prazo de sessenta dias, ao argumento de que a terra pertenceria à União. Natanael, argumentando posse velha, invoca, na referida ação, o seu direito constitucional à moradia e ao trabalho, com base no artigo 6.º da Constituição Federal. Sustenta, ainda, abuso de poder, ao argumento que o interesse da União é apenas econômico, dada a valorização da área, que se tornou central, em face do crescimento da cidade.

Alega, ainda, o autor ter direito de retenção do imóvel, até que sejam indenizadas as benfeitorias que ali construiu e requer que, na fase própria do processo, lhe seja reconhecido o direito à penhora do mesmo imóvel, como forma de garantir o pagamento da indenização pleiteada.

Requer, também, a liminar para mantê-lo na posse e informa que, tão logo reúna testemunhas, ajuizará a competente ação de usucapião especial urbana, prevista no artigo 183 da CF.

Com base na situação hipotética apresentada, responda:

A) Há posse pelo particular em relação ao terreno?

B) É possível penhorar o imóvel descrito para garantir o pagamento de eventual crédito contra a União?

QUESTÃO 04 - PADRÃO DE RESPOSTA

RASCUNHO - QUESTÕES DISCURSIVAS	
→ **Resposta**	A) Não.
	B) Não.
→ **Fundamentação Jurídica**	A) Art. 182, §3º da CRFB e art. 102 do Código Civil + Súmula 619, TCU.
	B) Art. 100, CRFB.

A) A resposta é negativa, haja vista que, além imprescritível, isto é, impossibilidade de ser usucapido, conforme art. 182, §3º da CRFB e art. 102 do Código Civil, o bem público não pode ser objeto de posse em caso de ocupações indevidas, sendo, na verdade, mera detenção, conforme entendimento sedimentado do STJ, transformado na súmula nº 619.

B) A resposta é negativa. Os bens públicos são, por excelência, impenhoráveis, em decorrência do princípio da supremacia do interesse público sobre o privado, uma vez que seria incompatível a perda da propriedade de um bem público para satisfazer interesse pessoal. Por isso, conforme o art. 100, CRFB, as dívidas estatais são pagas através do regime de precatórios.

Treino nº 10

PEÇA PRÁTICO-PROFISSIONAL

Raimundo Cosme, ao tomar posse em cargo público estadual, na cidade de Jurubeba, no Estado X, requereu certidão de tempo de contribuição no INSS, para fins de averbação no órgão público, com a intenção de aproveitar seus 10 anos de atividade privada em sua aposentadoria no regime próprio de previdência social.

Ocorre que, ao receber a certidão pôde verificar que constavam somente 5 anos de contribuição, não tendo sido computados os últimos 5 anos, em que trabalhou para uma empresa de computação. Sendo assim, Raimundo pleiteou administrativamente a retificação do registro, anexando todos os documentos que comprovam o erro da informação. Ocorre que, o requerimento foi feito há 30 dias e, até então, não houve qualquer manifestação do órgão público acerca do pleito.

Inconformado, Raimundo procura seu escritório de advocacia a fim de propor a ação cabível para defender os seus direitos. Na qualidade de advogado contratado, elabore a minuta da peça judicial cabível.

PEÇA PRÁTICO-PROFISSIONAL

ESTRUTURAÇÃO DA PEÇA - TREINO Nº 10		
→ **Legitimidade Ativa**		Raimundo Cosme
→ **Legitimidade Passiva**		Autoridade Coatora: Superintendente do INSS Ré: INSS
→ **Competência**		Juiz Federal
→ **Pedido**	→ **Liminar**	Não
	→ **Principal**	Retificação das informações do Impetrante em registro público federal
→ **Causa de Pedir**		Súmula n.02 do STJ + art. 8º, II da Lei nº 9.507/97 + o art. 5º, XXXIII e XIV, CRFB + art. 7º, IV, da Lei nº 12.527/11 + o art. 37, caput, da CRFB

EXCELENTÍSSIMO SENHOR DOUTOR JUIZ FEDERAL DA __ VARA DA SEÇÃO JUDICIÁRIA DO ESTADO X.

(10 linhas)

Raimundo Cosme, nacionalidade, estado civil, servidor público estadual, RG nº..., CPF nº..., endereço eletrônico, residente e domiciliado na Rua..., vem, pelo seu advogado infrafirmado, com procuração anexa, endereço profissional na Rua..., onde doravante serão encaminhadas todas as intimações do feito, impetrar HABEAS DATA contra ato omissivo do Superintendente do Instituto Nacional do Seguro Social, e em face do INSS, pessoa jurídica de direito público interno, CNPJ nº..., com sede na Rua..., endereço eletrônico, pelos fatos e fundamentos expostos a seguir.

DO CABIMENTO

É cabível o presente Habeas Data com fulcro no art. 5º, LXXII, *b*, da CRFB e no art. 7º, II da Lei nº 9507/92, por se tratar de recusa a retificação de informações do Impetrante em registro público.

DOS FATOS

O Impetrante, ao tomar posse em cargo público estadual, na cidade de Jurubeba, no Estado X, requereu certidão de tempo de contribuição no INSS, para fins de averbação no órgão público, com a intenção de aproveitar seus 10 anos de atividade privada em sua aposentadoria no regime próprio de previdência social.

Ocorre que, ao receber a certidão pôde verificar que constavam somente 5 anos de contribuição, não tendo sido computados os últimos 5 anos, em que trabalhou para uma empresa de computação.

Sendo assim, o Impetrante pleiteou administrativamente a retificação do registro, anexando todos os documentos que comprovam o erro da informação.

Ocorre que, o requerimento foi feito há 30 dias e, até então, não houve qualquer manifestação do órgão público acerca do pleito.

DO MÉRITO

Inicialmente, a súmula n.02 do Supremo Tribunal de Justiça, exige, como requisito material para possibilidade de impetração do *Habeas Data*, a recusa do órgão público em retificar as informações pessoais do requerente.

O art. 8º, II da Lei nº 9.507/97 prevê a chamada recusa tácita, que aquela hipótese em que, após a solicitação de retificação das informações em registro público, a administração fica silente em prazo superior a quinze dias.

No caso em tela, operou-se a recusa tácita, haja vista que o Impetrante pleiteou administrativamente a retificação do registro, anexando todos os documentos que comprovam o erro da informação, há 30 dias, e, até o presente momento, encontra-se sem resposta da autarquia federal.

Ademais, o art. 5º, XXXIII e XIV, CRFB, prevê que a administração pública deve assegurar a todos o direito à informação, dando-o o *status* de garantia constitucional.

O art. 7º, IV, da Lei nº 12.527/11 prevê que se inclui no rol do direito ao acesso à informação, a atualização desta.

Sendo assim, a situação em epígrafe houve violação ao direito à informação, haja vista que houve a recusa na atualização desta junto a órgão público.

Outrossim, o art. 37, *caput*, da CRFB, dispõe que a atuação da administração deve respeitar, entre outros, ao princípio da publicidade.

Com efeito, a atividade pública deve ser transparente, não sendo admitida a prática de atos sigilosos, salvo nas excepcionais hipóteses legais.

No caso em apreço, o ente estatal está se negando a publicidade às informações previdenciárias do servidor, que é registro de caráter público e não sigiloso. Portanto é ilícita a conduta da Autoridade Coatora.

Dessa forma, considerando que o Impetrante está impedido de exercer direito que lhe é garantido por norma constitucional, deve lhe ser concedida a possibilidade de retificar suas informações em banco de dados público federal.

DOS PEDIDOS

Pelo exposto, requer:

a) a notificação da Autoridade Coatora, para que preste informações no prazo de lei;
b) a ciência do órgão de representação judicial da Ré para, querendo, ingressar na lide;
c) a procedência do pedido, para que sejam retificadas as informações do Impetrante em registro público federal;
d) a intimação do ilustríssimo representante do Ministério Público, para atuar como fiscal da lei;
e) a juntada de todos os documentos necessários à comprovação as alegações e direitos do Impetrante;
f) a tramitação prioritária, nos moldes do art. 19 da Lei nº 9.507/97.

Dá-se à causa o valor de R$....

Nestes termos, pede deferimento.

Jurubeba, data.
Advogado
OAB nº...

QUESTÃO 01

A União pretende delegar à iniciativa privada, mediante licitação, poderes de polícia administrativa na fiscalização de portos e aeroportos nacionais, compreendendo a edição de normas básicas, a fiscalização de passageiros e de mercadorias e a aplicação de sanções.

Para tanto, formatou um modelo a partir do qual o vencedor do certame será definido pelo menor valor cobrado da Administração Pública para a prestação do serviço de fiscalização.

A respeito da situação apresentada, responda, fundamentadamente, aos itens a seguir.

A) É possível a delegação, nesse caso?

B) É possível a delegação a uma autarquia criada para essa finalidade?

QUESTÃO 01 - PADRÃO DE RESPOSTA

RASCUNHO - QUESTÕES DISCURSIVAS	
→ **Resposta**	A) Não.
	B) Sim.
→ **Fundamentação Jurídica**	A) *Poder de polícia.*
	B) *Supremacia do interesse público.*

A) Não é possível a delegação, no caso proposto, pois é entendimento corrente que o poder de polícia só pode ser delegado a pessoas jurídicas de direito público, e não a pessoas jurídicas de direito privado.

Admite-se a delegação de atos meramente preparatórios ao exercício do poder de polícia, mas não as funções de legislação e aplicação de sanção.

B) Por se tratar de pessoa jurídica de direito público, dotada do *ius imperii* estatal, é possível a outorga do poder de polícia a autarquia.

QUESTÃO 02

Ana Amélia, professora dos quadros da Secretaria de Educação de determinado Estado, ao completar sessenta e dois anos de idade e vinte e cinco anos de tempo de contribuição, formulou requerimento de aposentadoria especial. O pleito foi deferido, tendo sido o ato de aposentadoria publicado no Diário Oficial em abril de 2008. Em agosto de 2010, Ana Amélia recebeu notificação do órgão de recursos humanos da Secretaria de Estado de Educação, dando-lhe ciência de questionamento formulado pelo Tribunal de Contas do Estado em relação à sua aposentadoria especial. Ficou constatado que a ex-servidora exerceu, por quinze anos, o cargo em comissão de Assessora Executiva da Secretaria de Estado de Administração, tendo sido tal período computado para fins de aposentadoria especial.

Considerando a situação hipotética apresentada, responda aos itens a seguir, empregando os argumentos jurídicos apropriados e a fundamentação legal pertinente ao caso.

A) Indique o fundamento para a atuação do Tribunal de Contas do Estado, informando se o ato de aposentadoria já se encontra aperfeiçoado.

B) Analise se o questionamento formulado pelo órgão de controle se encontra correto.

A simples menção ou transcrição do dispositivo legal não pontua.

QUESTÃO 02 - PADRÃO DE RESPOSTA

RASCUNHO - QUESTÕES DISCURSIVAS	
→ Resposta	A) -
	B) Sim.
→ Fundamentação Jurídica	A) Artigo 71, inciso III, da CRFB.
	B) Artigo 40, §5º, CRFB + Súmula 276, STF.

A) Nos termos do artigo 71, inciso III, da CRFB, compete ao TCU – e, por simetria, aos Tribunais de Contas dos Estados – apreciar, para fins de registro, a legalidade dos atos de concessão de aposentadoria. De acordo com os precedentes do STF, os atos de aposentadoria são considerados atos complexos, que somente se aperfeiçoam com o registro na Corte de Contas respectiva.

B) O questionamento formulado pelo órgão de controle encontra-se correto, pois o exercício de função administrativa, estranha ao magistério – como é o caso de cargo em comissão de assessora executiva na Secretaria de Administração –, não pode ser considerado para fins de aposentadoria especial de professores. A norma do artigo 40, §5º, CRFB, ao disciplinar a matéria, exige efetivo exercício das funções de magistério e o tema veio a ser objeto de súmula do STF (em 726).

QUESTÃO 03

João, servidor público federal, ocupante do cargo de agente administrativo, foi aprovado em concurso público para emprego de técnico de informática, em sociedade de economia mista do Estado X. Além disso, João recebeu um convite de emprego para prestar serviços de manutenção de computadores na empresa de Alfredo.

Com base no exposto, responda, fundamentadamente, aos itens a seguir.

A) É possível a cumulação do cargo técnico na Administração Federal com o emprego em sociedade de economia mista estadual? E com o emprego na iniciativa privada?

B) Caso João se aposente do cargo que ocupa na Administração Pública federal, poderá cumular a remuneração do emprego na empresa de Alfredo com os proventos de aposentadoria decorrentes do cargo de agente administrativo?

QUESTÃO 03 - PADRÃO DE RESPOSTA

RASCUNHO - QUESTÕES DISCURSIVAS	
→ **Resposta**	A1) Não. A2) Sim.
	B) Sim.
→ **Fundamentação Jurídica**	A) Art. 37, XVII, CRFB + Art. 118, § 1º, da Lei nº 8.112/1990.
	B) Arts. 37, § 10; 40; 42 e 142, todos da CRFB.

A1) Não é possível a cumulação do cargo público com o emprego na sociedade de economia mista estadual, na forma do Art. 37, XVII, da Constituição da República, bem como do Art. 118, § 1º, da Lei nº 8.112/1990.

A2) É possível a cumulação com emprego na iniciativa privada, uma vez que não há qualquer vedação, constitucional ou legal, ao exercício de atividade remunerada (não comercial) junto à iniciativa privada (no caso, como prestador de serviços de manutenção de computadores), desde que não haja incompatibilidade de horários prejudicial ao serviço público.

B) É possível a cumulação, pois, conforme o Art. 37, § 10, da Constituição, só é vedada a percepção simultânea de proventos de aposentadoria decorrentes do Art. 40 ou dos artigos 42 e 142 com a remuneração de cargo, emprego ou função pública.

QUESTÃO 04

José possuía uma grande propriedade rural, utilizada para o cultivo de milho e soja. Após seu falecimento, ocorrido em 2001, suas duas filhas, as únicas herdeiras, decidiram interromper o plantio dos grãos, tornando a propriedade improdutiva.

Em 2017, a União declarou a área como de interesse social para fins de reforma agrária. Após um processo judicial de rito sumário, o juiz fixou o valor da indenização devido às filhas de José. Na ocasião, identificou-se a ausência de benfeitorias no terreno desapropriado. Após o pagamento pela União do valor fixado na sentença, Ronaldo foi beneficiado pela desapropriação, passando a ser proprietário de uma pequena fração do terreno.

Sobre a hipótese apresentada, responda aos itens a seguir.

A) O valor da indenização devido às filhas de José foi pago em dinheiro?

B) Ronaldo, dois anos após ser beneficiado pela desapropriação, pode vender o terreno recebido a terceiros?

QUESTÃO 04 - PADRÃO DE RESPOSTA

RASCUNHO - QUESTÕES DISCURSIVAS	
→ **Resposta**	A) Não.
	B) Não.
→ **Fundamentação Jurídica**	A) Art. 184 da CRFB/88.
	B) Art. 189 da CRFB/88.

A) Não, o valor da indenização devido às filhas de José não foi pago em dinheiro, mas em títulos da dívida agrária, nos termos do Art. 184 da CRFB/88.

B) Não, Ronaldo não pode vender o terreno dois anos depois de ser beneficiado pela desapropriação, uma vez que os imóveis recebidos na reforma agrária são inegociáveis por dez anos, nos termos do Art. 189 da CRFB/88.

Treino nº 11

PEÇA PRÁTICO-PROFISSIONAL

O Governador do Estado Y, premido da necessidade de reduzir a folha de pagamentos do funcionalismo público estadual, determinou que o teto remuneratório dos Defensores Públicos admitidos após a Emenda Constitucional n. 41/2003 fosse limitado ao valor correspondente ao subsídio mensal do Governador, ao entendimento de que aquele órgão integra a estrutura do Poder Executivo estadual.

Com a implementação da medida, os Defensores Públicos do Estado, irresignados com a redução do seu teto remuneratório, levam a questão à Associação Nacional dos Defensores Públicos Estaduais, legalmente constituída e em funcionamento há pouco mais de dois anos, e esta contrata os seus serviços advocatícios para impetrar mandado de segurança coletivo em face do ato do Governador.

A decisão proferida pelo Tribunal de Justiça local, observando a competência originária constante do seu código de organização e divisão judiciária, diante da autoridade coatora – governador do Estado – deu por extinto o processo, sem resolução do mérito, sob os argumentos de que a associação não preenche o requisito de três anos de constituição, não demonstrou a autorização dos associados em assembleia geral para a propositura da demanda e não poderia representar os associados em demanda que veicule interesse apenas de uma parte da categoria, uma vez que os Defensores atingidos pela medida, isto é, aqueles admitidos após a Emenda Constitucional n. 41/2003, os mais novos na carreira, ainda não foram promovidos e sequer recebem sua remuneração em valores próximos ao subsídio mensal do Governador.

Ciente de que este acórdão contendo a unanimidade de votos dos desembargadores que participaram do julgamento, já foi objeto de Embargos de Declaração, que foram conhecidos, mas não providos, e que a publicação dessa última decisão se deu na data de hoje, redija a peça processual adequada com seus fundamentos.

PEÇA PRÁTICO-PROFISSIONAL

ESTRUTURAÇÃO DA INICIAL

→ Legitimidade Ativa		Associação Nacional dos Defensores Públicos Estaduais
→ Legitimidade Passiva		Autoridade Coatora: Governador do Estado Y Ré: Estado Y
→ Competência		Tribunal de Justiça do Estado Y
→ Pedido	→ Liminar	Não
	→ Principal	Anulação do ato que determinou que o teto remuneratório dos Defensores Públicos admitidos após a Emenda Constitucional n. 41/2003 fosse limitado ao valor correspondente ao subsídio mensal do Governador
→ Causa de Pedir		Art. 37, XI da CRFB

ESTRUTURAÇÃO DO RECURSO

→ Recorrente		Associação Nacional dos Defensores Públicos Estaduais
→ Recorrido		Estado Y
→ Competência		A quo: Tribunal de Justiça do Estado Y Ad quem: STJ
→ Pedido	→ Efeito Suspensivo?	Não
	→ Principal	Reforma da decisão, determinando-se a anulação do ato que limitou o teto remuneratório dos Defensores admitidos após a Emenda Constitucional n. 41/2003
→ Causa de Pedir		Art. 5º, LXX, b + súmulas n. 269 e 630 STF + art. 37, XI da CRFB + art. 1013, §3º, NCPC.

EXCELENTÍSSIMO SENHOR DOUTOR DESEMBARGADOR PRESIDENTE DO TRIBUNAL DE JUSTIÇA DO ESTADO Y.

(10 linhas)

A Associação Nacional dos Defensores Públicos Estaduais, pessoa jurídica de direito privado, CNPJ nº..., endereço eletrônico, com sede na Rua..., nos autos do processo nº..., em que litiga com o Estado Y, já previamente qualificado, vem, pelo seu advogado infrafirmado, com procuração anexa, endereço profissional na Rua..., onde doravante serão encaminhadas todas as intimações do feito, interpor RECURSO ORDINÁRIO em face do acórdão proferido nos autos, requerendo a sua remessa para o Superior Tribunal de Justiça, competente para o seu julgamento.

Nestes termos, pede deferimento.

Local, data.
Advogado
OAB nº

(quebra de página)

EGRÉGIO SUPERIOR TRIBUNAL DE JUSTIÇA

Recorrente: Associação Nacional dos Defensores Públicos Estaduais

Recorrido: Estado Y

Processo nº: ...

DAS RAZÕES DO RECURSO

DO CABIMENTO

É cabível o presente Recurso Ordinário, com fulcro no art. 102, II, *a*, da CRFB e no art. 1027 do NCPC, por se tratar de impugnação a acórdão que denegou extinguiu o feito sem resolução de mérito.

DOS FATOS

O Governador do Estado Y, premido da necessidade de reduzir a folha de pagamentos do funcionalismo público estadual, determinou que o teto remuneratório dos Defensores Públicos admitidos após a Emenda Constitucional n. 41/2003 fosse limitado ao valor correspondente ao subsídio mensal do Governador, ao entendimento de que aquele órgão integra a estrutura do Poder Executivo estadual.

Com a implementação da medida, os Defensores Públicos do Estado, irresignados com a redução do seu teto remuneratório, levaram a questão à Associação Nacional dos Defensores Públicos Estaduais, legalmente constituída e em funcionamento há pouco mais de dois anos, a qual impetrou mandado de segurança coletivo em face do ato do Governador.

A decisão proferida pelo Tribunal de Justiça local, diante da autoridade coatora, deu por extinto o processo, sem resolução do mérito, sob os argumentos de que a associação não preenche o requisito de três anos de constituição, não demonstrou a autorização dos associados em assembleia geral para a propositura da demanda e não poderia representar os associados em demanda que veicule interesse apenas de uma parte da categoria, uma vez que os Defensores atingidos pela medida, isto é, aqueles admitidos após a Emenda Constitucional n. 41/2003, os mais novos na carreira, ainda não foram promovidos e sequer recebem sua remuneração em valores próximos ao subsídio mensal do Governador.

DO MÉRITO

Inicialmente, o art. 5º, LXX, *b*, CRFB, exige, como requisito para impetração de Mandado de Segurança Coletivo, que a associação que deseje figurar no polo ativo, tenha se constituído e esteja em funcionamento há mais de um ano.

No caso em tela, o Tribunal, em primeira instância, extinguiu o feito sem a resolução de mérito sob a fundamentação de que a Recorrente não gozava de legitimidade ativa para impetração do Mandado de Segurança Coletivo, uma vez que não estava constituída e em funcionamento há mais de três anos.

Dessa forma, a fundamentação do acórdão impugnado não tem lugar, haja vista que o requisito, como visto, para que haja a legitimidade ora discutida, é a constituição e funcionamento há mais de um ano, e não três, como proferido na decisão.

Ademais, conforme preleciona o enunciado nº 629 do Supremo Tribunal Federal, para que seja impetrado Mandado de Segurança Coletivo, não se faz necessária a autorização dos associados.

Sendo assim, está equivocado o juízo a quo, que extinguiu o feito sem resolução de mérito sob a justificativa de que a Recorrente não apresentou, quando da propositura da ação, não demonstrou a autorização de todos os associados. Portanto, a decisão merece reforma.

Cumpre, também, esclarecer que, conforme o enunciado da súmula 630 do Supremo Tribunal Federal, a entidade de classe tem legitimação para Mandado de Segurança, ainda quando a pretensão veiculada interesse apenas a uma parte da respectiva categoria. Assim, a fundamentação do juízo de primeira instância não tem amparo jurídico.

Outrossim, o art. 37, XI da CRFB, estabelece que o teto remuneratório dos Defensores Públicos é aquele referente ao valor do subsídio mensal do Ministro do Supremo Tribunal Federal, e não do chefe do Executivo da fazenda que o remunera.

Assim, o acórdão impugnado viola, frontalmente, o disposto no dispositivo supramencionado.

Ainda, houve a violação ao princípio da isonomia, uma vez que, sem qualquer critério legítimo, foi operada uma discriminação no tratamento jurídico conferido aos Defensores, aplicando-se, aos mais novos na carreira, um tratamento diferente, no aspecto remuneratório, daquele conferido aos demais Membros.

Ressalta-se que, à luz da teoria da causa madura, no art. 1013, §3º do NCPC, por não haver necessidade de dilação probatória, deve, este juízo, conhecer do mérito do recurso.

Por fim, merece reforma o acórdão ora impugnado, uma vez que sua fundamentação está completamente eivada de ilegalidades.

DOS PEDIDOS

Pelo exposto, requer:

a) que seja o presente recurso conhecido e provido, determinando-se a reforma da decisão, para que seja proferida nova decisão, com a anulação do ato que determinou que o teto remuneratório dos Defensores Públicos admitidos após a Emenda Constitucional n. 41/2003 fosse limitado ao valor correspondente ao subsídio mensal do Governador;

b) a juntada de comprovação do preparo;

c) a condenação do recorrido ao pagamento das custas processuais.

Nestes termos, pede deferimento.

Local, data.
Advogado
OAB nº...

QUESTÃO 01

O Presidente da República, inconformado com o número de servidores públicos na área da saúde que responde a processo administrativo disciplinar, resolve colocar tais servidores em disponibilidade e, para tanto, edita decreto extinguindo os respectivos cargos.

Considerando a hipótese apresentada, empregando os argumentos jurídicos apropriados e a fundamentação legal pertinente ao caso, responda aos itens a seguir.

A) A extinção de cargos públicos, por meio de decreto, está juridicamente correta? Justifique.

B) É juridicamente correta a decisão do Presidente da República de colocar os servidores em disponibilidade?

C) Durante a disponibilidade, os servidores públicos percebem remuneração?

A simples menção ou transcrição do dispositivo legal não pontua.

QUESTÃO 01 - PADRÃO DE RESPOSTA

RASCUNHO - QUESTÕES DISCURSIVAS	
→ **Resposta**	A) Não.
	B) Não.
	C) Sim.
→ **Fundamentação Jurídica**	A) Art. 84, inciso VI, "b", CRFB.
	B) A disponibilidade não tem por finalidade sancionar disciplinarmente servidores públicos.
	C) Art. 41, §3º, da CRFB.

A) A resposta é negativa. Trata-se de matéria a ser disciplinada por lei, na forma do Art. 48, inciso X, da CRFB.

Espera-se que o aluno desenvolva o tema registrando que seria possível a extinção de cargos públicos por Decreto apenas se estivessem vagos. (Art. 84, inciso VI, "b", CRFB).

B) A opção é inconstitucional, pois o Chefe do Executivo utiliza o instituto da disponibilidade com desvio de finalidade. O examinando deve deixar claro que a disponibilidade não tem por finalidade sancionar disciplinarmente servidores públicos.

C) A remuneração será proporcional ao tempo de serviço (Art. 41, §3º, da CRFB).

QUESTÃO 02

Na Rodovia BR-242, no Estado de Mato Grosso, há uma ponte sobre o Rio Água Limpa. Ocorre que, após fortes chuvas, a ponte teve a sua estrutura parcialmente rachada, podendo desmoronar a qualquer momento.

A autoridade competente, então, ao analisar a situação com engenheiros do órgão, constatou que a reforma da ponte poderia ser realizada em um período de cento e vinte dias.

Sabendo dessa situação, qual deve ser a medida adotada pela autoridade?

QUESTÃO 02 - PADRÃO DE RESPOSTA

RASCUNHO - QUESTÕES DISCURSIVAS	
→ **Resposta**	*Dispensa de Licitação.*
→ **Fundamentação Jurídica**	*Art. 75, VIII, da Lei 14.133.*

A medida que deve ser adotada pela autoridade é a dispensa de licitação, com fulcro no art. 75, VIII, da Lei 14.133/21, fundamentando-se no fato de que se trata de um caso de emergência, que, se não for sanada, além de poder gerar um maior prejuízo econômico para a Administração que, ao invés de realizar uma reforma na ponte, poderia ter que refazê-la, compromete a segurança de pessoas que utilizam o trajeto diariamente, como os caminhoneiros, motoristas de ônibus e passageiros.

QUESTÃO 03

O Estado "Y", mediante decreto, declarou como de utilidade pública, para fins de instituição de servidão administrativa, em favor da concessionária de serviço público "W", imóveis rurais necessários à construção de dutos subterrâneos para passagem de fios de transmissão de energia.

A concessionária "W", de forma extrajudicial, conseguiu fazer acordo com diversos proprietários das áreas declaradas de utilidade pública, dentre eles, Caio, pagando o valor da indenização pela instituição da servidão por meio de contrato privado.

Entretanto, após o pagamento da indenização a Caio, este não permitiu a entrada da concessionária "W" no imóvel para construção do duto subterrâneo, descumprindo o contrato firmado, o que levou a concessionária "W" a ingressar judicialmente com ação de instituição de servidão administrativa em face de Caio.

Levando em consideração a hipótese apresentada, responda, de forma justificada, aos itens a seguir.

A) É possível a instituição de servidão administrativa pela via judicial?

B) Um concessionário de serviço público pode declarar um bem como de utilidade pública e executar os atos materiais necessários à instituição da servidão?

QUESTÃO 03 - PADRÃO DE RESPOSTA

RASCUNHO - QUESTÕES DISCURSIVAS	
→ **Resposta**	A) Sim.
	B1) Não. B2) Sim.
→ **Fundamentação Jurídica**	A) Art. 40, do Decreto Lei n. 3.365/41.
	B) Art. 3º, do Decreto Lei n. 3.365/41, c/c o Art. 29, Inciso VIII, da Lei n. 8.987/95.

A) A resposta deve ser positiva. O fundamento legal genérico do instituto da servidão é o Art. 40, do Decreto Lei n. 3.365/41. Assim, às servidões se aplicam as regras de desapropriação presentes no Decreto-Lei em referência, dentre as quais a possibilidade de instituição pela via judicial.

B1) Os concessionários não podem declarar um bem como de utilidade pública, mas, de acordo com o Art. 3º, do Decreto Lei n. 3.365/41, c/c o Art. 29, Inciso VIII, da Lei n. 8.987/95.

B2) Sim, os concessionários de serviços públicos podem executar/promover a instituição de servidão administrativa, caso sejam autorizados por contrato.

QUESTÃO 04

Os municípios "X", "Y" e "Z", necessitando estabelecer uma efetiva fiscalização sanitária das atividades desenvolvidas por particulares em uma feira de produtos agrícolas realizada na interseção territorial dos referidos entes, resolvem celebrar um consórcio público, com a criação de uma associação pública. A referida associação, de modo a atuar com eficiência no seu mister, resolve delegar à Empresa ABCD a instalação e operação de sistema de câmeras e monitoramento da entrada e saída dos produtos.

Diante da situação acima apresentada, responda aos itens a seguir.

A) Pode a associação pública aplicar multas e demais sanções pelo descumprimento das normas sanitárias estabelecidas pelos referidos entes "X", "Y" e "Z"?

B) É possível que a referida associação pública realize a delegação prevista para a empresa ABCD?

QUESTÃO 04 - PADRÃO DE RESPOSTA

RASCUNHO - QUESTÕES DISCURSIVAS	
→ **Resposta**	A) Sim.
	B) Sim.
→ **Fundamentação Jurídica**	A) Art. 1º, § 1º, da Lei n. 11.107/2005 c/c Art. 41 do Código Civil.
	B) Art. 4º, XI, c, da Lei n. 11.107/2005.

A) A resposta é afirmativa, pois a associação pública criada por meio de consórcio público, conforme Art. 1º, § 1º, da Lei n. 11.107/2005 c/c Art. 41 do Código Civil, possui personalidade jurídica de direito público e, portanto, admite que lhe seja outorgado o Poder de Polícia.

B) A resposta é afirmativa, vez que estariam sendo delegados apenas os atos materiais do poder de polícia, sendo certo ainda que o Art. 4º, XI, c, da Lei n. 11.107/2005, admite a autorização da delegação dos serviços do consórcio.

Treino nº 12

PEÇA PRÁTICO-PROFISSIONAL

Mariah, médica concursada do Estado do Ceará, possui um enorme casarão na Praia de Iracema, famoso ponto turístico repleta das mais belas praias do nordeste brasileiro. A mesma foi realizar um mestrado na área de dermatologia clínica em Portugal, tendo passado 5 anos no referido país, deixando a sua casa trancada e sem nenhum acompanhamento ou visitação.

Após o êxito na defesa do seu mestrado, a mesma retornou do exterior, tendo sido surpreendida com a presença de equipamentos e maquinário do Estado do Ceará em imóvel urbano de sua propriedade, e que, segundo informação do engenheiro responsável pela obra, o Hospital da Cidade de Iracema estaria sendo inaugurado em questões de semanas.

Inconformada e com as malas no meio da rua, Mariah começou a discutir com o engenheiro da obra, argumentando que isso não poderia ocorrer, visto que o imóvel estava registrado em seu nome, com todos os impostos pagos. O engenheiro logo então explica que, por necessidade pública, o Poder Público do Ceará precisou construir o referido Hospital naquele local.

Inconformada com a situação, Mariah ingressa com "ação de desapropriação indireta" perante o Juízo Fazendário do Estado do Ceará, tendo obtido sentença de total improcedência em primeiro grau de jurisdição, sob os seguintes fundamentos:

i) impossibilidade de reivindicação do bem, assim como da pretensão à reparação financeira, em decorrência da supremacia do interesse público sobre o privado;

ii) o transcurso de mais de cinco anos entre a ocupação do imóvel e a propositura da ação, ensejando a prescrição de eventual pleito indenizatório; e

iii) a ausência de necessidade de pagamento de indenização ao fundamento do abandono do referido imóvel.

Como advogado(a) de Mariah, considerando que a sentença não padece de qualquer omissão, contradição ou obscuridade, não tendo sido transitado e julgado, elabore a peça adequada à defesa dos interesses de seu cliente, apresentando os fundamentos jurídicos aplicáveis ao caso.

Obs.: o examinando deve fundamentar suas respostas. A mera citação do dispositivo legal não confere pontuação.

PEÇA PRÁTICO-PROFISSIONAL

ESTRUTURAÇÃO DA INICIAL

→ **Legitimidade Ativa**		Mariah
→ **Legitimidade Passiva**		Estado do Ceará
→ **Competência**		Juiz de Direito
Pedido →	Liminar	Não
	Principal	Condenação do Réu ao pagamento de indenização pelos prejuízos causados em razão da desapropriação indireta.

ESTRUTURAÇÃO DO RECURSO

→ **Apelante**		Mariah
→ **Apelado**		Estado do Ceará
→ **Competência**		A quo: Juiz de Direito Ad quem: Tribunal de Justiça do Estado do Ceará
Pedido →	Efeito Suspensivo?	Não
	Principal	Seja o presente recurso conhecido e provido, determinando-se a reforma da decisão, para que seja proferida nova decisão, condenando o Apelado ao pagamento de indenização pelos prejuízos causados.

→ **Causa de Pedir**	Art. 5º, XXIV da CRFB/88. Art. 35 do Decreto 3.365/41. Súmula 119 do STJ interpretada à luz do disposto do art. 1.238 do CC/02.

→ **Causa de Pedir**	Art. 5º, XXIV da CRFB/88. Art. 35 do Decreto 3.365/41. Súmula 119 do STJ interpretada à luz do disposto do art. 1.238 do CC/02.

EXCELENTÍSSIMO SENHOR DOUTOR JUIZ DE DIREITO DA ... VARA DA FAZENDA PÚBLICA DA COMARCA DO ESTADO DO CEARÁ

(10 linhas)

MARIAH, nacionalidade, solteira, médica, inscrita no RG nº... e CPF nº..., endereço eletrônico, residente e domiciliado na Rua..., nos autos do processo nº..., em que litiga com o ESTADO DO CEARÁ Já qualificado no feito, vem, por meio de seu advogado, infrafirmado, com procuração em anexo, endereço eletrônico, com endereço profissional na Rua.., onde deverão ser encaminhadas as intimações do feito, interpor RECURSO DE APELAÇÃO em face da sentença proferida nos autos, requerendo sua remessa ao Tribunal de Justiça do Ceará, competente para julgamento.

Nestes termos,

Pede deferimento.

Local, data.

Advogado

OAB nº ...

(quebra de página)

EGRÉGIO TRIBUNAL DE JUSTIÇA DO ESTADO DO CEARÁ

Recorrente: Mariah
Recorrido: Estado do Ceará
Processo nº...

DAS RAZÕES DO RECURSO

DO CABIMENTO

É cabível o presente Recurso de Apelação, com fulcro no art. 1009 do Código de Processo Civil, por se tratar de impugnação da sentença proferida nos autos.

DOS FATOS

A autora é médica concursada do Estado do Ceará e possui um enorme casarão na Praia de Iracema, famoso ponto turístico na cidade repleta das mais belas praias. A mesma foi realizar um mestrado na área de dermatologia clínica em Portugal, tendo passado 5 anos no referido país, deixando a sua casa trancada e sem nenhum acompanhamento ou visitação.

Após o êxito na defesa do seu mestrado, a mesma retornou do exterior, tendo sido surpreendida com a presença de equipamentos e maquinário do Estado do Ceará em imóvel urbano de sua propriedade, e que, segundo informação do engenheiro responsável pela obra, o Hospital da Cidade de Iracema estaria sendo inaugurado em questões de semanas.

A autora informou no momento narrado ao engenheiro da obra que isso não poderia ocorrer, visto que o imóvel estava registrado em seu nome, com todos os impostos pagos. O engenheiro logo então explica que, por necessidade pública, o Poder Público do Ceará precisou construir o referido Hospital naquele local.

Foi então proposta a presente ação judicial de desapropriação indireta perante o Juízo Fazendário do Estado do Ceará, tendo obtido sentença de total improcedência em primeiro grau de jurisdição, sob os seguintes fundamentos:

i) impossibilidade de reivindicação do bem, assim como da pretensão à reparação financeira, em decorrência da supremacia do interesse público sobre o privado;

ii) o transcurso de mais de cinco anos entre a ocupação do imóvel e a propositura da ação, ensejando a prescrição de eventual pleito indenizatório; e

iii) a ausência de necessidade de pagamento de indenização ao fundamento do abandono do referido imóvel.

Tal decisão ainda não transitou em julgado, estando dentro do prazo de 15 dias.

DO MÉRITO

Inicialmente, o art. 5º, XXIV da CRFB/88 prevê que a lei estabelecerá o procedimento para desapropriação por necessidade ou utilidade pública, ou por interesse social, mediante justa e prévia indenização em dinheiro, ressalvados os casos previstos nesta Constituição.

Logo, independentemente de ter ocorrido a desapropriação indireta, é uma garantia constitucional dada à Sra. Mariah o direito a uma indenização justa pelo imóvel, sendo totalmente incabível a fundamentação do juízo a quo da ausência de necessidade de pagamento de indenização por abandono do imóvel, visto que a perda da propriedade por meio da desapropriação pressupõe a prévia e justa indenização em dinheiro.

Neste mesmo sentido, por se tratar de hipótese de desapropriação indireta, é cabível o pagamento de indenização pela perda da propriedade, conforme Art. 35 do Decreto 3.365/41.

Ademais, o juízo a quo fundamenta a ocorrência do instituto da prescrição, por ter ultrapassado o prazo de 5 anos. Ocorre que, o prazo prescricional aplicável é de 10 (dez) anos a contar do dano, conforme a Súmula 119 do STJ interpretada à luz do disposto do art. 1.238 do CC/02.

Na situação em apreço, totalmente equivocada a sentença proferida pelo juízo a quo. Portanto, em razão deste fato, a Apelante faz jus a indenização pelo imóvel que lhe foi suprido.

DOS PEDIDOS

Diante do exposto, requer:

a) Seja o presente recurso conhecido e provido, determinando-se a reforma da decisão, para que seja proferida nova decisão, condenando o Apelado ao pagamento de indenização pelos prejuízos causados;

b) A condenação do Apelado no pagamento de custas e honorários advocatícios;

c) A juntada de comprovação do preparo.

Nestes termos,

Pede deferimento

Local, data.
Advogado/OAB.

QUESTÃO 01

Magno, jovem estudante de Direito, recentemente aprovado na seleção pública para estagiário do Tribunal de Justiça do Estado X, se deparou com uma "fofoca de corredor" que lhe trouxe muitas dúvidas. Ao entrar no elevador escutou dois advogados conversando que um agente público, de uma determinada penitenciária, teria sofrido a penalidade de suspensão por ter levado para um determinado preso (conhecido como Bocão, chefe de uma quadrilha), um aparelho celular para comunicação, recebendo, em troca, dinheiro mensal. O jovem estagiário ficou atordoado ao ouvir o termo "suspensão" atrelado ao agente público, pois acreditava que tal fato não poderia ocorrer, pois acreditava que após ser aprovado no concurso público e exercer a função pública, nenhum agente poderia ser suspenso, ou até mesmo, demitido, pois pensava ser cargo vitalício. Com base no caso narrado, responda os itens a seguir.

A) O ato praticado pelo agente da penitenciária enquadra-se realmente na sanção de suspensão? Em caso positivo ou negativo, fundamente e diga qual a sua previsão legal.

B) Digamos que o Diretor da penitenciária já teria tido ciência da penalidade cometida pelo agente público e estava receoso que assim fizesse com outros presos. Ele poderia determinar o afastamento preventivo do servidor público, como forma de acautelar o resultado prático ou não? Em caso positivo, por quanto tempo? Fundamente e diga qual a sua previsão legal.

QUESTÃO 01 - PADRÃO DE RESPOSTA

RASCUNHO - QUESTÕES DISCURSIVAS	
→ **Resposta**	A) Não.
	B) Sim.
→ **Fundamentação Jurídica**	A) Art. 117, IX da Lei 8.112/90.
	B) Art. 147 da Lei 8.112/90.

A) A resposta é negativa. O ato praticado pelo agente público de "entregar um aparelho telefônico para um determinado preso, recebendo em troca dinheiro" enquadra-se na hipótese de DEMISSÃO, visto que o mesmo está se utilizando do seu cargo para lograr proveito pessoal, qual seja, receber dinheiro, em detrimento da dignidade da função pública. A previsão legal encontra-se contida no art. 117, IX da Lei 8.112/90.

B) A resposta é positiva. Ao ser instaurado o PAD, se a autoridade administrativa entender que a permanência do servidor no cargo pode atrapalhar o andamento do processo, poderá determinar o afastamento preventivo deste, pelo prazo máximo de 60 dias, prorrogáveis por mais 60 (prazo peremptório), mantida obrigatoriamente sua remuneração integral. Afinal não se trata de penalidade, mas sim de medida acautelatória. A previsão legal encontra-se contida no art. 147 da Lei 8.112/90.

QUESTÃO 02

Recentemente, uma lei estadual do estado do Rio Grande do Sul instituiu, com caráter de Autarquia, o Instituto Academia de Polícia Civil do Rio Grande do Sul, com o objetivo de oferecer formação e um melhor aperfeiçoamento aos servidores ligados à Polícia Civil do Rio Grande do Sul. Recentemente, foi divulgado nos jornais do Estado que o referido bem não seria público, ao fundamento de que as Autarquias não possuem bens públicos. Com base no caso narrado e sobre o instituto das Autarquias, responda os itens a seguir.

A) Na situação narrada, a instituição do referido instituto representaria um processo de descentralização ou desconcentração administrativa?

B) Além disso, o prédio destinado ao Instituto é considerado um bem público? Fundamente.

C) Sendo a Autarquia um ente da Administração Indireta, sua responsabilidade civil difere da Administração Direta? Fundamente.

QUESTÃO 02 - PADRÃO DE RESPOSTA

RASCUNHO - QUESTÕES DISCURSIVAS	
→ **Resposta**	A) ------
	B) Sim
	C) Não
→ **Fundamentação Jurídica**	A) Base Doutrinária.
	B) Art. 98, do Código Civil de 2002.
	C) Artigo 37, §6°, da Constituição Federal.

A) A criação do Instituto Academia de Polícia Civil do Rio Grande do Sul representaria um processo de descentralização administrativa, visto que implicaria a criação de uma entidade da administração estadual indireta. A descentralização administrativa ocorre quando a pessoa política se utiliza de outras pessoas jurídicas para realizar a função administrativa. Ocorre a distribuição externa de competência. Com isso, passa a haver a pessoa jurídica política e a pessoa jurídica que recebeu a atribuição para o desempenho da atividade administrativa, no caso, a autarquia criada.

B) A resposta é positiva. Os bens da Autarquia são públicos. O prédio do instituto é considerado um bem público, visto que, conforme o art. 98, do Código Civil de 2002: "são públicos os bem do domínio nacional pertencentes às pessoas jurídicas de direito público interno; todos os outros são particulares, seja qual for a pessoa a que pertencerem", enquadrando-se as Autarquias.

C) A resposta é negativa. A responsabilidade civil das entidades autárquicas é objetiva, pelos danos causados por seus agentes a terceiros, está estampada no artigo 37, §6° da Constituição Federal: § 6° - As pessoas jurídicas de direito público e as de direito privado prestadoras de serviços públicos responderão pelos danos que seus agentes, nessa qualidade, causarem a terceiros, assegurado o direito de regresso contra o responsável nos casos de dolo ou culpa.

QUESTÃO 03

Katiusca, possui um enorme casarão, situado no Centro Histórico da cidade de Olinda em Pernambuco, um dos principais pontos turísticos da cidade pelas suas mais belas paisagens e por ser popularmente reconhecido como o centro do Carnaval.

Ocorre que, o Poder Público declarou a sua utilidade pública (por meio de Decreto), e notificou a proprietária que se manteve inerte por mais de 15 dias.

Dito isso, o Poder Público resolveu propor uma ação de desapropriação por utilidade pública, conseguindo, inclusive, a imissão provisória na posse do bem dado a necessidade de utilização imediata do bem.

Com base no caso narrado e sobre o instituto da desapropriação, responda os itens a seguir.

A) O que vem a ser o instituto da imissão provisória na posse que permitiu o Poder Público adentrar o imóvel? Explique seus requisitos e fundamente.

B) Dona Katiusca poderá reaver o bem judicialmente? Em caso positivo ou negativo, explique, fundamentando.

QUESTÃO 03 - PADRÃO DE RESPOSTA

RASCUNHO - QUESTÕES DISCURSIVAS	
→ **Resposta**	A) ------
	B) Não.
→ **Fundamentação Jurídica**	A) Art. 15, do Decreto Lei 3.365/41.
	B) Art. 35, do Decreto Lei 3.365/41.

A) A imissão provisória na posse é um instituto do Direito Administrativo no qual ocorre a transferência da posse do bem objeto da expropriação para o ente expropriante, de forma precária, no início da lide. A imissão é concedida pelo magistrado, caso seja alegada urgência e seja depositado o valor arbitrado em juízo. Assim, cumprido os requisitos legais, o juiz mandará imitir o expropriante provisoriamente na posse do(s) bem(s), conforme disposição do art. 15, do Decreto Lei 3.365/41.

B) A resposta é negativa, pois o Decreto-lei 3.365/41, em seu art. 35, define que os bens expropriados, uma vez incorporados à Fazenda Pública, não podem ser objeto de reivindicação, ainda que fundada em nulidade do processo de desapropriação. Qualquer ação, julgada procedente, resolver-se-á em perdas e danos. Dessa maneira, a mesma somente poderia discutir o valor do imóvel objeto da desapropriação.

QUESTÃO 04

Valéria, agente comunitária de saúde do Município de Angra dos Reis, foi contratada após sucesso em processo seletivo. Em maio de 2022, o Município informou-a ter recebido comunicação do Tribunal de Contas do Estado recusando o registro de sua admissão, em razão de um vício relacionado ao concurso, determinando então o seu desligamento. Em junho do mesmo ano, Ana Paula foi nomeada ao cargo de secretária de políticas públicas, todavia sua nomeação ao cargo em comissão gerou várias polêmicas em razão dela ser amiga íntima da prefeita. À luz das situações expostas e da Constituição Federal, responda os itens a seguir:

A) O Tribunal de Contas poderia apreciar a admissão da agente comunitária? Justifique.

B) O Tribunal de Contas poderia apreciar a admissão da secretária de políticas públicas? Justifique.

QUESTÃO 04 – PADRÃO DE RESPOSTA

RASCUNHO – QUESTÕES DISCURSIVAS	
→ Resposta	A) Sim.
	B) Não.
→ Fundamentação Jurídica	A) Art. 71, inciso III, da CRFB/88.
	B) Art. 71, inciso III, da CRFB/88.

A) Sim, uma vez que o artigo 71, III, da Constituição Federal, determina a admissão de pessoal a título efetivo seja apreciada em sede de controle externo pelo Tribunal de Contas.

B) Não, pois não cabe ao Tribunal de Contas apreciar ato de admissão de pessoal quando for nomeação para cargo em comissão, segundo o artigo 71, III, da Constituição Federal.

Treino nº 13

PEÇA PRÁTICO-PROFISSIONAL

Desde sua criação, a Universidade Pública do Estado X encontra-se impossibilitada de promover cargos de professores a cidadãos estrangeiros. Yonara, chilena, professora, que veio ao Brasil ministrar algumas palestras como convidada na referida Universidade, após conhecer as possibilidades de pesquisas que poderiam ser desenvolvidas no país, interessou-se em permanecer definitivamente no Brasil.

Ciente de sua excelente capacitação profissional, ao solicitar seu ingresso no quadro de professores é informada que existe, no estado, a Lei Y, que dispõe somente ser possível a contratação de professores estrangeiros por empresas do setor privado. A Universidade Pública ressalta ainda, que se a referida lei não existisse, incentivaria tal intercâmbio de conhecimento.

O caso veio a público após Yonara impetrar mandado de segurança, a fim de ter seu direito assegurado. Contudo, o pleito foi julgado improcedente, afirmando a sentença a validade da Lei Estadual que restringe a possibilidade de contratação de professores estrangeiros apenas às empresas privadas, reiterando a proibição de prover estrangeiros em cargos públicos.

Inconformada, Yonara interpõe recurso de apelação, ao qual também se negou provimento, por unanimidade, pelos mesmos fundamentos levantados na sentença.

Dez dias após a publicação da decisão que rejeitou os seus embargos declaratórios, Yonara procura você, advogado (a), para assumir a causa e ajuizar a medida adequada.

Obs.: a peça deve abranger os fundamentos de Direito que possam ser utilizados para dar respaldo à pretensão. A simples menção ou transcrição de dispositivo legal não confere pontuação.

PEÇA PRÁTICO PROFISSIONAL

ESTRUTURAÇÃO DA INICIAL

→ Legitimidade Ativa	Yonara
→ Legitimidade Passiva	Autoridade Coatora: Governador do Estado X Réu: Estado X
→ Competência	Tribunal de Justiça
Pedido → Liminar	Não
Pedido → Principal	Possibilidade da recorrente, estrangeira, prover no cargo de professora da Universidade Pública do Estado X.
→ Causa de Pedir	Art. 37, inciso I, da CF; art. 5º, §3º, da Lei 8.112/90.

ESTRUTURAÇÃO DO RECURSO

→ Recorrente	Yonara
→ Recorrido	Estado X
→ Competência	A quo: Tribunal de Justiça do Estado X Ad quem: STF
Pedido → Efeito Suspensivo?	Não
Pedido → Principal	Reforma da decisão, para que seja proferida nova decisão, reconhecendo a possibilidade da recorrente, estrangeira, prover no cargo de professora da Universidade Pública do Estado X.
→ Causa de Pedir	Art. 37, inciso I, da CF; art. 5º, §3º, da Lei 8.112/90.

EXCELENTÍSSIMO SENHOR DOUTOR DESEMBARGADOR DO TRIBUNAL DE JUSTIÇA DO ESTADO X

(10 linhas)

Yonara, chilena, estado civil, professora, RG nº, CPF nº, endereço eletrônico, residente e domiciliada na Rua..., nos autos no Processo nº, em que litiga com o Estado X, já previamente qualificado, através de seu Advogado (a) infrafirmado, com procuração anexa, endereço profissional na Rua..., interpor RECURSO EXTRAORDINÁRIO, em face do Acórdão proferido nos autos, requerendo seu recebimento e remessa ao STF.

Nesses termos, pede deferimento.

Estado X, Data.

Advogado
OAB nº ...

(Quebra de Página)

EGRÉGIO SUPREMO TRIBUNAL FEDERAL

\-

\-

Recorrente: Yonara

Recorrido: Estado X

DAS RAZÕES DO RECURSO

DO CABIMENTO

É cabível o presente Recurso Extraordinário, com fulcro no art. 102, III, "a" e "d", da CF c/c art. 1.029 do CPC, por se tratar de acórdão que viola a Constituição Federal e a Lei Federal.

DO PREQUESTIONAMENTO E DA REPERCUSSÃO GERAL

A matéria ora discutida já foi arguida e decidida pelo juízo a quo, restando, portanto, prequestionada.

Trata-se de decisão judicial que entende válida lei local contestada em face de lei federal, sendo um conflito federativo, resta claro o interesse de toda a sociedade e consequentemente sua repercussão geral, em observância ao disposto nos artigos 102, §3º da CF e 1.035 do CPC.

DOS FATOS

Yonara é professora, de nacionalidade chilena, e após ministrar algumas palestras para a Universidade Pública do Estado X despertou interesse em fazer parte dos quadros de professores da referida instituição.

Não obstante, foi informada pela Universidade da existência de uma determinada lei estadual que impossibilita a contratação de estrangeiros em cargos públicos. Inconformada com a existência da lei local, Yonara impetra mandado de segurança para ter seu direito assegurado.

No entanto, seu pleito judicial foi julgado improcedente, fazendo com que esta interpusesse ainda apelação contra tal decisão, cuja decisão fora igualmente improcedente, restando apenas à Yonara recorrer pelas vias extraordinárias, posto que as supracitadas decisões violaram lei federal e a própria Constituição Federal.

DO MÉRITO

Inicialmente, o art. 37, inciso I, da CF prevê que os cargos, empregos e funções públicas serão acessíveis aos estrangeiros na forma da lei. Vejamos:

> "Art. 37, I, CF: os cargos, empregos e funções públicas são acessíveis aos brasileiros que preencham os requisitos estabelecidos em lei, assim como aos estrangeiros, na forma da lei".

Com efeito, o dispositivo constitucional regulamenta a possibilidade, de acordo com o disposto na lei, do preenchimento de cargos públicos por cidadãos de origem estrangeira.

Ademais, a Lei que dispõe acerca dos Servidores Públicos Federais, a 8.112/90, em seu art. 5º, §3º, dispõe que as Universidades e instituições de pesquisa científica e tecnológica poderão prover seus cargos com professores, técnicos e cientistas estrangeiros.

Na situação em epígrafe, a recorrente, que é cidadã estrangeira, restou impedida de possivelmente ingressar no cargo de professora da Universidade Pública do Estado X, devido à lei local que impossibilita tal provimento em direta violação à lei federal, razão pela qual a decisão recorrida merece reforma.

DOS PEDIDOS

Pelo exposto, requer:

1) Que seja o presente Recurso Extraordinário recebido e provido, determinando-se a reforma da decisão, para que seja proferida nova decisão, reconhecendo a possibilidade da recorrente, estrangeira, prover no cargo de professora da Universidade Pública do Estado X;
2) A juntada da Comprovação do Preparo;
3) A condenação do Recorrido ao pagamento das custas processuais e honorários advocatícios.

Nesses termos, pede deferimento.

Estado X, Data.

Advogado
OAB nº ...

QUESTÃO 01

José está inscrito em concurso público para o cargo de assistente administrativo da Administração Pública direta do Estado de Roraima. Após a realização das provas, ele foi aprovado para a fase final do certame, que previa, além da apresentação de documentos, exames médicos e psicológicos. A lista dos candidatos aprovados e o prazo para a apresentação dos documentos pessoais e para a realização dos exames médicos e psicológicos foram publicados no Diário Oficial do Poder Executivo do Estado de Roraima após 1 (um) ano da realização das provas; assim como foram veiculados através do site da Internet da Administração Pública direta do Estado, tal como previsto no respectivo edital do concurso.

Entretanto, José reside em município localizado no interior do Estado de Roraima, onde não circula o Diário Oficial e que, por questões geográficas, não é provido de Internet. Por tais razões, José perde os prazos para o cumprimento da apresentação de documentos e dos exames médicos e psicológicos e só toma conhecimento da situação quando resolve entrar em contato telefônico com a secretaria do concurso.

Insatisfeito, José procura um advogado para ingressar com um Mandado de Segurança contra a ausência de intimação específica e pessoal quando de sua aprovação e dos prazos pertinentes à fase final do concurso.

Na qualidade de advogado de José, indique os argumentos jurídicos a serem utilizados nessa ação judicial.

QUESTÃO 01 - PADRÃO DE RESPOSTA

RASCUNHO - QUESTÕES DISCURSIVAS	
→ **Resposta**	-
→ **Fundamentação Jurídica**	Princípio da Razoabilidade.

A despeito da ausência de norma editalícia prevendo a intimação pessoal e específica do candidato José, a Administração Pública tem o dever de intimar o candidato, pessoalmente, quando há o decurso de tempo razoável entre a homologação do resultado e a data da nomeação, em atendimento aos princípios constitucionais da publicidade e da razoabilidade.

É desarrazoada a exigência de que o impetrante efetue a leitura diária do Diário Oficial do Estado, por prazo superior a 1 (um) ano, ainda mais quando reside em município em que não há circulação do DOE e que não dispõe de acesso à Internet.

QUESTÃO 02

No âmbito de determinado Ofício de Notas, é realizada a venda do imóvel de propriedade de Pedro, mediante a utilização de procuração falsa.

Participa do ato fraudulento o "escrevente" do referido Ofício de Notas, mediante obtenção de contraprestação pecuniária.

Posteriormente, após a efetivação da referida venda, Pedro descobre a fraude envolvendo a sua propriedade. Diante destes fatos, a vítima procura você, na qualidade de advogado (a), para que sejam tomadas as medidas judiciais necessárias e solucionar as seguintes dúvidas:

A) Em relação às serventias extrajudiciais, como é definida a responsabilidade dos notários?

B) O Estado poderá ser responsabilizado pelo ato fraudulento praticado pelo "escrevente"?

QUESTÃO 02 - PADRÃO DE RESPOSTA

RASCUNHO - QUESTÕES DISCURSIVAS	
→ Resposta	A1) ---
	B) Sim.
→ Fundamentação Jurídica	A) Art. 22, da Lei 8.935/94.
	B) Art. 37, § 6º, da CF.

A) No que tange às serventias extrajudiciais, a responsabilidade dos notários será subjetiva, muito embora se qualifiquem como delegatários de serviços. De fato, as atividades notariais e de registro são regulamentadas pela Lei 8.935/94, que no seu art. 22, define que "Os notários e oficiais de registro são civilmente responsáveis por todos os prejuízos que causarem a terceiros, por culpa ou dolo, pessoalmente, pelos substitutos que designarem ou escreventes que autorizarem, assegurado o direito de regresso".

Por sua vez, a responsabilização desse agente perante o estado ocorre desde que comprovado o elemento subjetivo de dolo ou de culpa.

B) Sim. O Estado deve responder diretamente, de forma objetiva, por força do disposto no art. 37, § 6º, da CF. Dessa forma, uma possível Ação Indenizatória deve ser proposta contra o Poder Público, que possui o dever de regresso em face do delegatário causador do dano, se tiver agido com dolo ou culpa.

Sendo assim, não obstante o exercício da atividade se dê em caráter privado, por delegação do Poder Público, o regime de direito público norteia relevantes aspectos desta atividade, o que valida a responsabilidade objetiva do Estado nesses casos.

QUESTÃO 03

O município de Quijingue/BA não possui uma unidade de saúde para atender à comunidade local. Assim, o Prefeito, que conseguiu verbas para tal, decidiu construí-la.

Todavia, conforme o projeto elaborado, a unidade precisaria de uma parcela da propriedade de seu Joaquim, o qual decidiu por alienar o seu terreno ao Poder Público.

Uma semana depois, seu Joaquim deslocou-se até a Prefeitura Municipal, para desistir da alienação.

O Prefeito da cidade, então, consultou a assessoria jurídica do órgão para orientá-lo.

O que você, na condição de consultor jurídico do órgão, recomendaria ao Prefeito?

QUESTÃO 03 - PADRÃO DE RESPOSTA

RASCUNHO - QUESTÕES DISCURSIVAS	
→ **Resposta**	*Desapropriação comum parcial*
→ **Fundamentação Jurídica**	*Arts. 5º, "g"; 6º; 10 e 15, todos do Decreto-Lei nº 3365/41*

Deve-se sugerir pela desapropriação comum parcial, ou seja, somente da parcela do terreno que é necessária à construção da obra da unidade de saúde.

No caso em tela, trata-se de desapropriação por utilidade pública, por força do **art. 5º, "g", do Decreto-Lei nº 3.365/41.** Sendo assim, é necessário que o Prefeito, na forma do **art. 6º do mesmo diploma legal**, declare a propriedade como de utilidade pública, através de Decreto e, como houve a recusa do proprietário, é necessário que entre com ação de desapropriação, depositando em juízo a indenização que considere cabível, solicitando, liminarmente, a imissão na posse, declarando urgência, haja vista que se trata da construção de unidade saúde para atender à população local, para que, assim ingresse na propriedade e seja dado início às obras. **(arts. 10 e 15 do Decreto-Lei nº 3.365/41).**

QUESTÃO 04

João, comerciante experimentado, fundado na livre iniciativa, resolve pedir à administração do município "Y" que lhe outorgue o competente ato para instalação de uma banca de jornal na calçada de uma rua.

Considerando a situação narrada, indaga-se:

A) Pode o Município "Y" se negar a outorgar o ato, alegando que considera desnecessária a referida instalação? Fundamente.

B) Pode o município "Y", após a outorga, rever o ato e o revogar? Neste caso, é devida indenização a João? Fundamente.

C) Caso o ato de outorga previsse prazo para a duração da utilização do espaço público, seria devida indenização se o Poder Público resolvesse cancelar o ato de outorga antes do prazo? Fundamente.

A simples menção ou transcrição do dispositivo legal não pontua.

QUESTÃO 04 - PADRÃO DE RESPOSTA

RASCUNHO - QUESTÕES DISCURSIVAS	
Resposta	A) Sim.
	B) Sim.
	C) Sim.
Fundamentação Jurídica	A) Ato discricionário.
	B) Precariedade.
	C) Fixação de prazo ao ato precário lhe retira a precariedade.

A) O município "Y" tem o direito de negar, porque, tratando-se ato discricionário, sua aprovação é baseada na conveniência e oportunidade do Administrador.

B) Do mesmo modo, o município "Y" pode revogar tal ato autorizativo a qualquer tempo, tendo em vista a precariedade do ato, não sendo devida qualquer indenização em vista dessa característica.

C) Por outro lado, a fixação de prazo certo implica em desnaturação do caráter precário do vínculo, ensejando no particular a legítima expectativa de que sua exploração irá vigorar pelo prazo pré-determinado pela própria Administração. Sendo assim, a revogação do ato antes do esgotamento do prazo caracteriza conduta descrita como *venire contra factum proprium*, ensejando a devida indenização pelos prejuízos efetivamente comprovados.

5.14

Treino nº 14

PEÇA PRÁTICO-PROFISSIONAL

O Departamento de Trânsito do Estado X, autarquia estadual, lavrou 15 autos de infração contra vários motoristas de uma empresa de ônibus. As multas de trânsito foram-lhe impostas pelo Superintendente da entidade, sem que eles fossem notificados e pudessem apresentar defesa prévia. Inconformados e com o propósito de desconstituir os referidos autos de infração, procuraram o auxílio da associação de classe a ASSER.

O presidente da ASSER contratou seus serviços de profissional da advocacia, a fim de suspender a eficácia e, posteriormente, desconstituir as multas, alegando inclusive que os motoristas estavam tendo dificuldades de renovar as suas habilitações, em virtude das multas.

Na qualidade de advogado(a) consultado(a) pela ASSER, proponha a medida judicial cabível para a suspensão e decretação da nulidade dos autos de infração, apresentando o fundamento para o referido pedido.

PEÇA PRÁTICO-PROFISSIONAL

ESTRUTURAÇÃO DA PEÇA - TREINO Nº 14		
→ **Legitimidade Ativa**		Asser
→ **Legitimidade Passiva**		Autoridade Coatora: Superintendente de Departamento de Transportes do Estado X Réu: Autarquia Estadual
→ **Competência**		Juiz de Direito
→ **Pedido**	→ **Liminar**	Suspensão das multas impostas até o final do julgamento do feito.
	→ **Principal**	Anulação das multas impostas até o final do julgamento do feito.
→ **Causa de Pedir**		Art. 5º, LIV e LV da CRFB

EXCELENTÍSSIMO SENHOR DOUTOR JUIZ DE DIREITO DA __ VARA DA FAZENDA PÚBLICA DA COMARCA DE ... DO ESTADO X.

(10 linhas)

ASSER, associação civil, pessoa jurídica de direito privado, CNPJ nº..., endereço eletrônico, com sede na Rua..., vem, pelo seu advogado infrafirmado, com procuração anexa, endereço profissional na Rua..., onde doravante serão encaminhadas todas as intimações do feito, impetrar MANDADO DE SEGURANÇA COLETIVO contra ato do Superintendente de Departamento de Transportes do Estado X, e em face da Autarquia Estadual, pessoa jurídica de direito público interno, CNPJ nº..., endereço eletrônico, com sede na Rua..., pelos fatos e fundamentos expostos a seguir.

DO CABIMENTO E DA LEGITIMIDADE ATIVA

É cabível o presente mandado de segurança coletivo com fulcro no art. 5º, inciso LXX, *b*, da CRFB e art. 21 da Lei nº 12.016/09, por se tratar de pretensão de anulação de ato que viola direito líquido e certo dos associados da Impetrante.

É legítima a Impetrante para atuar como substituto processual, com fulcro no art. 21 da Lei nº 12.016/09, por se tratar de associação constituída há mais de um ano em defesa dos seus associados.

DOS FATOS

O Departamento de Trânsito do Estado X, autarquia estadual, lavrou 15 autos de infração contra vários motoristas de uma empresa de ônibus.

As multas de trânsito foram-lhe impostas pela Autoridade Coatora, sem que eles fossem notificados e pudessem apresentar defesa prévia.

Inconformados e com o propósito de desconstituir os referidos autos de infração, inclusive, porque estavam tendo dificuldades de renovar as suas habilitações, em virtude das multas, os motoristas procuraram o auxílio da associação de classe a ASSER, ora impetrante.

DA MEDIDA LIMINAR

O art. 7º, III, da Lei nº 12.016/09, prevê a possibilidade de medida liminar em mandado de segurança, desde que presentes o fundamento relevante do pedido e o perigo de ineficácia da medida.

O perigo de ineficácia da medida reside no fato de que as multas impostas aos motoristas de ônibus têm dificultado o processo de renovação da Carteira Nacional de Habilitação destes, documento inerente à realização e continuidade da atividade profissional dos associados da impetrante, de modo que, sem ela, restar-se-ão impossibilitados de exercerem a sua profissão, ficando sem renda para a própria subsistência e das suas respectivas famílias.

Já o fundamento relevante do pedido reside na violação aos princípios constitucionais do devido processo legal, contraditório e ampla defesa, previstos no art. 5º, LIV e LV, da CRFB respectivamente.

Portanto, por não haver oportunização de defesa aos associados, devem ser suspensas as multas impostas até o final do julgamento do feito.

DO MÉRITO

No caso em tela, os motoristas foram surpreendidos com as multas tão sem sequer haver notificação, violando, portanto, direito constitucional.

Sendo assim, houve a violação ao princípio do devido processo legal, conforme art. 5º, inciso LIV da CRFB, segundo o qual ninguém pode ser privado de seus direitos sem que seja obedecido o procedimento legal prévio previsto para tal; uma vez que a Autoridade Coatora não observou o rito administrativo do diploma normativo específico.

Ademais, violou-se também aos princípios do contraditório e ampla defesa, conforme art. 5º, LV da CRFB, segundo o qual todo processo administrativo deve assegurar aos acusados em geral a oportunização de apresentar defesa e, uma vez apresentada, esta deve ser apreciada; tendo em vista que os motoristas de ônibus foram penalizados antes de sequer poderem se manifestar previamente.

Portanto, as multas aplicadas são nulas, por violação ao disposto no art. 5º, LIV e LV da CRFB, afrontando, principalmente, aos princípios do devido processo legal, ao contraditório e ampla defesa.

DOS PEDIDOS

Pelo exposto, requer:

a) a notificação da Autoridade Coatora para prestar informações;

b) a ciência do órgão de representação judicial do Réu para, querendo, contestar o feito;

c) a concessão da medida liminar, suspendendo as multas até o julgamento final do feito;

d) a ratificação da medida liminar, com a procedência do pedido, determinando-se a anulação das multas impostas aos associados da Impetrante;

e) a intimação do ilustríssimo representante do Ministério Público para atuar como fiscal da lei;

f) a juntada de todos os documentos necessários à solução da controvérsia;

g) a condenação da Ré ao pagamento de custas processuais.

Dá-se à causa o valor de R$....

Nestes termos, pede deferimento.

Local, data.
Advogado
OAB nº...

QUESTÃO 01

Após a edição do pertinente decreto declaratório da utilidade pública pela União, sociedade de economia mista federal, enquanto prestadora de serviço público, foi incumbida de promover a desapropriação de imóvel de Antônio. Para tanto, pretende promover tratativas com vistas a lograr a chamada desapropriação amigável ou tomar as medidas judiciais cabíveis para levar a efeito a intervenção do Estado na propriedade em foco.

Diante dessa situação hipotética, responda aos itens a seguir.

A) A sociedade de economia mista em questão pode ajuizar a ação de desapropriação?

B) Considerando que o mencionado decreto expropriatório foi publicado em 05/05/2016, analise se existe prazo para o eventual ajuizamento da ação de desapropriação.

QUESTÃO 01 - PADRÃO DE RESPOSTA

RASCUNHO - QUESTÕES DISCURSIVAS	
→ Resposta	A) Sim.
	B) Sim.
→ Fundamentação Jurídica	A) Art. 3º do Decreto-lei nº 3.365/41.
	B) Art. 10 do Decreto-lei nº 3.365/41.

A) A resposta é afirmativa. É possível que a entidade administrativa promova a desapropriação e, consequentemente, ajuíze a respectiva ação, na forma do **Art. 3º do Decreto-lei nº 3.365/41**, desde que haja autorização expressa em lei ou no contrato.

B) A resposta é afirmativa. Os legitimados para promover a desapropriação por utilidade pública possuem o prazo de 5 (cinco) anos, a contar da expedição do decreto, para o ajuizamento da respectiva ação, sob pena de caducidade, consoante o **Art. 10 do Decreto-lei nº 3.365/41.**

QUESTÃO 02

A Secretaria de Saúde do Município de Muriaé-MG realizou procedimento licitatório na modalidade de concorrência, do tipo menor preço, para aquisição de insumos. Ao final do julgamento das propostas, observou-se que a microempresa Alfa havia apresentado preço 8% (oito por cento) superior em relação à proposta mais bem classificada, apresentada pela empresa Gama.

Diante desse cenário, a Pasta da Saúde concedeu à microempresa Alfa a oportunidade de oferecer proposta de preço inferior àquela trazida pela empresa Gama. Valendo-se disso, assim o fez a microempresa Alfa, sendo em favor desta adjudicado o objeto do certame.

Inconformada, a empresa Gama interpôs recurso, alegando, em síntese, a violação do princípio da isonomia, previsto no Art. 37, XXI, da Constituição da República.

Na qualidade de Assessor Jurídico da Secretaria de Saúde do Município de Muriaé-MG, utilizando-se de fundamentação e argumentos jurídicos, responda aos itens a seguir.

A) É juridicamente correto oferecer tal benefício para a microempresa Alfa?

B) Houve violação ao princípio da isonomia?

QUESTÃO 02 - PADRÃO DE RESPOSTA

RASCUNHO - QUESTÕES DISCURSIVAS	
→ **Resposta**	A) Sim.
	B) Não.
→ **Fundamentação Jurídica**	A) Art. 44, § 1°, da Lei Complementar nº 123/2006.
	B) Art. 146, III, "d", Art. 170, IX, e Art. 179, todos da CRFB.

A) A resposta deve ser positiva. O **Art. 44, § 1°, da Lei Complementar nº 123/2006** presume como empate as hipóteses em que as propostas apresentadas pelas microempresas e empresas de pequeno porte forem iguais ou até 10% (dez por cento) superiores à melhor proposta. É o denominado "empate ficto ou presumido".

B) A resposta deve ser negativa. O examinando deve abordar o princípio da **isonomia**, previsto de forma genérica no **Art. 5° da Constituição da República**, sob seu aspecto material, no qual se pressupõe tratamento desigual entre aqueles que não se enquadram na mesma situação fático-jurídica. No caso em questão, a própria Constituição estabelece a necessidade de tratamento diferenciado às microempresas e às empresas de pequeno porte **(Art. 146, III, "d", Art. 170, IX, e Art. 179, todos da CRFB).**

QUESTÃO 03

O Governador do Estado X, após a aprovação da Assembleia Legislativa, nomeou o renomado cardiologista João das Neves, ex-presidente do Conselho Federal de Medicina e seu amigo de longa data, para uma das diretorias da Agência Reguladora de Transportes Públicos Concedidos de seu Estado. Ocorre que, alguns meses depois da nomeação, João das Neves e o Governador tiveram um grave desentendimento acerca da conveniência e oportunidade da edição de determinada norma expedida pela agência. Alegando a total perda de confiança no dirigente João das Neves e, após o aval da Assembleia Legislativa, o governador exonerou-o do referido cargo.

Considerando a narrativa fática acima, responda aos itens a seguir, empregando os argumentos jurídicos apropriados e apresentando a fundamentação legal pertinente ao caso.

A) À luz do Poder Discricionário e do regime jurídico aplicável às Agências Reguladoras, foi juridicamente correta a nomeação de João das Neves para ocupar o referido cargo?

B) Foi correta a decisão do governador em exonerar João das Neves, com aval da Assembleia Legislativa, em razão da quebra de confiança?

QUESTÃO 03 - PADRÃO DE RESPOSTA

RASCUNHO - QUESTÕES DISCURSIVAS	
→ **Resposta**	A) Não.
	B) Não.
→ **Fundamentação Jurídica**	A) Art. 5º da Lei n. 9.986/2000.
	B) Art. 6º da Lei n. 9.986/2000.

A) A resposta é negativa. Em que pese a escolha do dirigente ser ato discricionário do chefe do Poder Executivo, a discricionariedade não se confunde com arbitrariedade.

Desse modo, ainda que discricionária a escolha deve atentar para o caráter técnico do cargo a ser ocupado, vez que as Agências reguladoras se caracterizam pela especialização técnica no setor regulado.

Assim, a nomeação de um cardiologista, ainda que renomado, para exercer o cargo de diretor de uma agência reguladora de transportes públicos concedidos, não obedece à exigência legal. **(art. 5º da Lei n. 9.986/2000).**

Ademais, ainda era necessária a aprovação do dirigente pela Assembleia Legislativa, nos moldes do dispositivo supracitado.

B) A resposta também é negativa. A estabilidade reforçada dos dirigentes é uma característica do regime das Agências Reguladoras, uma vez que a elas é conferido um maior grau de autonomia política para que possa cumprir a sua finalidade. Sendo assim, os dirigentes têm um mandato fixo (**art. 6º da Lei n. 9.986/2000**), determinado pela lei que as criou.

É impossível a exoneração *ad nutum* que, em regra, costuma ser inerente aos cargos em comissão. Desse modo, os diretores, na forma da legislação em vigor, só perderão os seus cargos por meio de renúncia, sentença transitada em julgado por meio de processo administrativo, observados a ampla defesa e o contraditório. (**Art. 9º, da Lei n. 9.986/2000**).

Ressalta-se, por fim, que além da estabilidade durante o mandato, os dirigentes também se submetem a um regime de quarentena, que são quatro meses impedido de exercer atividade ou prestar qualquer serviço no setor regulado pela respectiva agência, por conta das informações privilegiadas às quais teve acesso, recebendo remuneração. (**Art. 8º, da Lei n. 9.986/2000**).

QUESTÃO 04

Délcio e sua família instalaram-se em uma pequena área rural que consideravam desocupada, onde edificaram uma casa e plantaram hortaliças, das quais retiravam o seu sustento. Residiram no imóvel durante 16 (dezesseis) anos ininterruptos, ocupando-o de forma mansa e pacífica.

Sucede que há uma semana, Délcio foi intimado pelo órgão de fiscalização competente para desocupar a área no prazo de 60 (sessenta) dias, visto que a referida terra é de característica indígena.

Assim, Délcio procura você para, na qualidade de advogado, ingressar com Ação de Usucapião, a fim garantir o reconhecimento do direito à propriedade.

Com base no enunciado, utilizando-se dos argumentos e da fundamentação jurídica necessária, responda os questionamentos abaixo:

A) É possível a usucapião da área ocupada por Délcio e sua família?

B) Em caso de desocupação compulsória, é devido o pagamento de indenização pelas benfeitorias realizadas?

A mera citação do dispositivo legal não confere pontuação.

QUESTÃO 04 - PADRÃO DE RESPOSTA

RASCUNHO - QUESTÕES DISCURSIVAS	
→ **Resposta**	A) Não
	B) Não
→ **Fundamentação Jurídica**	A) art. 20, XI, da CRFB/88; art. 183, §3º e 191, parágrafo único, da CRFB/88.
	B) Súmula 619 do STJ.

A) Não. As terras indígenas são consideradas bens públicos pertencentes à União, conforme art. 20, XI, da CRFB/88. Sendo assim, os bens públicos são imprescritíveis, ou seja, não podem ser adquiridos por usucapião. Apesar do enunciado tratar de uma propriedade pequena e produtiva, utilizada para moradia, a posse mansa e pacífica sobre bens públicos, por 15 (quinze) anos ininterruptos e sem oposição do ente federativo, não enseja a aquisição da propriedade por usucapião, conforme art. 183, §3º e 191, parágrafo único, da CRFB/88.

B) Não. A ocupação e utilização do bem público por Délcio e sua família, ainda que de forma contínua e de boa-fé, é indevida, motivo pelo qual não podem ser considerados possuidores, mas apenas meros detentores. Nesse sentido, o STJ tem adotado o entendimento de que a ocupação indevida de bem público é mera detenção, inexistindo direito à indenização por benfeitorias, nos termos da Súmula 619 do STJ.

Treino nº 15

PEÇA PRÁTICO-PROFISSIONAL

Aurélio foi aprovado em concurso público para o cargo de analista do Tribunal de Contas da União. A homologação do concurso foi feita em 20 de agosto de 2020.

Em 02 de julho de 2022, foi publicada a nomeação de Aurélio no Diário Oficial da União. Ocorre que Aurélio, que reside em Santana do Pirapamba, cidade que não há circulação de DOU, ficou sabendo da nomeação por um amigo, no dia 03 de agosto de 2022, quando já tinha passado o prazo para posse e declarado sem efeito o ato de nomeação, o que ocorreu no próprio dia 03 de novembro. Como não tinha sido intimado pessoalmente para tomar posse, Aurélio ingressou com ação anulatória, em maio de 2023, para anular o ato que tornou sem efeito a sua nomeação.

O juiz, então, julgou procedente o pleito, e o Réu, então interpôs, da decisão, recurso de apelação. Desta forma, aguarda-se que você proponha a medida judicial para apresentar argumentos que permitam ao juízo ad quem negar provimento de recurso do Réu.

PEÇA PRÁTICO-PROFISSIONAL

ESTRUTURAÇÃO DA APELAÇÃO		
→ Legitimidade Ativa		União Federal
→ Legitimidade Passiva		Aurélio
→ Competência		Juiz Federal
→ Pedido	→ Liminar	Não
	→ Principal	Improcedência dos pedidos formulados pelo Autor
→ Causa de Pedir		–

ESTRUTURAÇÃO DE DEFESA		
→ Legitimidade Passiva		Aurélio
→ Legitimidade Ativa		União Federal
→ Competência		A quo: Juiz Federal Ad quem: TRF
→ Pedido	→ Preliminares	Não
	→ Principal	Negado o provimento do recurso de Apelação interposto pelo Réu.
→ Causa de Pedir		Art. 37, *caput* da CRFB + art. 2º da Lei nº 9.784/99

EXCELENTÍSSIMO SENHOR DOUTOR JUIZ FEDERAL DA ... VARA DA SUBSEÇÃO JUDICIÁRIA DE SANTANA DO PIRAPAMBA

(10 linhas)

Aurélio, nacionalidade, estado civil, profissão, RG nº..., CPF nº..., endereço eletrônico, residente e domiciliado na Rua..., nos autos do processo nº..., em que litiga com a União Federal, já qualificada na exordial, vem, por seu advogado infrafirmado, com procuração anexa, endereço profissional na Rua..., onde doravante serão encaminhadas as intimações do feito, apresentar CONTRARRAZÕES AO RECURSO DE APELAÇÃO interposto pela Recorrente, requerendo a sua remessa ao Tribunal Regional Federal competente para julgá-lo.

Nestes termos, pede deferimento.

Santana do Pirapamba, data.
Advogado
OAB nº...

(quebra de página)

EGRÉGIO TRIBUNAL REGIONAL FEDERAL DA ... REGIÃO

Apelante: União Federal

Apelado: Aurélio

Processo nº: ...

DAS CONTRARRAZÕES DO RECURSO

DO CABIMENTO

É cabível a apresentação de contrarrazões ao recurso de Apelação, com fulcro no art. 1010, §1º, do NCPC, para discutir as alegações recursais.

DOS FATOS

O Apelado foi aprovado em concurso público para o cargo de analista do Tribunal de Contas da União. A homologação do concurso foi feita em 20 de agosto de 2020.

Em 02 de julho de 2022, foi publicada a nomeação do Apelado no Diário Oficial da União.

Ocorre que o Apelado, que reside em Santana do Pirapamba, cidade que não há circulação de DOU, ficou sabendo da nomeação por um amigo, no dia 03 de agosto de 2022, quando já tinha passado o prazo para posse e declarado sem efeito o ato de nomeação, o que ocorreu no próprio dia 03 de novembro.

Como não tinha sido intimado pessoalmente para tomar posse, Aurélio ingressou com ação anulatória, em maio de 2023, para anular o ato que tornou sem efeito a sua nomeação.

O juiz, então, julgou procedente o pleito, e o Réu, então interpôs, da decisão, recurso de apelação. Desta forma, vem o apelado apresentar contrarrazões ao recurso interposto.

DO MÉRITO

Preliminarmente, o art. 37, *caput* da CRFB prevê que os agentes públicos, nas suas atividades, devem respeitar, entre outros, o princípio da publicidade.

É importante ressaltar que a publicidade deve ser efetiva, buscando garantir o conhecimento da sociedade em relação aos atos praticados pelo poder público, não sendo suficiente a formalização de publicação, quando esta não for idônea a atingir ao fim desejado.

No caso em apreço, a simples publicação no Diário Oficial da União não foi suficiente para dar publicidade ao ato de nomeação, haja vista o grande decurso de prazo entre a homologação do concurso e a nomeação do Apelado.

Com efeito, a jurisprudência pacificou o entendimento de que não é razoável se exigir a leitura do Diário Oficial da União todos os dias, durante dois anos, principalmente em local em que não há a sua circulação.

O art. 2º da Lei nº 9.784/99 determina que a razoabilidade deve ser observada na atuação da administração.

Sendo assim, para efetiva publicidade, seria necessária intimação pessoal do Apelado. Como não ocorreu, o prazo para sua posse deve ser desconsiderado e o ato que declarou sem efeito a sua nomeação é nulo.

DOS PEDIDOS

Pelo exposto, requer:

a) que sejam acatadas as alegações do presente instrumento de contrarrazões para que seja negado o provimento do recurso de Apelação interposto pelo Réu;

b) a condenação do Apelante ao pagamento das custas processuais e honorários advocatícios.

Nestes termos, pede deferimento.

Santana do Pirapamba, data.
Advogado
OAB nº...

QUESTÃO 01

João, ao retornar de um doutorado no exterior, é surpreendido com a presença de equipamentos e maquinário do Estado X em imóvel urbano de sua propriedade, e que, segundo informação do engenheiro responsável pela obra, o referido imóvel estaria sem uso há três anos e meio, e, por essa razão, teria sido escolhido para a construção de uma estação de metrô no local.

Inconformado com a situação, João ingressou com "ação de desapropriação indireta" perante o Juízo Fazendário do Estado X, tendo obtido sentença de total improcedência em primeiro grau de jurisdição, sob os seguintes fundamentos:

i) impossibilidade de reivindicação do bem, assim como da pretensão à reparação financeira, em decorrência da supremacia do interesse público sobre o privado;

ii) o transcurso de mais de três anos entre a ocupação do imóvel e a propositura da ação, ensejando a prescrição de eventual pleito indenizatório; e

iii) a subutilização do imóvel por parte de João, justificando a referida medida de política urbana estadual estabelecida.

Considerando a situação hipotética, responda: agiu corretamente o Juiz?

QUESTÃO 01 - PADRÃO DE RESPOSTA

RASCUNHO - QUESTÕES DISCURSIVAS	
→ **Resposta**	Não.
→ **Fundamentação Jurídica**	Art. 5º, inciso XXIV, da CRFB + Art. 10, parágrafo único e Art. 35 do Decreto 3.365/41.

A resposta é negativa. Não é impossível a indenização em decorrência da desapropriação indireta, nos termos do **Art. 35 do Decreto 3.365/41**, pois a perda da propriedade por meio da desapropriação pressupõe a prévia e justa indenização em dinheiro, nos termos do **Art. 5º, inciso XXIV, da CRFB** o que não foi observado no caso em questão.

A supremacia do interesse público sobre o privado não autoriza que João perca sua propriedade como uma modalidade de sanção, de modo que ele deve ser reparado financeiramente.

Ademais, o **Art. 10, parágrafo único**, do **Decreto nº 3.365/41**, fixa em 5 (cinco) anos o prazo prescricional para a propositura da ação para a reparação dos danos decorrentes da desapropriação indireta, **afastando a incidência do Art. 206, § 3º, inciso V, do Código Civil, por sua especificidade.**

Desse modo, não há de se falar em prescrição sobre o direito de João.

QUESTÃO 02

Na estrutura administrativa do Estado do Maranhão, a autarquia Ômega é responsável pelo desempenho das funções estatais na proteção e defesa dos consumidores. Em operação de fiscalização realizada pela autarquia, constatou-se que uma fornecedora de bebidas realizou "maquiagem" em seus produtos, ou seja, alterou o tamanho e a forma das garrafas das bebidas que comercializava, para que os consumidores não percebessem que passaria a haver 5% menos bebida em cada garrafa. Após processo administrativo em que foi conferida ampla defesa à empresa, a autarquia lhe aplicou multa, por violação ao dever de informar os consumidores acerca da alteração de quantidade dos produtos. Na semana seguinte, a infração praticada pela empresa foi noticiada pelos meios de comunicação tradicionais, o que acarretou considerável diminuição nas suas vendas, levando-a a ajuizar ação indenizatória em face da autarquia. A empresa alega que a repercussão social dos fatos acabou gerando danos excessivos à sua imagem.

Diante das circunstâncias narradas, responda aos itens a seguir.

A) A autarquia Ômega, no exercício de suas atividades de proteção e defesa dos consumidores, possui o poder de aplicar multa à empresa de bebidas?

B) A autarquia deve reparar os danos sofridos pela redução de vendas dos produtos da empresa fiscalizada?

QUESTÃO 02 - PADRÃO DE RESPOSTA

RASCUNHO - QUESTÕES DISCURSIVAS	
→ **Resposta**	A) Sim.
	B) Não.
→ **Fundamentação Jurídica**	A) Art. 78 do CTN e artigos 55 e 56, inciso I, do CDC.
	B) -

A) A resposta deve ser positiva. A autarquia possui natureza jurídica de direito público, de modo que, no exercício de seu poder de polícia, pode exercer fiscalização e, caso encontre irregularidades, pode aplicar sanções (**Art. 78 do CTN e artigos 55 e 56, inciso I, do CDC**).

B) A resposta deve ser negativa. **A responsabilidade civil pressupõe uma conduta do agente, um resultado danoso, e um nexo de causalidade entre a conduta e o resultado.** Ainda que, em casos excepcionais, seja possível a responsabilização do Estado por condutas lícitas, a **autarquia agiu, no caso narrado, em estrito cumprimento de seu dever legal, rompendo o nexo de causalidade que é pressuposto da responsabilidade civil.** Além disso, a notícia acerca da infração ganhou notoriedade em virtude de haver sido publicada pelos meios de comunicação tradicionais, sem nenhum fato que pudesse indicar uma atuação específica, deliberada e desproporcional da autarquia em prejudicar a imagem da empresa. Por fim, deve-se ressaltar que seria um contrassenso não divulgar a notícia acerca da infração, a qual consistia, exatamente, no não cumprimento do dever de informar a alteração irregular dos produtos aos consumidores.

QUESTÃO 03

Um determinado fiscal de vigilância sanitária do Estado, ao executar uma operação de fiscalização em alguns restaurantes situados no centro da cidade do Rio de Janeiro, acabou por destruir todo o estoque de gêneros alimentícios perecíveis que se encontravam na câmara frigorífica de um dos estabelecimentos fiscalizados. A destruição do estoque, alegou o fiscal posteriormente, deveu-se à impossibilidade de separar os produtos que já estavam com o prazo de validade vencido, daqueles que, ainda, se encontravam dentro da validade.

O dono do estabelecimento fiscalizado, um restaurante, procura um advogado com o objetivo de se consultar acerca de possíveis medidas judiciais em face do Estado, em virtude dos prejuízos de ordem material sofridos.

Na qualidade de advogado do dono do estabelecimento comercial, indique qual seria a medida judicial adequada e se ele possui o direito a receber uma indenização em face do Estado, em razão da destruição dos produtos que se encontravam dentro do prazo de validade.

A simples menção ou transcrição do dispositivo legal não pontua.

QUESTÃO 03 - PADRÃO DE RESPOSTA

RASCUNHO - QUESTÕES DISCURSIVAS	
→ **Resposta**	Ação de procedimento comum.
→ **Fundamentação Jurídica**	Poder de Polícia. Discricionariedade. Responsabilidade civil do Estado (art. 37, §6°, CRFB).

A questão trabalha com o conceito de poder de polícia atribuído à Administração Pública. O aluno deve explicitar, inicialmente, o conceito de poder de polícia a fim de enquadrar juridicamente a hipótese de fato trazida na questão.

Deve o aluno expor que se trata de um poder discricionário, porém, não arbitrário. E deve indicar todas as características do poder de polícia, tais como: autoexecutoriedade, legitimidade e presunção de legalidade.

Logo, como não se trata de um poder arbitrário, deve o candidato expor que a conduta do fiscal em destruir os produtos que, ainda, estavam dentro do prazo de validade, extrapolou os limites da razoabilidade e da proporcionalidade que devem informar a Administração Pública e seus agentes ao praticar atos que constituam poder de polícia, ensejando a responsabilidade civil do Estado (art. 37, §6º, CRFB).

E desta forma, deve indicar que o dono do estabelecimento comercial deverá ajuizar uma ação de procedimento comum, com o objetivo de postular o pagamento pelos prejuízos materiais, consistente no valor de todos os produtos destruídos e que se encontravam dentro do prazo de validade.

QUESTÃO 04

"Um adolescente e um homem encapuzados atacaram na manhã desta quarta-feira (13) a Escola Estadual Professor Raul Brasil, em Suzano, na Região Metropolitana de São Paulo, e mataram sete pessoas, sendo cinco alunos e duas funcionárias do colégio." (G1, 13/03/2019).

Considerando a manchete da notícia acima, discorra sobre o instituto jurídico identificado.

QUESTÃO 04 - PADRÃO DE RESPOSTA

RASCUNHO - QUESTÕES DISCURSIVAS	
→ **Resposta**	*Responsabilidade Civil do Estado.*
→ **Fundamentação Jurídica**	*Teoria do risco criado (custódia).*

O instituto jurídico identificado no caso em questão é a responsabilidade civil do Estado, cuja natureza é objetiva, ou seja, prescinde de demonstração de dolo ou culpa.

Nesta situação, a responsabilidade deriva da teoria do risco criado, que se refere a situações em que o Estado cria a situação de risco, então, ele é o garantidor para que não ocorra o resultado danoso.

Neste caso, o que há é uma situação de custódia. A segurança na escola pública estadual é dever do Estado, então, ocorrendo a morte daqueles que estavam sob a sua custódia, tem, o Estado, o dever de indenizar as famílias das vítimas.

Importante salientar que não precisa sequer ter havido atitude imprudente ou negligente de algum agente público, a situação de custódia, por si só, é capaz de ensejar a responsabilidade civil do Estado.

Treino nº 16

PEÇA PRÁTICO-PROFISSIONAL

Juliano Augusto, brasileiro, médico pediatra, ao atravessar a rua na faixa de pedestres, na cidade de Antures, foi atropelado por uma viatura da Polícia Militar do Estado de Conceição. Em virtude do acidente, Juliano fraturou a coluna e ficou paraplégico, não obstante tenha o motorista do veículo tomado todas as providências possíveis para impedir o fato.

No bojo da ação judicial proposta por ele, a fim de obter indenização pelos danos causados, foi julgado improcedente o pleito, uma vez que restou comprovada a ausência de culpa do motorista.

Inconformado, Juliano procurou seu escritório de advocacia e apresentou apelação, dentro do prazo legal. No julgamento da apelação, o Tribunal de Justiça alegou que a decisão deveria ser mantida por estar conforme a orientação estampada na Constituição Federal acerca da matéria. Tal decisão foi publicada em 12/05/2023, sexta-feira.

O seu cliente informa que pretende recorrer dessa decisão, haja vista o fato de que houve violação direta ao texto constitucional.

Em face dessa situação hipotética, redija, no último dia do prazo, na qualidade de advogado(a) contratado(a) por Juliano, a peça judicial cabível, contra o Estado, para pleitear a indenização pelos danos causados.

PEÇA PRÁTICO-PROFISSIONAL

ESTRUTURAÇÃO DA INICIAL

→ Legitimidade Ativa		Juliano Augusto
→ Legitimidade Passiva		Estado de Conceição
→ Competência		Juiz de Direito
Pedido	→ Liminar	Não
	→ Principal	Indenização
→ Causa de Pedir		Art. 37, §6º da CRFB

ESTRUTURAÇÃO DO RECURSO

→ Recorrente		Juliano Augusto
→ Recorrido		Estado de Conceição
→ Competência		A quo: Tribunal de Justiça Ad quem: STF
Pedido	→ Efeito Suspensivo?	Não
	→ Principal	Reforma da decisão para que seja proferida nova decisão, com a condenação do Recorrido ao pagamento de indenização pelos danos materiais e morais sofridos pelo Recorrente.
→ Causa de Pedir		Art. 37, §6º da CRFB

EXCELENTÍSSIMO SENHOR DESEMBARGADOR PRESIDENTE DO TRIBUNAL DE JUSTIÇA DO ESTADO DE CONCEIÇÃO

(10 linhas)

Juliano Augusto, brasileiro, estado civil, médico, RG nº..., CPF nº..., endereço eletrônico, residente e domiciliado na Rua..., nos autos do processo nº..., em que litiga com o Estado de Conceição, previamente qualificado, vem, por seu advogado infrafirmado, com procuração anexa, endereço profissional na Rua..., onde doravante serão encaminhadas as intimações do feito, interpor RECURSO EXTRAORDINÁRIO em face da decisão proferida nos autos, requerendo o seu recebimento e remessa ao Supremo Tribunal Federal, competente para julgá-lo.

Nestes termos, pede deferimento.

Antures, 05 de agosto de 2013.
Advogado
OAB nº...

(quebra de página)

EGRÉGIO SUPREMO TRIBUNAL FEDERAL

Recorrente: Juliano Augusto

Recorrido: Aurélio

Processo nº: ...

DAS RAZÕES DO RECURSO

DO CABIMENTO

É cabível o presente Recurso Extraordinário, com fulcro no art. 102, III, *a*, da CRF e art. 1029 do NCPC, por se tratar de Acórdão que viola frontalmente a Constituição Federal.

DO PREQUESTIONAMENTO E DA REPERCUSSÃO GERAL

Primeiramente, a matéria ora discutida de violação à Constituição Federal já fora analisada pelo juízo "a quo", estando, portanto, prequestionada.

Além disso, por se tratar de matéria vinculada ao interesse público e de toda a coletividade, resta clara a existência de repercussão geral, conforme determinado pelo art. 1035 do NCPC e art. 102, §3º da CRFB.

DOS FATOS

O Recorrente, ao atravessar a rua na faixa de pedestres na cidade de Antures, foi atropelado por uma viatura da Polícia Militar do Estado de Conceição, ora Recorrido.

Em virtude do acidente, o Recorrente fraturou a coluna e ficou paraplégico, não obstante tenha o motorista do veículo tomado todas as providências possíveis para impedir o fato.

No bojo da ação judicial proposta por ele, a fim de obter indenização pelos danos causados, foi julgado improcedente o pleito, uma vez que restou comprovada a ausência de culpa do motorista.

Inconformado, o, até então, Autor, apresentou apelação, dentro do prazo legal. No julgamento da apelação, o Tribunal de Justiça alegou que a decisão deveria ser mantida por estar conforme a orientação estampada na Constituição Federal acerca da matéria. Tal decisão foi publicada em 12/05/2023, sexta-feira.

Dessa forma, vem, o Recorrente, impugnar a decisão do referido órgão colegiado.

DO MÉRITO

Preliminarmente, o art. 37, §6º da CRFB prevê que as pessoas jurídicas de direito público respondem objetivamente pelos danos causados a seus agentes.

Dessa forma, nos casos que versarem sobre a conduta do agente público que gere danos, não há que se falar acerca de culpa ou dolo, limitando-se, tão somente, à comprovação da conduta, do dano e nexo de causalidade entre estes elementos.

Na situação em epígrafe, o motorista da viatura da polícia militar do ente recorrido atropelou o Recorrente, o qual, em razão do acidente, fraturou a sua coluna e ficou paraplégico, restando-se clara, portanto, a presença de todos os elementos necessários para a responsabilização do Recorrido.

Sendo assim, deve o Recorrido indenizar o Recorrente pelos danos por este sofridos.

Todavia, o caso em apreço foi julgado improcedente o pleito e mantida a decisão pelo juízo a quo sob a alegação de que não houve culpa do motorista da viatura.

A análise não procede, haja vista a responsabilidade objetiva no texto constitucional.

DOS PEDIDOS

Pelo exposto, requer:

a) que seja o presente recurso conhecido e provido, determinando-se a reforma da decisão para que seja proferida nova decisão, com a condenação do Recorrido ao pagamento de indenização pelos danos materiais e morais sofridos pelo Recorrente;

b) a juntada da comprovação do preparo;

c) a condenação do Recorrido ao pagamento das custas processuais e honorários advocatícios.

Nestes termos, pede deferimento.

Antures, 02 de junho de 2023.

Advogado

OAB nº...

QUESTÃO 01

Maria construiu, de forma clandestina, um imóvel residencial em local de risco e, em razão disso, a vida de sua família e outros imóveis situados na região estão ameaçados. A autoridade municipal competente, por meio do devido processo administrativo, tomou as providências cabíveis para determinar e promover a demolição de tal construção, nos exatos termos da legislação local.

Diante dessa situação hipotética, responda aos itens a seguir.

A) Pode o Município determinar unilateralmente a obrigação demolitória?

B) Caso Maria não cumpra a obrigação imposta, o Município está obrigado a postular a demolição em Juízo?

QUESTÃO 01 - PADRÃO DE RESPOSTA

RASCUNHO - QUESTÕES DISCURSIVAS	
→ **Resposta**	A) Sim
	B) Não
→ **Fundamentação Jurídica**	A) Poder de Polícia
	B) Poder de Polícia

A) Sim. O **ato administrativo em questão decorre do exercício do poder de polícia que goza do atributo da imperatividade ou coercibilidade**, por meio do qual a Administração pode impor unilateralmente obrigações válidas.

B) A resposta é negativa. O ato administrativo em questão goza do **atributo da autoexecutoriedade**, que autoriza a Administração a executar diretamente seus atos e a fazer cumprir suas determinações, sem recorrer ao Judiciário.

QUESTÃO 02

A sociedade empresária "Mais Veloz", concessionária do serviço público de transporte ferroviário de passageiros no Estado X, está encontrando uma série de dificuldades na operação de um dos ramais do sistema ferroviário. Os consultores da sociedade empresária recomendaram aos seus administradores a manutenção da concessão, que é lucrativa, e a subconcessão do ramal que está gerando problemas. Os consultores, inclusive, indicaram o interesse de duas empresas em assumir a operação do ramal – e ambas atendem a todos os requisitos de qualificação que haviam sido inicialmente exigidos no edital de concessão do serviço.

Com base no caso apresentado, responda fundamentadamente.

A) Caso seja silente o contrato de concessão celebrado, pode haver a subconcessão do ramal que está gerando problemas operacionais?

B) Caso autorizada a subconcessão, a sociedade empresária "Mais Veloz" pode escolher livremente uma das duas empresas para celebrar o contrato de subconcessão?

QUESTÃO 02 - PADRÃO DE RESPOSTA

RASCUNHO - QUESTÕES DISCURSIVAS	
→ Resposta	A) Não
	B) Não
→ Fundamentação Jurídica	A) Art. 26 da Lei nº 8.987/1995
	B) Art. 26, § 1º, da Lei nº 8.987/1995

A) A resposta é negativa. A subconcessão é admitida em nosso ordenamento, mas, nos termos do **Art. 26 da Lei nº 8.987/1995** deve haver expressa previsão no contrato de concessão.

B) A resposta é negativa. A outorga de subconcessão, nos termos do **Art. 26, § 1º, da Lei nº 8.987/1995**, será sempre precedida de concorrência, não podendo, portanto, haver uma escolha por parte da sociedade empresária "Mais Veloz".

QUESTÃO 03

Transvia, empresa de grande porte concessionária da exploração de uma das mais importantes rodovias federais, foi surpreendida com a edição de decreto do Presidente da República excluindo as motocicletas da relação de veículos sujeitos ao pagamento de pedágio nas rodovias federais, medida que reduz substancialmente as vantagens legitimamente esperadas pela concessionária.

Considerando a situação hipotética narrada, responda aos itens a seguir, empregando os argumentos jurídicos apropriados e a fundamentação legal pertinente ao caso.

A) É juridicamente possível que o Poder Concedente estabeleça unilateralmente benefícios tarifários não contemplados originariamente no contrato de concessão?

B) A empresa concessionária tem direito a alguma forma de compensação em decorrência do impacto que o decreto produz na remuneração contratual?

A simples menção ou transcrição do dispositivo legal não pontua.

QUESTÃO 03 - PADRÃO DE RESPOSTA

RASCUNHO - QUESTÕES DISCURSIVAS	
→ **Resposta**	A) Sim.
	B) Sim.
→ **Fundamentação Jurídica**	A) Artigo 175 da CRFB, os artigos 2º, inciso II, e 29, inciso I, da Lei n. 8.987/95 e o artigo 104, inciso I, da Lei 14.133/21 OU fato do príncipe OU artigo 35 da Lei 9.074/95.
	B) Artigo 9º, §4º, da Lei n. 8.987/95 OU do artigo 35 da Lei n. 9.074/95.

A) Sim. A possibilidade de o Poder Concedente estabelecer benefícios tarifários não contemplados no contrato de concessão decorre da própria titularidade do serviço público. Com o contrato de concessão, é tão somente a execução do serviço público que se transfere para o concessionário, cabendo ao Poder Concedente regulamentar o serviço concedido (artigo 2º, inciso II, e artigo 29, inciso I, ambos da Lei 8.987/95). Para fundamentar tal resposta, o examinando poderia mencionar o artigo 175 da CRFB, os artigos 2º, inciso II, e 29, inciso I, da Lei n. 8.987/95 e o artigo 58, inciso I, da Lei 8.666/93. Além disso, também foram consideradas as referências feitas pelos examinandos aos fenômenos do fato do príncipe ou do fato da administração pública. Por fim, foram igualmente consideradas apropriadas as respostas que invocaram a norma do artigo 35 da Lei 9.074/95.

Sempre que o estabelecimento de benefícios tarifários não contemplados originariamente no contrato de concessão causarem impacto na equação econômico financeira do contrato, haverá a necessidade de serem revistas as cláusulas econômicas, de modo a que o equilíbrio seja recomposto. Nesse sentido, ao estabelecer benefícios tarifários que afetem o equilíbrio econômico financeiro do contrato, o Poder Concedente deverá, concomitantemente, recompor a equação financeira.

B) A resposta é positiva, fazendo jus a concessionária a uma compensação para que o equilíbrio econômico financeiro do contrato de concessão seja mantido, nos termos do artigo 9º, §4º, da Lei n. 8.987/95 ou do artigo 35 da Lei n. 9.074/95.

QUESTÃO 04

O prefeito de um determinado município está interessado em descentralizar o serviço de limpeza urbana e pretende, para tanto, criar uma empresa pública. Diante disso, formula consulta jurídica a respeito do regime a ser observado pela estatal em relação aos aspectos abaixo transcritos.

Com base no relatado acima, responda aos itens a seguir, empregando os argumentos jurídicos apropriados e a fundamentação legal pertinente ao caso.

A) Qual é o instrumento jurídico necessário para a instituição de uma empresa pública?

B) Qual é o regime de pessoal a ser observado e a respectiva forma de recrutamento e seleção?

C) A empresa pública em questão deve observar limite máximo de remuneração previsto no artigo 37, inciso XI, da Constituição da República?

QUESTÃO 04 - PADRÃO DE RESPOSTA

RASCUNHO - QUESTÕES DISCURSIVAS	
→ **Resposta**	A) *Lei específica.*
	B) *Híbrido.*
	C) *Não.*
→ **Fundamentação Jurídica**	A) *Art. 37, XIX, da CRFB.*
	B) *Art. 173, §1°, II e art. 37, II, ambos da CRFB.*
	C) *Art. 37, §9°, da CRFB.*

A) É necessária lei específica para a instituição de empresa pública, conforme norma do **artigo 37, inciso XIX, da CRFB.**

B) Quanto ao regime de pessoal, as empresas públicas submetem-se ao regime jurídico da iniciativa privada no que tange às obrigações trabalhistas, donde se depreende a submissão ao regime de emprego público (celetista), conforme **artigo 173, §1°, inciso II, da CRFB.** No entanto, embora o regime de pessoal seja o celetista, o examinando deve registrar que o acesso ao emprego público depende de aprovação em concurso público **(artigo 37, inciso II, CRFB).**

C) Por fim, quanto ao limite máximo de remuneração, a empresa pública deverá observá-lo caso receba recurso do Município de pagamento de despesas de pessoal ou de custeio em geral, conforme norma do **artigo 37, §9°, da CRFB.**

Treino nº 17

PEÇA PRÁTICO-PROFISSIONAL

O departamento de trânsito, órgão integrante da Administração Direta, do Estado X, lavrou auto de infração contra Coriolano, morador da cidade de Barricadas. As multas de trânsito foram-lhe impostas, em 04 de maio de 2022, pelo Superintendente da entidade, sem que ele fosse notificado e pudesse apresentar defesa prévia.

Inconformado, ele interpôs recurso administrativo ao qual foi negado provimento pelo Governador do Estado em 30 de maio de 2022.

Com o propósito de desconstituir o referido auto de infração, Coriolano impetrou Mandado de Segurança no Tribunal de Justiça do Estado, em 05 de novembro de 2022, contra o ato do governador.

O relator do *mandamus* extinguiu o feito sem julgamento de mérito sob a alegação de que haveria passado o prazo decadencial, uma vez que a multa foi imposta há mais de 120 dias. Coriolano, então, contratou seus serviços de profissional da advocacia, a fim de recorrer da decisão denegatória do Mandado de Segurança impetrado.

Na qualidade de advogado(a), proponha a medida judicial cabível para a reforma da decisão.

PEÇA PRÁTICO-PROFISSIONAL

ESTRUTURAÇÃO DA INICIAL

→ Legitimidade Ativa		Coriolano
→ Legitimidade Passiva		Autoridade Coatora: Governador do Estado X Réu: Estado X
→ Competência		Tribunal de Justiça
→ Pedido	→ Liminar	Não
	→ Principal	Anulação das multas
→ Causa de Pedir		Art. 23 da Lei nº 12.016/09 + art. 5º, LIV e LV da CRFB

ESTRUTURAÇÃO DO RECURSO

→ Recorrente		Coriolano
→ Recorrido		Relator do TJ
→ Competência		Tribunal de Justiça
→ Pedido	→ Efeito Suspensivo?	Não
	→ Principal	A reforma da decisão para que seja proferida nova decisão com a anulação das multas aplicadas
→ Causa de Pedir		Art. 23 da Lei nº 12.016/09 + art. 5º, LIV e LV da CRFB

EXCELENTÍSSIMO SENHOR DOUTOR DESEMBARGADO PRESIDENTE DO TRIBUNAL DE JUSTIÇA DO ESTADO X

(10 linhas)

Coriolano, nacionalidade, estado civil, profissão, RG nº..., CPF nº..., endereço eletrônico, residente e domiciliado na Rua..., vem, pelo seu advogado infrafirmado, com procuração anexa, endereço profissional na Rua..., onde doravante serão encaminhadas todas as intimações do feito, interpor AGRAVO INTERNO em face da decisão monocrática proferida nos autos, pelos fatos e fundamentos a seguir.

DO CABIMENTO

É cabível o presente Agravo Interno, com fulcro no art. 1021 do NCPC e no Regimento Interno do Tribunal do Estado X, por se tratar de impugnação de decisão monocrática proferida pelo Relator.

DOS FATOS

O departamento de trânsito, órgão integrante da Administração Direta, do Estado X, lavrou auto de infração contra o Agravante.

As multas de trânsito foram-lhe impostas, em 04 de maio de 2022, pelo Superintendente da entidade, sem que ele fosse notificado e pudesse apresentar defesa prévia. A publicação desse ato se deu em 15 de outubro de 2022.

Com o propósito de desconstituir o referido auto de infração, Coriolano impetrou Mandado de Segurança no Tribunal de Justiça do Estado X, em 05 de novembro de 2022, contra o ato.

O relator, então, extinguiu o feito sem julgamento de mérito sob a alegação de que haveria passado o prazo decadencial, uma vez que a multa foi imposta há mais de 120 dias.

Assim, vem o Agravante impugnar a decisão monocrática supramencionada.

DO MÉRITO

Inicialmente, o art. 23 da Lei nº 12.016/09 estabelece que o Mandado de Segurança deve ser impetrado no prazo decadencial de 120 dias a partir do conhecimento do ato coator pelo impetrante.

Verifica-se, portanto, que o início da contagem do prazo decadencial se dá com a ciência pelo interessado do ato que pretende impugnar.

No caso em apreço, muito embora o ato tenha sido praticado em maio de 2022, sua publicação se deu somente em outubro de 2022.

Portanto, considerando a data da publicação, quando o impetrante tomou ciência do ato, o Mandado de Segurança foi impetrado em novembro de 2022, respeitando, então, o prazo decadencial.

Assim, a decisão merece reforma.

Ademais, no que tange ao mérito do Mandado de Segurança, o art. 5º, LIV da CRFB estabelece que ninguém pode sofrer restrições a direitos sem o devido processo legal.

Por sua vez, o art. 5º, LV, CRFB, preconiza que o processo administrativo somente será regular se respeitar as garantias do contraditório e ampla defesa.

No caso em epígrafe foram aplicadas multas de trânsito ao agravante sem que ele fosse notificado e pudesse se defender dos autos de infração.

Portanto, são nulos os autos de infração impugnados.

DOS PEDIDOS

Pelo exposto, requer:

a) que seja o presente recurso conhecido e provido, determinando-se a reforma da decisão para que seja proferida nova decisão com a anulação das multas aplicadas;

b) condenação do Agravado em custas processuais.

Nestes termos, pede deferimento.

Barricadas, data.
Advogado
OAB nº...

QUESTÃO 01

Sobre as duas espécies de empresas estatais reconhecidas pelo ordenamento jurídico vigente, esclareça: a) a natureza jurídica e o enquadramento das mesmas no âmbito da Administração Pública; b) as características comumente presentes nessas espécies e em razão das quais elas se assemelham e se diferenciam entre si e em relação a outras espécies da Administração descentralizada; c) o(s) regime(s) de responsabilidade extracontratual aplicável(is) a essas empresas estatais.

QUESTÃO 01 - PADRÃO DE RESPOSTA

RASCUNHO - QUESTÕES DISCURSIVAS	
→ Resposta	-
→ Fundamentação Jurídica	-

As espécies de empresas estatais são as empresas públicas e sociedades de economia mista. Ambas possuem a natureza jurídica de direito privado e são entidades dotadas de personalidade jurídica própria, integrantes da Administração Pública indireta dos entes que as instituem.

Tanto as empresas públicas quanto as sociedades de economia mista são autorizadas por lei específica e precisam de registro para efetivar a sua criação. Além disso, ambas possuem empregados celetistas admitidos por concurso, cuja competência para julgar as lides é da Justiça do Trabalho.

No que tange às diferenças, é válido ressaltar que as empresas públicas têm capital integralmente público, ao passo que as sociedades de economia mista possuem um capital híbrido, porém, a maioria do poder de voto deve se concentrar nas mãos da administração pública; a empresa pública admite qualquer forma societária, ao passo que as sociedades de economia mista devem, obrigatoriamente, seguir a forma societária de sociedade anônima. Por fim, há diferenças, também, no que tange ao juízo competente para julgamento das causas que envolvem as estatais; a empresa pública é resolvida na justiça estadual comum, porém, se for federal, será competente a justiça federal, ao passo que as sociedades de economia mista são sempre de competência da justiça estadual comum, com exceção dos casos em que a União esteja em um dos polos.

No que tange à natureza da responsabilidade extracontratual, deve-se mencionar a distinção feita entre as situações em que há prestação de serviço público e as de mero exercício de atividade econômica. Será aplicada a regra da responsabilidade objetiva da entidade nos casos em que as estatais prestem serviço público (art. 37, p. 6, da CF/88) e da responsabilidade subjetiva no caso de exercício de atividade econômica.

A Empresa Brasileira de Correios e Telégrafos, em que pese ser empresa pública, é uma exceção à regra, pois, a ela é aplicado o regime da fazenda pública.

QUESTÃO 02

Em 2017, Ana Célia foi aprovada em concurso público federal mediante a realização de provas, avaliação de títulos e exame psicotécnico, de acordo com o previsto em legislação específica e nas normas do edital. Ocorre que após 04 (quatro) anos de efetivo exercício, passou a faltar intencionalmente ao serviço.

A autoridade competente determinou a instauração de processo administrativo disciplinar para apurar a conduta da servidora. Ao final do processo, restou configurada a inassiduidade habitual, em virtude da ausência injustificada da servidora por 72 (setenta e dois) dias no período de 12 (doze) meses, o que culminou na aplicação da pena de demissão.

Com base no exposto, responda, fundamentadamente, aos itens a seguir.

A) Ana Célia poderia ter sido submetida à exame psicotécnico para sua habilitação no concurso público?

B) A abertura de sindicância é indispensável para a instauração do processo administrativo disciplinar?

A simples menção ou transcrição do dispositivo legal não pontua.

QUESTÃO 02 - PADRÃO DE RESPOSTA

RASCUNHO - QUESTÕES DISCURSIVAS	
→ **Resposta**	A) Sim.
	B) Não.
→ **Fundamentação Jurídica**	A) *art. 37, inciso I, da CRFB/88 OU da Súmula Vinculante 44 OU Súmula nº 686 do STF.*
	B) *art. 143, da Lei nº 8.112/90.*

A) Sim. Na situação em apreço, o exame psicotécnico constituía uma etapa do certame definida no edital e dotada de previsão legal. A exigência de exame psicotécnico, como requisito ou condição necessária ao acesso a determinado cargo público somente é possível se houver lei em sentido material que expressamente o autorize, nos termos do art. 37, inciso I, da CRFB/88 e da Súmula Vinculante nº 44 do STF.

B) Não. Nos termos do art. 143, da Lei nº 8.112/90, diante da ciência de irregularidade no serviço público, a autoridade competente é obrigada a promover a apuração imediata, mediante sindicância ou processo administrativo disciplinar, assegurando a ampla defesa. Portanto, não se exige a instauração prévia de sindicância para a abertura de processo administrativo disciplinar, sendo essa dispensável.

QUESTÃO 03

O Estado Alpha editou lei estadual prevendo que a remuneração do grau máximo de determinada carreira estadual corresponderá a 90,25% (noventa inteiros e vinte e cinco centésimos por cento) da remuneração dos Ministros do Supremo Tribunal Federal, escalonados conforme as respectivas classes, sendo a diferença entre uma e outra de 5% (cinco por cento).

Com base na legislação estadual acima destacada, responda:

A) A legislação editada pelo Estado Alpha poderá ser considerada inconstitucional? Justifique.

B) Qual medida deve ser adotada na hipótese de recebimento, por parte de algum servidor do Estado Alpha, de remuneração acima do teto constitucional?

A mera citação do dispositivo legal não confere pontuação.

QUESTÃO 03 - PADRÃO DE RESPOSTA

RASCUNHO - QUESTÕES DISCURSIVAS	
→ Resposta	A) Sim.
	B) ---
→ Fundamentação Jurídica	A) Conforme entendimento do STF.
	B) art. 17, da ADCT.

A) Sim. Conforme o entendimento do Supremo Tribunal Federal, é inconstitucional lei que equipara, vincula ou referencia espécies remuneratórias devidas a cargos e carreiras distintos, especialmente quando pretendida a vinculação ou a equiparação entre servidores de Poderes e níveis federativos diferentes.

B) Os servidores do Estado Alpha que, de alguma forma, estiverem recebendo remuneração acima do teto definido, deverão ter o desconto dos valores que ultrapassam o limite constitucional, em folha de pagamento. Inclusive, o art. 17 do Ato das Disposições Constitucionais Transitórias – ADCT dispõe que "Os vencimentos, a remuneração, as vantagens e os adicionais, bem como os proventos de aposentadoria que estejam sendo percebidos em desacordo com a Constituição serão imediatamente reduzidos aos limites dela decorrentes, não se admitindo, neste caso, invocação de direito adquirido ou percepção de excesso a qualquer título".

QUESTÃO 04

Yuri, agente público de trânsito do município de Salvador, ao ver um veículo aparentemente abandonado às margens da Av. Paralela, uma das mais movimentadas da cidade, aplicou uma multa ao condutor do veículo e solicitou ao guincho que retirasse o veículo do local, para evitar o congestionamento generalizado na via.

Trinta minutos depois após a retirada do veículo, Pedro, o proprietário e condutor, questionou ao agente o porquê do seu veículo ter sido guinchado, visto que ele somente parou o veículo na via para ir buscar a sua esposa do outro lado da rua, para que ela não atravessasse sozinha, já que estava tendo uma crise de labirintite.

Yuri disse a Pedro que o veículo estava parado há cerca de uma hora no local e que teve que ser retirado pois estava atrapalhando o tráfego e oferecendo perigo aos transeuntes.

Pedro, então, disse que o agente estava mentindo e agindo com abuso de poder e que iria tomar as providências cabíveis.

Com base na situação hipotética responda: Pedro agiu acertadamente?

QUESTÃO 04 - PADRÃO DE RESPOSTA

RASCUNHO - QUESTÕES DISCURSIVAS	
→ **Resposta**	Não
→ **Fundamentação Jurídica**	Poder de Polícia

Não. Não há nada na situação exposta em tela que indique que o agente público agiu com abuso de poder, uma vez que está respaldado pelo poder de polícia, conforme o **art. 78 do CTN**, segundo o qual a administração pública pode limitar direitos e/ou liberdades do particular em prol do interesse público.

Este tem como uma de suas características a **autoexecutoriedade**, em que o agente pode, sem a intervenção do judiciário, se valer de meios diretos para limitar os direitos do particular.

Na situação em apreço, o agente tinha o **poder-dever de retirar o veículo da via**, uma vez que ele estava pondo em risco a vida e a segurança das pessoas que se utilizam da avenida, independentemente da situação que o particular estava enfrentando.

Ademais, o agente público goza de **presunção de veracidade**, ou seja, os fatos que ele alega presumem-se verdadeiros, invertendo o ônus da prova, de modo que o particular deve comprovar que o agente não está com a razão.

Treino nº 18

PEÇA PRÁTICO-PROFISSIONAL

Petrúncio Oswaldo, governador do Estado do Pará, nomeou seu irmão, Juvídio Oswaldo, Conselheiro do Tribunal de Contas do Estado, em 15/04/2022.

Com a situação, a população ficou indignada e, Maria João, moradora da cidade de Belém, procuradora do Tribunal de Contas do Estado, que estava cotada para ser nomeada para a função, apresentou reclamação administrativa a qual foi julgada improcedente pelo chefe do executivo estadual, sob a alegação de que a nomeação se tratava de ato político.

Assim, procurou seu escritório requisitando seus serviços para que sejam tomadas as medidas judiciais cabíveis ao desfazimento do ato violador da moralidade pública. Nesse diapasão, informou que gostaria que fosse proposta a medida mais célere diretamente no Supremo Tribunal Federal, pelo descumprimento de Súmula Vinculante.

Em face dessa situação hipotética, redija, na qualidade de advogado(a) contratado(a) por Maria, a peça judicial mais adequada.

PEÇA PRÁTICO-PROFISSIONAL

ESTRUTURAÇÃO DA PEÇA - TREINO Nº 18		
→ Legitimidade Ativa		Maria João
→ Legitimidade Passiva		Reclamado: Petrúcio Oswaldo Beneficiário: Juvídio Oswaldo
→ Competência		STF
→ Pedido	→ Liminar	Não
	→ Principal	Anulação do ato
→ Causa de Pedir		Art. 37, CRFB + Súmula Vinculante nº 13.

EXCELENTÍSSIMO SENHOR DOUTOR MINISTRO PRESIDENTE DO SUPREMO TRIBUNAL FEDERAL

(10 linhas)

Maria João, nacionalidade, estado civil, servidora pública, RG nº..., CPF nº..., endereço eletrônico, residente e domiciliada na Rua..., vem, pelo seu advogado infrafirmado, com procuração anexa, endereço profissional na Rua..., onde doravante serão encaminhadas todas as intimações do feito, apresentar RECLAMAÇÃO contra ato de Petrúcio Oswaldo, Governador do Estado, com endereço profissional na Rua..., e em face de Juvídio Oswaldo, nacionalidade, estado civil, profissão, RG..., CPF..., endereço eletrônico, residente e domiciliado na Rua.. pelos fatos e fundamentos a seguir.

DO CABIMENTO

É cabível a presente Reclamação, com fulcro no art. 103-A da CRFB e art. 988 do NCPC, por se tratar de ato que afronta Súmula Vinculante.

DOS FATOS

Petrúncio Oswaldo, governador do Estado do Pará, nomeou seu irmão, Juvídio Oswaldo, Conselheiro do Tribunal de Contas do Estado, em 15/04/2022.

A Reclamante, que é procuradora do Tribunal de Contas do Estado, que estava cotada para ser nomeada para a função, apresentou reclamação administrativa a qual foi julgada improcedente pelo chefe do executivo estadual, sob a alegação de que a nomeação se tratava de ato político.

Assim, vem apresentar a presente reclamação constitucional ao Supremo Tribunal Federal, pelo descumprimento de Súmula Vinculante.

DO MÉRITO

Inicialmente, o art. 37 da CRFB determina que a atuação da Administração Pública deve se pautar nos princípios da moralidade e impessoalidade, entre outros.

Ademais, a Súmula Vinculante nº 13 veda o nepotismo no serviço público, determinando ser proibida a nomeação de parente até o terceiro grau civil da autoridade nomeante, bem como cônjuge ou companheiro, para exercer a atividade pública sob sua chefia imediata.

Ainda neste sentido, o STF já se manifestou definindo que o cargo de conselheiro do Tribunal de Contas tem natureza administrativa e, portanto, a nomeação do candidato não configura ato político, devendo ser aplicada a referida súmula.

DOS PEDIDOS

Pelo exposto, requer:

a) a requisição para que a autoridade reclamada preste informações;

b) citação do beneficiário para que apresente defesa no prazo legal;

c) a procedência do pedido, determinando a anulação do ato impugnado;

d) a intimação do Ilustríssimo representante do Ministério Público;

e) juntada de todos os documentos necessários à solução da controvérsia;

f) juntada de comprovação de preparo.

Nestes termos, pede deferimento.

Local, data.
Advogado
OAB nº...

QUESTÃO 01

No regular exercício do poder de polícia e após o devido processo administrativo, certo órgão competente da Administração Pública Federal aplicou à sociedade empresária Beleza Ltda. multa de R$ 10.000,00 (dez mil reais) pelo descumprimento de normas administrativas que lhe são aplicáveis. Inconformada, a apenada apresentou o recurso administrativo cabível, no qual foi verificado que o valor da multa aplicada estava muito aquém dos limites estabelecidos pela lei. Após ciência e manifestação da pessoa jurídica em questão, a multa foi majorada para R$ 50.000,00 (cinquenta mil reais), sendo certo que tal valor foi mantido na terceira instância administrativa após novo recurso da sociedade.

Diante dessa situação hipotética, considerando que existe autoridade superior à que manteve a majoração da multa aplicada à sociedade empresária Beleza Ltda. e que não há legislação específica acerca de recursos no mencionado processo administrativo, responda aos itens a seguir.

A) Analise a viabilidade de a pessoa jurídica prejudicada recorrer administrativamente dessa última decisão.

B) É cabível a majoração da multa efetuada pela autoridade administrativa?

QUESTÃO 01 - PADRÃO DE RESPOSTA

RASCUNHO - QUESTÕES DISCURSIVAS	
→ **Resposta**	A) -
	B) Sim.
→ **Fundamentação Jurídica**	A) Art. 57 da Lei nº 9.784/99.
	B) Art. 64 da Lei nº 9.784/99.

A) Não é viável recorrer administrativamente, na hipótese, haja vista é cabível o recurso por até três esferas administrativas, que já se consumaram no caso em apreço. **Art. 57 da Lei nº 9.784/99.**

B) Sim. A Administração está autorizada a majorar a penalidade aplicada ao particular que se mostre contrária à lei, em decorrência do princípio da autotutela OU do poder-dever de zelar pela legalidade dos atos administrativos, na forma do **Art. 64 da Lei nº 9.784/99.**

QUESTÃO 02

O Município de Itaú decide retomar o serviço de transportes urbanos de passageiros executado por uma empresa privada por meio de permissão.

A empresa, então, reivindica indenização do Município, mas este se recusa a atender sob a alegação de que, pela Lei n. 8.987/95, a permissão se consubstancia por delegação a título precário, qualificação esta repetida no art. 40 do mesmo diploma legal.

Diante do caso, responda:

A) É cabível a encampação da permissão? Justifique.

B) Procede a alegação do Município quanto à inexistência de obrigação indenizatória na hipótese?

QUESTÃO 02 - PADRÃO DE RESPOSTA

RASCUNHO - QUESTÕES DISCURSIVAS	
→ **Resposta**	A) *Sim.*
	B) *Não.*
→ **Fundamentação Jurídica**	A) *Art. 40 da Lei n° 8.987/95.*
	B) *Art. 37 da Lei n° 8.987/95.*

A) Sim. **O art. 40 da citada Lei n° 8.987/95**, ao cuidar de permissão de serviço público, deu uma natureza contratual a este instituto, preceituando que "a permissão de serviço público será formalizada mediante contrato de adesão, que observará os termos desta lei, das demais normas pertinentes e do edital de licitação, inclusive quanto à precariedade e à revogabilidade unilateral do contrato pelo poder concedente", e o parágrafo único deste artigo reza que "aplica-se às permissões o disposto nesta Lei".

Cumpre salientar que embora o termo utilizado tenha sido "revogação", este é próprio de ato unilateral, e não como uma forma de extinção contratual. Se é necessária a extinção de um contrato por razões de interesse público, o caso é de rescisão.

Por conta do parágrafo único do dispositivo em questão, a permissão se submeterá às mesmas normas que regem a concessão, que é um modelo indiscutível de contrato administrativo, ou seja, a permissão também goza de natureza contratual. Assim, o instituto da encampação é plenamente aplicável na permissão.

B) Na encampação o contrato será **extinto por razões de interesse público,** e como ocorre nestes casos o permissionário terá o direito de ser **ressarcido dos prejuízos sofridos, haja vista não ter dado causa à tomada do serviço por parte do Poder Público (art. 37 da Lei nº 8.987/95).**

QUESTÃO 03

O Congresso Nacional aprovou recentemente a Lei nº 20.100/22, que reestruturou diversas carreiras do funcionalismo público federal e concedeu a elas reajuste remuneratório. Especificamente em relação aos analistas administrativos de determinada agência reguladora, foi instituída gratificação de desempenho.

Ao proceder aos cálculos, a Administração interpreta equivocadamente a lei e calcula a maior o acréscimo salarial, erro que só é percebido alguns anos depois de iniciado o pagamento.

Sobre a hipótese apresentada, responda aos itens a seguir.

A) Não havendo má-fé dos servidores, a Administração pode rever a qualquer tempo os cálculos e exigir a devolução da quantia paga indevidamente?

B) O ato da Administração que resultar na revisão do cálculo da gratificação precisa, obrigatoriamente, ser motivado?

QUESTÃO 03 - PADRÃO DE RESPOSTA

RASCUNHO - QUESTÕES DISCURSIVAS	
→ **Resposta**	A) Sim.
	B) Não.
→ **Fundamentação Jurídica**	A) Art. 40 da Lei nº 8.987/95.
	B) Art. 37 da Lei nº 8.987/95.

A) A Administração possui o prazo de cinco anos para anular os atos administrativos de que decorram efeitos favoráveis para os destinatários, conforme disposto no **Art. 54 da Lei nº 9.784/99**. Quanto à restituição da quantia paga a maior, por **não terem os servidores dado causa ao equívoco** e estarem de **boa-fé**, bem como diante do caráter alimentar e do princípio da confiança legítima, não será cabível (princípio da segurança jurídica).

B) Sim, a Administração deve obrigatoriamente motivar o ato, conforme disposto no Art. 50, inciso I, da Lei nº 9.784/99 OU no Art. 50, incisos VI ou VIII, da Lei nº 9.784/99.

QUESTÃO 04

O Município Beta, que possui cerca de quinze mil habitantes, pretende fazer uso de instrumentos previstos na ordem jurídica pátria para promover a ordenação urbana local, tais como os de parcelamento e edificação compulsórios.

Para tanto, fez editar o plano diretor da cidade, aprovado pela Câmara Municipal, cujo projeto foi de iniciativa do Prefeito, após a efetivação de estudos técnicos por especialistas multidisciplinares contratados, que não realizaram a oitiva popular acerca das mudanças sugeridas.

Diante dessa situação hipotética, responda aos questionamentos a seguir.

A) Para o Município Beta, a elaboração de plano diretor para se utilizar dos instrumentos de parcelamento e edificação compulsórios é obrigatória?

B) Considerando as diretrizes estabelecidas na legislação de regência, o Município Beta deveria ter promovido a participação popular no processo de elaboração do plano diretor?

QUESTÃO 04 - PADRÃO DE RESPOSTA

RASCUNHO - QUESTÕES DISCURSIVAS	
→ Resposta	A) Sim.
	B) Sim.
→ Fundamentação Jurídica	A) Art. 182, § 4°, I, da CRFB/88 OU art. 5° da Lei n° 10.257/01 OU do Art. 41, inciso III, da Lei n° 10.257/01.
	B) Art. 2°, inciso II, da Lei n° 10.257/01 e art. 40, § 4°, da Lei n° 10.257/01.

A) Sim. A utilização dos instrumentos de parcelamento e edificação compulsórios depende de previsão no plano diretor, tal como se depreende do Art. 182, § 4°, inciso I, da CRFB/88 OU do Art. 5° da Lei n° 10.257/01 (Estatuto da Cidade) OU do Art. 41, inciso III, da Lei n° 10.257/01 (Estatuto da Cidade).

B) Sim. A gestão democrática das cidades constitui importante diretriz elencada no Art. 2°, inciso II, da Lei n° 10.257/01 (Estatuto da Cidade), a ser implementada por meio da participação popular, que é obrigatória no processo de elaboração do plano diretor, na forma do Art. 40, § 4°, da Lei n° 10.257/01 (Estatuto da Cidade).

O Município Beta, que possui cerca de quinze mil habitantes, pretende fazer uso de instrumentos previstos na ordem jurídica pátria para promover a ordenação urbana local, tais como os de parcelamento e edificação compulsórios.

Para tanto, fez editar o plano diretor da cidade, aprovado pela Câmara Municipal, cujo projeto foi de iniciativa do Prefeito, após a elaboração de estudos técnicos por especialistas multidisciplinares contratados, que não realizaram a oitiva popular acerca das mudanças sugeridas.

Diante dessa situação hipotética, responda aos questionamentos a seguir.

A) Para o Município Beta, a elaboração do plano diretor para se utilizar dos instrumentos de parcelamento e edificação compulsórios é obrigatória?

B) Considerando os ditames estabelecidos na legislação de regência, o Município Beta deveria ter promovido a participação popular no processo de elaboração do plano diretor?

QUESTÃO 04 – PADRÃO DE RESPOSTA

QUESTÃO 04 – PADRÃO DE RESPOSTA	
A) Sim	Resposta
B) Sim	
A) Art. 182, § 4º, I, da CRFB/88 OU Art. 5º da Lei nº 10.257/01 OU do Art. 41, inciso III, da Lei nº 10.257/01	Fundamentação Jurídica
B) Art. 2º, inciso II, da Lei nº 10.257/01 e art. 40, § 4º, da Lei nº 10.257/01	

A) Sim. A utilização dos instrumentos de parcelamento e edificação compulsórios depende de previsão no plano diretor, tal como se depreende do Art. 182, § 4º, inciso I, da CRFB/88 OU do Art. 5º da Lei nº 10.257/01 (Estatuto da Cidade) OU do Art. 41, inciso III, da Lei nº 10.257/01 (Estatuto da Cidade).

B) Sim. A gestão democrática das cidades constitui importante diretriz elencada no Art. 2º, inciso II, da Lei nº 10.257/01 (Estatuto da Cidade), a ser implementada por meio da participação popular, que é obrigatória no processo de elaboração do plano diretor, na forma do Art. 40, § 4º, da Lei nº 10.257/01 (Estatuto da Cidade).

Treino nº 19

PEÇA PRÁTICO-PROFISSIONAL

Em 14/09/2021, terça-feira, foi publicado edital, iniciando procedimento licitatório, do tipo menor preço, na modalidade concorrência, pelo Ministério da Educação, para compra veículos automotores. A referida licitação foi regulamentada com base na Lei 14.133/21.

No prazo estabelecido, a empresa X Veículos, microempresa do ramo de vendas de carros, apresentou todos os documentos necessários à habilitação, não conseguindo demonstrar, no entanto, regularidade fiscal, uma vez que se encontrava inadimplente em relação a tributos federais. Em virtude da situação exposta, a empresa apresentou a comprovação de débitos com a Receita Federal, não cumprindo a exigência de regularidade fiscal.

Em virtude da ausência da regularidade fiscal, com base na lei 14.133/21, o agente de contratação inabilitou referida empresa, no dia 29/10/2021.

Em face dessa situação hipotética, elabore, na qualidade de advogado(a) contratado(a) pela empresa X Veículos, recurso administrativo contra a decisão de inabilitação.

PEÇA PRÁTICO-PROFISSIONAL

ESTRUTURAÇÃO DA PEÇA – TREINO Nº 19		
→ **Recorrente**		X Veículos
→ **Autoridade**		Agente de Contratação
→ **Competência**		Agente de Contratação
→ **Pedido**	→ **Liminar**	Não
	→ **Principal**	*Reforma da decisão para que seja proferida nova decisão, com a habilitação da licitante para participar das fases seguintes do certame.*
→ **Causa de Pedir**		Art. 42 da LC 123/06 e art. 43, §1° da LC 123/06

ILUSTRÍSSIMO SENHOR DOUTOR AGENTE DE CONTRATAÇÃO DA LICITAÇÃO Nº....

(10 linhas)

X Veículos, pessoa jurídica de direito privado, microempresa, CNPJ nº..., endereço eletrônico, com sede na Rua..., nos autos do procedimento licitatório nº..., realizado no âmbito do Ministério da Educação vem, pelo seu advogado infrafirmado, com procuração anexa, endereço profissional na Rua..., onde doravante serão encaminhadas todas as intimações do feito, interpor RECURSO ADMINISTRATIVO em face da decisão de inabilitação proferida nos autos, pelos fatos e fundamentos a seguir.

DO CABIMENTO

É cabível o presente Recurso Administrativo, com fulcro no art. 71, da Lei 14.133/21, por se tratar de impugnação administrativa de inabilitação do licitante.

DOS FATOS

No dia 14/09/21 foi publicado edital, iniciando procedimento licitatório, do tipo menor preço, na modalidade concorrência, pelo Ministério da Educação, para a compra veículos automotores.

No prazo estabelecido, a empresa X Veículos, microempresa do ramo de vendas de carros, ora Recorrente, apresentou todos os documentos necessários à habilitação, não conseguindo demonstrar, no entanto, regularidade fiscal, uma vez que se encontrava inadimplente em relação a tributos federais.

Em virtude da situação exposta, a empresa apresentou a comprovação de débitos com a Receita Federal, não cumprindo a exigência de regularidade fiscal. Sendo assim, inabilitou referida empresa, no dia 29/10/2021.

DO MÉRITO

Inicialmente, o art. 42 da LC 123/06 estabeleceu que somente se exigirá regularidade fiscal e trabalhista de microempresas e empresas de pequeno porte para fins de assinatura de contrato.

De fato, se tratando de microempresas e empresas de pequeno porte, será habilitada a licitante para as fases seguintes do certame, ainda que apresente comprovação de débito fiscal e trabalhista, nos moldes do art. 43 da LC 123/06.

Nestes casos, assevera o art. 43, § 1º da LC 123/06 que, após o término do certame, caso seja vencedora, lhe será concedido o prazo de 5 dias úteis, prorrogáveis por igual período para a sua regularização antes do contrato.

No caso em apreço, em que pese se tratar de uma microempresa, a Recorrente foi considerada inabilitada em razão de ausência de regularidade fiscal.

Portanto, a decisão de inabilitação merece reforma.

DOS PEDIDOS

Pelo exposto, requer que seja o presente recurso conhecido e provido, determinando-se a reforma da decisão para que seja proferida nova decisão, com a habilitação da licitante para participar das fases seguintes do certame.

Requer, ainda, que caso não seja provido o recurso, que este seja encaminhado para julgamento pela autoridade superior, nos moldes do art. 71, da Lei 14.133/21.

Nestes termos, pede deferimento.

Local, data.
Advogado
OAB nº...

QUESTÃO 01

Discorra sobre as Agências Reguladoras e as Agências executivas.

QUESTÃO 01 - PADRÃO DE RESPOSTA

RASCUNHO - QUESTÕES DISCURSIVAS	
→ **Resposta**	-
→ **Fundamentação Jurídica**	Lei nº 9986/2000

As agências reguladoras são autarquias especiais que têm a finalidade de regular a prestação de serviço público por particulares, para evitar que estes persigam, na sua atividade, somente ao lucro, e esqueçam-se do interesse público.

As agências reguladoras gozam de um regime especial, porque precisam de maior autonomia política para exercer a sua atividade de fiscalização do serviço prestado pelos particulares. Uma dessas especialidades é o poder normativo, que consiste na possibilidade de elaborar resoluções com força normativa, que impõe aos particulares obrigações específicas na prestação do serviço regulado.

Outra peculiaridade das agências reguladoras é que os seus dirigentes, em que pese sejam nomeados pelo Presidente da República, eles são sabatinados pelo Senado Federal, que aprova ou não a nomeação. Depois de nomeados, exercem um mandato por tempo determinado e não podem ser exonerados ad nutum, justamente para salvaguardar essa autonomia política, para que não fique vinculado às decisões políticas de quem o nomeou (**art. 6º da Lei n. 9.986/2000**). Ainda, após o mandato, ficam em um período de quarentena, que corresponde a quatro meses impedido de exercer atividade ou prestar qualquer serviço no setor regulado pela respectiva agência, por conta das informações privilegiadas às quais teve acesso, recebendo remuneração. (**Art. 8º, da Lei n. 9.986/2000**).

Já as agências executivas são autarquias comuns que não estão conseguindo cumprir as suas funções, logo, consideradas ineficientes. Para que se tornem eficientes, celebram um contrato de gestão com o respectivo Ministério, para seguirem um plano de reestruturação, com metas específicas. (DEC. Nº 2.487/1998).

Assim, as agências executivas ganham algumas prerrogativas para que possam se recuperar, e se tornar eficientes novamente, como ter um maior orçamento e maior autonomia administrativa.

QUESTÃO 02

Determinado município precisou adquirir produtos de informática no valor de R$ 60.000,00 (sessenta mil reais), razão pela qual fez publicar edital de licitação, na modalidade pregão, destinado exclusivamente à participação de microempresas e empresas de pequeno porte.

Observou-se, no entanto, que, na região em que está sediado tal ente federativo, existiam apenas duas sociedades capazes de preencher os requisitos constantes do instrumento convocatório e que apresentaram preços competitivos, a saber, Gama ME e Delta ME.

Por ter apresentado a melhor proposta, a sociedade Gama ME foi declarada vencedora do certame e apresentou todos os documentos necessários para a habilitação.

Considerando a situação narrada, responda aos itens a seguir.

A) O tratamento diferenciado conferido pelo Município às microempresas e empresas de pequeno porte é constitucional?

B) O pregão deveria ser homologado?

QUESTÃO 02 - PADRÃO DE RESPOSTA

RASCUNHO - QUESTÕES DISCURSIVAS	
→ **Resposta**	A) Sim.
	B) Não.
→ **Fundamentação Jurídica**	A) Art. 170, IX OU no art. 179, ambos da CRFB/88.
	B) Art. 49, inciso II, da Lei Complementar nº 123/06.

A) Sim. O tratamento favorecido dado às microempresas e empresas de pequeno porte tem respaldo constitucional, na forma do Art. 170, inciso IX, da CRFB/88 **OU** no Art. 179 da CRFB/88.

B) Não. A licitação destinada exclusivamente às microempresas e às empresas de pequeno porte não pode ser aplicada quando não houver um mínimo de 3 (três) fornecedores competitivos sediados no local ou regionalmente, e que sejam capazes de cumprir as exigências estabelecidas no instrumento convocatório, consoante o disposto no Art. 49, inciso II, da Lei Complementar nº 123/06.

QUESTÃO 03

José prestou concurso público federal mediante a realização de provas e de exame psicotécnico, etapa integrante do certame e previsto na legislação. Ele logrou aprovação e foi regularmente investido na vaga existente no Estado Alfa. Sua esposa, Maria, já é servidora federal estável lotada no mesmo Estado. Logo após a nomeação de José, ela foi removida para o Estado Beta, no extremo oposto do país, onde terá que passar a residir, no interesse da Administração.

Diante dessa situação hipotética, responda aos itens a seguir.

A) José poderia ser submetido à realização de exame psicotécnico como etapa de concurso público, ciente de que o cargo exige equilíbrio emocional?

B) José tem direito de ser removido para outro cargo, no âmbito do mesmo quadro funcional, para o Estado Beta, com o fim de se juntar a Maria?

QUESTÃO 03 – PADRÃO DE RESPOSTA

RASCUNHO – QUESTÕES DISCURSIVAS	
→ Resposta	A) Sim.
	B) Sim.
→ Fundamentação Jurídica	A) Art. 37, I, da CRFB/88 OU da Súmula Vinculante nº 44 do STF.
	B) Art. 36, *parágrafo* único, inciso III, *alínea a*, da Lei nº 8.112/90.

A) Sim. O exame psicotécnico pode constituir etapa de concurso público, desde que exista previsão em lei e no respectivo edital, na forma do Art. 37, inciso I, da CRFB/88 OU da Súmula Vinculante nº 44 do STF.

B) Sim, porque é cabível a remoção, a pedido, para outra localidade, independentemente do interesse da Administração para acompanhamento de cônjuge que tenha sido deslocado no interesse da Administração, como se extrai do Art. 36, parágrafo único, inciso III, alínea a, da Lei nº 8.112/90.

QUESTÃO 04

Um veículo particular colidiu com um cavalo que escapara da fazenda de seu proprietário e, subitamente, atravessou a pista de uma rodovia interestadual, em ponto situado na divisa do Estado do Rio de Janeiro. Resultaram do acidente a morte do motorista e lesões graves nos demais passageiros, cujos familiares ajuizaram, na Justiça Comum, ação de responsabilidade civil, almejando a reparação de danos materiais e morais. Estabelecido que se trata de rodovia federal, sujeita à fiscalização da Polícia Rodoviária Federal (órgão subordinado ao Ministério da Justiça), mas que teve delegada a uma concessionária privada mediante licitação a prestação da respectiva execução dos serviços públicos de sua manutenção e exploração.

Quem está legitimado para responder à demanda reparatória - a União, ou a Polícia Rodoviária Federal, ou a Concessionária?

QUESTÃO 04 - PADRÃO DE RESPOSTA

RASCUNHO - QUESTÕES DISCURSIVAS	
→ **Resposta**	*Concessionária*
→ **Fundamentação Jurídica**	*Responsabilidade Civil*

O **art. 37, § 6°, CRFB**, estendeu a incidência da responsabilidade objetiva não só sobre as pessoas jurídicas de direito público, como também sobre as de direito privado prestadoras de serviços públicos, como é o caso das concessionárias e permissionárias de serviço público (**art. 175 da CRFB**).

O serviço delegado em questão é a manutenção e exploração da rodovia, assim, a responsabilidade pelo dano causado é da empresa concessionária, pois ela, também, assume os riscos da atividade.

Nesse contexto, a **responsabilidade da União**, que delegou o serviço, é **apenas subsidiária.**

Quanto à **Polícia Rodoviária Federal**, não tem como ela figurar no polo passivo de uma ação dessa natureza, uma vez que é apenas um **órgão interno**, logo, **não goza de personalidade jurídica.**

Assim, a ação de reparação deverá ser movida em face da empresa concessionária de serviços públicos.

PARTE 6

Comentários AOS EXAMES ANTERIORES

Exame XL

O Ministério Público ingressou, em fevereiro de 2024, com Ação de Improbidade Administrativa em face de Bernardo, agente público do Município Alfa, sustentando que o referido servidor público, entre os meses de agosto e setembro de 2023, utilizou dolosamente, em uma obra realizada em seu rancho particular, maquinário e pessoal contratado pela municipalidade para implementação de melhorias na rede local de ensino público.

O Juízo da Vara Única da comarca no Município Alfa, integrante do Tribunal de Justiça do Estado X, recebeu a petição inicial, após verificar que esta encontrava-se em devida forma, ordenando a citação do demandado para, caso quisesse, apresentar contestação. Sendo assim, Bernardo contratou um advogado para tutelar os seus interesses, o qual juntou, aos autos, a contestação, em observância às formalidades legais.

Antes da instrução processual, o Ministério Público peticionou nos autos, requerendo a decretação da indisponibilidade dos bens de Bernardo. Nesse contexto, o Juízo, ouvindo previamente o réu, acolheu o pedido ministerial, afirmando que estava convencido da probabilidade da ocorrência dos atos descritos na petição inicial, sendo dispensada, portanto, a comprovação em concreto da urgência, que seria presumida, pela natureza da imputação. Consignou-se no provimento jurisdicional, ainda, que a indisponibilidade deveria recair, preferencialmente, sobre valores pecuniários, de natureza líquida, e, subsidiariamente, sobre bens imóveis.

Depois da implementação da medida, Bernardo, extremamente preocupado, procurou o seu advogado, aduzindo que a sua única conta corrente, com um valor aproximado de R$ 15.000,00 (quinze mil reais), equivalente a cerca dez salários mínimos, foi atingida pela decisão judicial, além do seu único imóvel, onde vive com a sua família, adquirido e pago integralmente em momento anterior à posse no cargo público ocupado no Município Alfa. Já o seu automóvel não foi tornado indisponível.

Os embargos de declaração opostos em face do provimento jurisdicional foram conhecidos e, no mérito, desprovidos, em decisão publicada na última sexta-feira.

Dessa forma, Bernardo pediu que o seu advogado adotasse as medidas jurídicas ao seu alcance, impugnando a decisão proferida para tutelar os seus interesses.

Diante das circunstâncias narradas, redija a peça cabível, mediante a apresentação de todos os fundamentos jurídicos pertinentes para a defesa dos interesses de Bernardo. (Valor: 5,00)

Obs.: A peça deve abranger todos os fundamentos de Direito que possam ser utilizados para dar respaldo à pretensão. A simples menção ou transcrição do dispositivo legal não confere pontuação.

GABARITO COMENTADO

O(a) examinando(a) deve apresentar recurso de Agravo de Instrumento, com fulcro no Art. 16, §9º e no Art. 17, §21, ambos da Lei nº 8.429/1992.

A peça deve ser endereçada ao Excelentíssimo Sr. Presidente do Tribunal de Justiça do Estado X, na forma do Art. 1.016, *caput*, do CPC.

No recurso, devem constar os nomes das partes: Bernardo é o agravante (recorrente) e o Ministério Público é o agravado (recorrido).

Preliminarmente, devem ser apontados os requisitos para a admissibilidade recursal: o cabimento, a tempestividade e o preparo do recurso ou o pedido de gratuidade de justiça.

A fundamentação deve conter os seguintes argumentos:

- Impossibilidade expressa de se presumir a urgência para a decretação da medida de indisponibilidade, conforme preceitua o Art. 16, §4º, da Lei nº 8.429/1992;

- A ordem de indisponibilidade de bens deve priorizar veículos, bens imóveis e bens móveis em geral e, apenas na inexistência desses, o bloqueio de contas bancárias, de forma a garantir a subsistência do acusado, nos termos do Art. 16, §11, da Lei nº 8.429/1992. No caso concreto, a medida recaiu sobre a conta corrente de Bernardo, mas o seu automóvel não foi previamente alcançado pela decisão judicial;

- Impossibilidade de decretação de indisponibilidade da quantia de até quarenta salários mínimos depositados em caderneta de poupança, em outras aplicações financeiras ou em conta corrente, conforme prevê o Art. 16, §13, da Lei nº 8.429/1992;

- Impossibilidade de decretação de indisponibilidade do bem de família do réu, que não tinha qualquer relação com o ato de improbidade administrativa perpetrado, no esteio do Art. 16, §14, da Lei nº 8.429 /1992.

Ao final, deve ser formulado pedido de conhecimento e provimento do recurso, visando à reforma da decisão judicial, para que seja levantada a medida de indisponibilidade em relação à conta corrente e ao bem de família do agravante.

Fechamento da peça, com a indicação de local, data, advogado e inscrição OAB.

Comentários à questão

Estamos diante do Agravo de Instrumento, o qual é cabível para impugnar decisão judicial que não termina o feito. Assim, o agravo de instrumento é a medida adequada para discutir uma decisão interlocutória, ou seja, uma decisão que se deu no bojo do processo, analisando questões incidentes.

Sendo assim, essa questão foi considerada de nível mediano.

QUESTÃO 01

A sociedade empresária *Sagaz S.A.* envolveu-se em um esquema de corrupção que importou em ato lesivo à Administração Pública Federal, de modo que o órgão competente está em via de adotar as medidas pertinentes para a sua responsabilização administrativa na respectiva esfera.

O mencionado esquema veio à tona por conta de informações prestadas pela sociedade empresária *Arguta S.A.*, que formalizou acordo de leniência com a autoridade que detém tal atribuição.

Ao tomar conhecimento de tais fatos, os representantes da sociedade empresária *Sagaz* procuram você, na condição de advogado(a), a fim de esclarecer os questionamentos a seguir.

A) Há necessidade de demonstração do elemento subjetivo, ou seja, dolo ou culpa, para a caracterização da responsabilização administrativa da sociedade empresária *Sagaz* na esfera em questão? Justifique. (Valor: 0,65)

B) A sociedade empresária *Sagaz* poderia também formalizar acordo de leniência com a autoridade competente, para cooperar na elucidação dos mesmos fatos, a fim de isentar ou reduzir as penalidades administrativas a ela aplicáveis? Justifique. (Valor: 0,60)

Obs.: O(A) examinando(a) deve fundamentar suas respostas. A mera citação do dispositivo legal não confere pontuação.

GABARITO COMENTADO

A) Não. A responsabilização administrativa por ato lesivo contra a Administração Pública (ou previsto na Lei Anticorrupção) é objetiva, de modo que independe da demonstração do elemento subjetivo, nos termos do Art. 2° da Lei n° 12.846/2016.

B) Não. Diante da existência de acordo de leniência já formalizado com a sociedade Arguta sobre os mesmos fatos, observa-se que a sociedade Sagaz não foi a primeira a manifestar o interesse em cooperar para a apuração do ilícito, não preenchendo assim requisito constante do Art. 16, § 1°, inciso I, da Lei n° 12.846/2016.

Comentários à questão

A questão trata da Lei Anticorrupção (Lei 12.846/16) e os questionamentos podem ser respondidos com facilidade, desde que observados os ditames da legislação.

Sendo assim, a questão é considerada em um nível fácil.

QUESTÃO 02

Determinada informação de interesse público não consta das vias de transparência digitais utilizadas pelo Município *Alfa*, a despeito de não ter sido submetida a sigilo, razão pela qual a Associação *Querosaber*, que tem, como uma de suas finalidades institucionais acompanhar as contas públicas, efetuou pedido de acesso a tais dados.

Para tanto, o órgão responsável cobrou montante determinado para submeter e processar o requerimento. Mesmo discordando, a Associação pagou o aludido valor, mas seu pedido foi indeferido pela autoridade competente, sob o fundamento de que não foram indicados os motivos determinantes para o acesso aos dados em questão.

Diante dessa situação hipotética, responda, fundamentadamente, aos questionamentos a seguir.

A) É lícita a cobrança efetuada pelo órgão responsável para fins de acesso à informação? Justifique. (Valor: 0,65)

B) O fundamento utilizado pela autoridade competente para indeferir o acesso à informação tem respaldo legal? Justifique. (Valor: 0,60)

Obs.: O(A) examinando(a) deve fundamentar as respostas. A mera citação do dispositivo legal não confere pontuação.

GABARITO COMENTADO

A) Não. A submissão e o processamento de pedido de acesso à informação não podem ser cobrados, na medida em que o serviço de busca e fornecimento da informação é gratuito, nos termos do Art. 12, caput, da Lei nº 12.527/2011. (Obs.: Pode ser alegado que apenas poderia ser realizada a cobrança dos custos dos serviços e materiais necessários atinentes à exigência de reprodução de documentos (mas não a submissão do requerimento), na forma do Art. 12, § 1º, da Lei nº 12.527/2011).

B) Não. É vedado ao poder público exigir os motivos determinantes da solicitação de informações de interesse público, consoante Art. 10, § 3º, da Lei nº 12.527/2011.

Comentários à questão

A questão aborda alguns pontos regulamentados pela Lei 12.527/11, a qual regulamenta o direito constitucional de acesso às informações públicas.

Sendo assim, essa questão não apresentou um grau de dificuldade maior, visto que a sua resolução poderia ser feita com base na utilização da referida legislação.

Por isso, é considerada de nível fácil.

QUESTÃO 03

Certa Secretaria do Estado Alfa fez publicar dois editais de registro de preços, na qualidade de gerenciadora, à luz da Lei nº 14.133/2021 (Nova Lei de Licitações). Um deles está voltado para a viabilização de contratações futuras e sucessivas de pequenos serviços padronizados de engenharia, de pequena complexidade, que são permanentes e frequentes. O outro, para a aquisição de produtos que são continuamente necessários para as atividades do órgão. Ambos os procedimentos foram adequadamente processados e concluídos sem a adesão de outros participantes.

Ocorre que a autarquia federal Ômega precisou dos produtos que constavam de um dos mencionados procedimentos de registro de preços, de modo que visa aderir à respectiva ata, na qualidade de não participante.

Diante desta situação hipotética, responda, como advogado(a), aos questionamentos a seguir.

A) É possível a utilização do sistema de registro de preços para a contratação de serviços de engenharia em questão? Justifique. (Valor: 0,65)

B) A autarquia Ômega poderia aderir à ata de registro de preços tal como pretendido? Justifique. (Valor: 0,60) Obs.: O(A) examinando(a) deve fundamentar as respostas. A mera citação do dispositivo legal não confere pontuação.

GABARITO COMENTADO

A) Sim. A Administração poderá contratar a execução de obras e serviços de engenharia pelo sistema de registro de preços, desde que preenchidos os seguintes requisitos: a) existência de projeto padronizado, sem complexidade técnica e operacional; b) necessidade permanente e frequente do serviço em questão, como na situação descrita, nos termos do Art. 85 da Lei nº 14.133/2021.

B) Não. É vedado à autarquia federal aderir à ata de registro de preços gerenciada por órgão ou entidade estadual, nos termos do Art. 86, § 8º, da Lei nº 14.133/2021.

Comentários à questão

A questão trata de pontos referentes ao sistema de registro de preços, o qual é tratado na Lei 14.133/21. Esse tema é bastante debatido e que não apresentou maiores dificuldades ao examinando.

Sendo assim, a questão é considerada em um nível fácil.

QUESTÃO 04

Recentemente, Iná foi aprovada em concurso público para certa sociedade de economia mista federal que desempenha atividade econômica e distribui lucro entre os seus acionistas, a qual não recebe verbas da União para o pagamento de despesas de pessoal ou para o custeio em geral, sendo certo que ela está em vias de ser chamada.

Para melhor compreender as peculiaridades do regime jurídico dos agentes públicos na situação em que foi aprovada, Iná consultou você, como advogado(a), a fim de esclarecer as dúvidas a seguir.

A) A aprovação de Iná no mencionado concurso importará na sua investidura em cargo efetivo para fins de adquirir a estabilidade? Justifique. (Valor: 0,65)

B) A remuneração dos agentes que atuam na entidade administrativa para a qual Iná foi aprovada deve ser submetida ao teto constitucional? Justifique. (Valor: 0,60)

Obs.: O(A) examinando(a) deve fundamentar suas respostas. A mera citação do dispositivo legal não confere pontuação.

GABARITO COMENTADO

A) Não. Iná foi aprovada para emprego público, ao qual é aplicável o regime celetista (OU que se revela incompatível com a garantia da estabilidade prevista no Art. 41 da CRFB/88 prevista para os cargos efetivos), nos termos do Art. 173, §1º, inciso II, da CRFB/88.

B) Não. O teto constitucional aplica-se apenas às sociedades de economia mista que recebam recursos do ente federativo responsável por sua criação (no caso, a União) para pagamento de despesas de pessoal ou de custeio em geral, na forma do Art. 37, §9º, da CRFB/88.

Comentários à questão

A questão tratou de pontos referentes aos Agentes Públicos. A base constitucional do ordenamento jurídico possibilitou a realização da respostas sem maiores problemas.

Sendo assim, a questão é considerada em um nível fácil.

O Exame de Ordem XXXII foi relativamente fácil, de modo que só houve a aplicação de um grau de dificuldade na fundamentação da peça profissional. Por sua vez, as questões não apresentaram grandes problemas para resolução, o que possibilitou uma boa pontuação para os examinandos.

Exame XXXIX

Em fevereiro de 2022, o Ministério Público ajuizou ação por improbidade administrativa em face de Rômulo, agente público municipal, e da sociedade empresária Boazinha Ltda., na forma do Art. 10, inciso VIII, da Lei nº 8.429/92, em decorrência de fraude em procedimento licitatório.

O processo transcorreu sem vícios perante o Juízo da 1ª Vara de Fazenda Pública da Comarca da Capital do estado Alfa, sendo certo que o juiz entendeu pela caracterização do ato de improbidade doloso imputado aos demandados pelo parquet.

Em razão disso, o magistrado condenou ambos os réus e determinou que a sociedade empresária Boazinha Ltda. promovesse o ressarcimento ao erário, bem como aplicou a penalidade de multa correspondente a dez vezes o valor do dano e proibição de contratar com a Administração Pública Direta e Indireta ou de receber benefícios fiscais, por tempo indeterminado.

Os embargos de declaração opostos à sentença foram rejeitados por decisão publicada na última sexta-feira.

Em decorrência de tais fatos, os representantes da sociedade empresária Boazinha procuram a sua assessoria jurídica para adotar as providências necessárias para impugnar as penalidades determinadas pelo Juízo de primeiro grau, informando, ainda, o seguinte:

– Antes da prolação da sentença, pelos mesmos fatos da ação em comento, a sociedade empresária Boazinha Ltda. formalizou e cumpriu acordo de leniência, com as autoridades competentes, com fulcro na Lei nº 12.846/13, que estabeleceu o ressarcimento ao erário, resultou na isenção das penalidades previstas na Lei nº 12.846/13 e reduziu a multa em 2/3 (dois terços). O aludido acordo foi comunicado ao Juízo no bojo da ação de improbidade administrativa, que intimou as partes interessadas e o Ministério Público, sendo certo que todos se reportaram às suas falas.

– A sociedade sobrevive dos contratos formalizados com a Administração Pública, de modo que as penas impostas importariam em efeitos econômicos e sociais gravíssimos.

Diante das circunstâncias narradas, redija a peça cabível, mediante a apresentação de todos os fundamentos jurídicos pertinentes, à luz do que foi informado pela sociedade. (Valor: 5,00)

Obs.: a peça deve abranger todos os fundamentos de Direito que possam ser utilizados para dar respaldo à pretensão. A simples menção ou transcrição do dispositivo legal não confere pontuação.

GABARITO COMENTADO

A peça a ser apresentada é um recurso de apelação.

O recurso deve ser endereçado ao Juízo da causa (1ª Vara de Fazenda Pública da Comarca da Capital do Estado Alfa), com as razões recursais dirigidas ao Tribunal, que as apreciará.

Recorrente é a sociedade empresária Boazinha Ltda. e recorrido é o Ministério Público.

Preliminarmente devem ser apontados os requisitos para a admissibilidade recursal: o cabimento, a tempestividade e o preparo do recurso/requerimento de gratuidade.

A fundamentação deve conter os seguintes argumentos:

- Impossibilidade de aplicar as sanções da lei de improbidade à pessoa jurídica também sancionada com fulcro na Lei nº 12. 846/13, na forma do Art. 3º, § 2º, da Lei nº 8.429/92;

- Inconstitucionalidade da aplicação de sanção de proibição de contratar com a Administração Pública Direta e Indireta ou de receber benefícios fiscais por tempo indeterminado, diante da vedação às penalidades de caráter perpétuo, consoante Art. 5º, inciso XLVII, da CRFB/88 (OU ilegalidade de tal sanção por prazo indeterminado por extrapolar os limites estabelecidos no Art. 12, inciso II, da Lei nº 8.429/92);

- Descabimento de novo ressarcimento ao erário, em razão de já ter sido objeto de cumprimento no acordo de leniência, nos termos do Art. 12, § 6º, da Lei 8.429/92;

- Por eventualidade, acaso não sejam afastadas as penalidades impugnadas, é imperiosa a sua redução, na medida em que devem ser consideradas outras sanções já aplicadas pelos mesmos fatos, na forma do Art. 17-C da Lei nº 8.429/92 OU do Art. 22, § 2º, da LINDB;

- Devem ser considerados os efeitos sociais e econômicos das penalidades, para fins de manutenção/preservação da sociedade empresária, com base no Art. 12, § 3º, da Lei nº 8.429/92.

Ao final, deve ser formulado pedido de conhecimento e provimento do recurso para a reforma da sentença, para que sejam julgados improcedentes os pedidos, afastando a aplicação de todas as sanções ou, caso assim não se entenda, que sejam reduzidas as penalidades aplicadas.

Arremata a peça a indicação de local, data, espaço para assinatura do advogado e número de sua inscrição na OAB.

Comentários à questão

Estamos diante da Apelação, a qual é cabível se a decisão a ser impugnada é uma sentença, ou seja, se o processo é originário do juiz singular. Dessa forma, da sentença cabe apelação.

Sendo assim, essa questão foi considerada de nível fácil.

QUESTÃO 01

A União fez publicar um edital de licitação, na modalidade concorrência, para uma grande obra de infraestrutura, inicialmente orçada em R$300.000.000,00 (trezentos milhões de reais), a caracterizar, portanto, um contrato de grande vulto nos termos da nova Lei de Licitações, aplicável à hipótese.

A sociedade empresária Construodetudo S.A. visa a participar do certame, mas, após a leitura do edital, ficou com fundadas dúvidas acerca de alguns pontos, razão pela qual buscou sua assessoria jurídica, a fim de esclarecê-las. Diante dessa situação hipotética, responda, fundamentadamente, aos questionamentos a seguir.

A) O edital em questão deveria contemplar a matriz de alocação de riscos entre contratante e contratado? Justifique. (Valor: 0,65)

B) É possível exigir do licitante vencedor a implementação de programa de integridade? Justifique. (Valor: 0,60)

Obs.: o(a) examinando(a) deve fundamentar suas respostas. A mera citação do dispositivo legal não confere pontuação.

GABARITO COMENTADO

A) Sim. Nos contratos de grande vulto, assim caracterizados nos termos do Art. 6º, inciso XXII, da Lei nº 14.133/21, é obrigatório que o edital contemple a matriz de alocação de riscos entre contratante e contratado, na forma do Art. 22, § 3º, da Lei nº 14.133/21.

B) Sim. Nos contratos de grande vulto, assim caracterizados nos termos do Art. 6º, inciso XXII, da Lei nº 14.133/21, o edital deverá prever a obrigatoriedade de implementação de programa de integridade, consoante o Art. 25, § 4º, da Lei nº 14.133/21.

Comentários à questão

A questão trata da Lei de Licitações e Contratos Administrativos (Lei 14.133/21) e os questionamentos trouxeram algumas novidades trazidas pela nova legislação, como a matriz de alocação de riscos.

Assim, a questão é considerada em um nível mediano.

QUESTÃO 02

A sociedade empresária Alfa foi contratada pelo Estado Beta para prestar determinados serviços na área de tecnologia da informação pelo prazo de um ano, sob o regime jurídico da nova Lei de Licitações e Contratos. Atualmente, no curso da execução do contrato administrativo, o estado Beta já está com atraso de 80 (oitenta) dias, contados da emissão da nota fiscal de parcelas de pagamentos devidos pela Administração por despesas de serviços já prestados pela sociedade empresária Alfa.

Sabe-se que o contrato em tela não contém cláusula compromissória ou compromisso arbitral. Cansado de tentar receber os valores devidos, o sócio administrador da sociedade empresária Alfa contrata você como advogado(a), pois pretende extinguir o contrato.

Sobre o caso narrado, responda aos itens a seguir.

A) A contratada tem direito à extinção do contrato? Justifique. (Valor: 0,65)

B) Caso haja a extinção do contrato em decorrência de culpa exclusiva do estado Beta, quais os direitos do contratado? Justifique. (Valor: 0,60)

Obs.: o(a) examinando(a) deve fundamentar suas respostas. A mera citação do dispositivo legal não confere pontuação.

GABARITO COMENTADO

A) Sim, a sociedade empresária Alfa tem direito à extinção do contrato, pois o atraso já acontece há mais de dois meses (Art. 137, § 2º, inciso IV, da Lei nº 14133/21).

B) Caso haja a extinção do contrato em decorrência de culpa exclusiva da Administração, o contratado será ressarcido pelos prejuízos regularmente comprovados que houver sofrido e terá direito à devolução da garantia, aos pagamentos devidos pela execução do contrato até a data de extinção e ao pagamento do custo da desmobilização, conforme dispõe o Art. 138, § 2º, incisos I, II e III, da Lei nº 14.133/21.

Comentários à questão

O Exame mais uma vez abordou as peculiaridades da Lei 14.133/21, mais especificamente sore a extinção dos contratos, tema bastante trabalhado nos estudos para a Ordem.

Sendo assim, a questão é considerada em um nível fácil.

QUESTÃO 03

Jaqueline é servidora pública ocupante de cargo efetivo em determinado Tribunal Regional Federal e atualmente é a responsável pelo controle interno do Tribunal.

No exercício de suas funções, Jaqueline tomou conhecimento de ilegalidade, consistente em fraude em contrato administrativo celebrado pelo Tribunal com determinada sociedade empresária, que causou dano ao erário no valor de R$ 600.000,00 (seiscentos mil reais). No entanto, mesmo não tendo qualquer participação no ilícito, Jaqueline preferiu quedar-se omissa e sequer deu ciência da ilegalidade ao Tribunal de Contas da União.

No caso em tela, em matéria de controle da Administração Pública, com base no texto da Constituição Federal, responda às perguntas a seguir.

A) Jaqueline, como agente público responsável pelo controle interno, pode ser responsabilizada por sua omissão? Justifique. (Valor: 0,65)

B) Quem possui legitimidade para denunciar, perante o Tribunal de Contas da União, ilegalidade como a narrada acima? Justifique. (Valor: 0,60)

Obs.: o(a) examinando(a) deve fundamentar suas respostas. A mera citação do dispositivo legal não confere pontuação.

GABARITO COMENTADO

A) Sim, Jaqueline, como agente público responsável pelo controle interno, ao tomar conhecimento da ilegalidade por fraude contratual, deveria ter dado ciência ao Tribunal de Contas da União e, diante de sua omissão, está sujeita à responsabilidade solidária, conforme dispõe o Art. 74 § 1º, da CRFB/88.

B) Qualquer cidadão, partido político, associação ou sindicato é parte legítima para, na forma da lei, denunciar a ilegalidade narrada perante o Tribunal de Contas da União, consoante estabelece o Art. 74 § 2º, da CRFB/88.

Comentários à questão

A questão trata do Controle da Administração Pública, sendo que as respostas deveriam ser fundamentadas com base nos dispositivos constitucionais que regulamentam a matéria.

Sendo assim, a questão é considerada em um nível fácil.

QUESTÃO 04

Após realizar pedido administrativo para a concessão de determinado benefício, a sociedade empresária Incrível teve o seu pedido parcialmente deferido pelo órgão com atribuição da Administração Pública Federal. Em razão disso, apresentou o recurso administrativo X para a obtenção do deferimento integral do pleiteado. O recurso X não foi conhecido pela autoridade competente, porque foi apresentado fora do prazo legal.

Ocorre que, ao analisar a situação impugnada, a referida autoridade competente, de ofício, entendeu que a parcela que havia sido deferida continha vício insanável, de modo que, na mesma decisão que não conheceu do recurso – sem que tenha havido preclusão, portanto – realizou a notificação da sociedade empresária Incrível para se manifestar sobre a ilegalidade verificada, que pode ensejar a anulação daquilo que havia sido concedido, fato que importaria em gravame para a sociedade Incrível.

Considerando os dados apresentados e que não há legislação acerca do aludido procedimento administrativo específico, responda, fundamentadamente, aos questionamentos abaixo.

A) Qual o prazo para a interposição do recurso administrativo X em questão? Justifique. (Valor: 0,60)

B) O não conhecimento do recurso X impede que a Administração reveja, de ofício, eventual ilegalidade constatada na parte em que o pedido da sociedade empresária Incrível foi deferido? (Valor: 0,65)

Obs.: o(a) examinando(a) deve fundamentar as respostas. A mera citação do dispositivo legal não confere pontuação.

GABARITO COMENTADO

A) Considerando que não há legislação específica sobre a matéria, o prazo para apresentar o recurso administrativo é de dez dias a contar da ciência ou divulgação oficial da decisão recorrida, nos termos do Art. 59 da Lei nº 9.784/99.

B) Não. O não conhecimento do recurso não impede a Administração de rever, de ofício, o ato ilegal, desde que não tenha ocorrido a preclusão administrativa, conforme Art. 63, §2º, da Lei nº 9.784/99. (Obs.: Pode ser aceito o fundamento de que, à luz do princípio da autotutela, a Administração tem o poder-dever de rever os atos eivados de vícios insanáveis, tal como se observa do Art. 53 da Lei nº 9.784/99 OU da Súmula nº 473 do STF).

Comentários à questão

A questão tratou da Lei 9.784/99, tema bastante trabalhado nos estudos para o Exame de Ordem da OAB, com a cobrança inclusive da Súmula 473 do STF. Sendo assim, a questão é considerada em um nível fácil.

Exame XXXVIII

PEÇA PRÁTICO-PROFISSIONAL

Em agosto de 2016, o Município *Alfa* esbulhou imóvel rural de propriedade de Fabiana, para fins de construção de via de ligação entre as áreas urbana e rural do município, de grande importância para a população local. O referido Município iniciou a obra em janeiro de 2017, concluindo-a, com sucesso, um ano depois.

Logo após o esbulho, Fabiana faleceu e, na partilha, o bem em questão ficou no quinhão de seu filho Fabrício, que, na época, morava fora do Brasil e só veio a tomar conhecimento da invasão e da consequente afetação em janeiro de 2018, quando transferiu o bem para o seu nome, momento em que não tinha condições financeiras nem psicológicas de tomar qualquer providência.

No presente ano (2023), mais precisamente na semana passada, Fabrício procurou você para, na qualidade de advogado(a), adotar a medida judicial cabível em razão da perda de sua propriedade, salientando a sua preocupação com o longo prazo transcorrido desde a invasão do imóvel, bem como destacando o seu especial interesse nos consectários da indenização a que acredita ter direito.

Fabrício frisou que não reúne condições de arcar com os custos do processo, pois além de inúmeras dívidas pessoais, o imóvel em questão é o único bem de sua titularidade.

Redija a peça pertinente para a defesa dos interesses de Fabrício, mediante a alegação de todos os fundamentos jurídicos relevantes. (Valor: 5,00)

Obs.: a peça deve abranger todos os fundamentos de Direito que possam ser utilizados para dar respaldo à pretensão. A simples menção ou transcrição do dispositivo legal não confere pontuação.

GABARITO COMENTADO

A medida cabível é a <u>*petição inicial*</u> com fundamento na desapropriação indireta.

A peça deve ser endereçada ao Juízo da Vara Cível **ou** da Fazenda Pública da Comarca do Município *Alfa*, do Tribunal de Justiça do Estado X.

Na qualificação das partes: Fabrício é a autor e o Município *Alfa* é o réu.

Inicialmente, a peça deve:

(i) conter o requerimento da concessão do benefício da gratuidade de justiça, diante da impossibilidade de o autor arcar com as custas do processo, sem prejuízo do próprio sustento, na forma do Art. 98 do CPC.

(ii) destacar o fato de que a pretensão não está prescrita, considerando que o fundamento da demanda é a desapropriação indireta, que se submete ao prazo de dez anos para a usucapião extraordinária, previsto no Art. 1.238, parágrafo único, do CC.

Obs.: *para fins de argumentação pode ser alegado o prazo de quinze anos do Art. 1.238, caput, do CC.*

Na fundamentação, deve ser alegada a caracterização da desapropriação indireta, porque:

a) a construção da via **ou** a destinação pública conferida ao bem **ou** a sua afetação importou incorporação à Fazenda Pública (fato consumado), tal como se depreende do Art. 35 do Decreto-Lei nº 3.365/41.

b) Ocorreu o sacrifício do direito de propriedade de Fabrício sem a observância do devido processo legal, a violar a necessidade de prévia e justa indenização em dinheiro para fins de desapropriação, na forma do Art. 5º, inciso XXIV, da CRFB/88.

Com relação aos pedidos, deve ser requerida a concessão da gratuidade de justiça e a produção de provas, notadamente a pericial (avaliação judicial), para apurar-se o valor da justa indenização.

Deve ser pleiteada a procedência do pedido para que o Município *Alfa* seja condenado ao pagamento da justa indenização pela perda da propriedade, com correção monetária desde a data da avaliação judicial, consoante o Art. 26 do Decreto-Lei nº 3.365/41, acrescida de juros compensatórios, na forma do Art. 15-A do Decreto-Lei nº 3.365/41, desde a invasão, consoante a Súmula 69 **ou** a Súmula 114, ambas do STJ, e de juros moratórios, nos termos do Art. 15-B do Decreto-Lei nº 3.365/41 **ou** da Súmula Vinculante 17.

Devem ser, ainda, requeridas a citação do réu, a condenação em custas e honorários, bem como apontados o valor da causa e a opção do autor pela realização, ou não, de audiência de conciliação ou mediação.

Arremata a peça a indicação de local, data, espaço para assinatura do advogado e número de sua inscrição na OAB.

Comentários à peça

A peça cobrada foi uma petição inicial com fundamento na desapropriação indireta, art. 5º, XXIV da Constituição Federal e art. 35 do Decreto-Lei n.º 3.365. O gabarito definitivo ampliado pela FGV.

Com base no que foi requerido pela banca, o nível foi considerado mediano.

QUESTÃO 01

O Ministério Público do Estado *Alfa* ajuizou ação imputando ao servidor público Bruno a prática de ato de improbidade administrativa, ocorrido em dezembro de 2022, que resultou em enriquecimento ilícito. Também é réu na mencionada demanda o particular Carlos.

Bruno, no exercício da função, recebeu, de forma dolosa, para si, dez mil reais em espécie, a título de presente de Carlos, que tinha interesse direto que podia ser amparado por ação decorrente das atribuições do agente público.

De acordo com a inicial, Carlos dolosamente pagou propina a Bruno para agilizar a expedição de uma certidão em seu nome, o que foi feito, inclusive com preterimento de outros requerimentos mais antigos que aguardavam andamento no setor em que Bruno está lotado, tudo em desacordo com as normas de regência. No curso do processo judicial, após a fase de instrução probatória, em que foram produzidas fartas provas do ilícito imputado aos réus, o Ministério Público peticionou nos autos, requerendo a intimação de ambos os réus para se manifestarem sobre proposta de acordo de não persecução cível, que naquele momento lhes oferecia.

Na qualidade de advogado(a) dos réus, responda aos itens a seguir.

A) O particular Carlos pode ser responsabilizado por ato de improbidade administrativa? Justifique. (Valor: 0,65)

B) É possível, em tese, a celebração de acordo de não persecução cível no bojo de ação civil pública por ato de improbidade administrativa em tela? Justifique. (Valor: 0,60)

Obs.: o(a) examinando(a) deve fundamentar suas respostas. A mera citação do dispositivo legal não confere pontuação.

GABARITO COMENTADO

A) Sim. Carlos, apesar de não ser servidor público, pode ser responsabilizado por ato de improbidade administrativa porque concorreu dolosamente para a prática do ato de improbidade (pagando a propina), consoante dispõe o Art. 3º da Lei nº 8.429/92, que importou enriquecimento ilícito (Art. 9º, inciso I, da Lei nº 8.429/92).

B) Sim. Em tese, é possível a celebração de acordo de não persecução cível no bojo de ação de improbidade administrativa na hipótese narrada, pois o Art. 17-B da Lei nº 8.429/92 prevê a possibilidade desse tipo de solução negocial.

Comentários à questão

A questão necessita o conhecimento sobre a Lei n.º 8.429, conhecida como Lei de Improbidade Administrativa, enquanto lei seca no primeiro item e interpretação da mesma no segundo item. Por tal razão, o nível foi considerado mediano.

QUESTÃO 02

O Estado *Alfa*, por meio da Secretaria Estadual de Saúde, após processo licitatório, celebrou contrato administrativo com a sociedade empresária *Ar Puro*, que tinha por objeto o fornecimento de bens, consistentes em aparelhos respiradores pulmonares. Durante a execução do contrato, o contratado prestou declaração falsa no que tange às especificações técnicas e à quantidade dos equipamentos que efetivamente entregou ao Estado contratante, de maneira que forneceu um número menor de respiradores e de qualidade bem inferior à contratada.

O órgão de controle interno do Estado *Alfa* identificou a conduta ilícita da sociedade empresária contratada, razão pela qual está em curso processo administrativo que visa à responsabilização administrativa da contratada, com base na Nova Lei de Licitações e Contratos Administrativos. No contrato administrativo, há previsão expressa de que a fiscalização de sua execução, inclusive no que tange à aplicação de penalidades administrativas, segue o regime jurídico previsto em tal lei.

Sobre as possíveis consequências administrativas sancionadoras previstas na citada lei que podem advir do processo administrativo em curso, na qualidade de advogado(a) da sociedade empresária *Ar Puro*, responda aos itens a seguir.

A) No bojo do processo administrativo mencionado, além da multa, há a possibilidade de ser aplicada outra sanção administrativa à sociedade empresária *Ar Puro* contratada? Justifique. (Valor: 0,65)

B) Quem é a autoridade competente para aplicar a multa ou outra eventual sanção administrativa à citada sociedade empresária? Justifique. (Valor: 0,60)

Obs.: o(a) examinando(a) deve fundamentar suas respostas. A mera citação do dispositivo legal não confere pontuação.

GABARITO COMENTADO

A) Sim. A sociedade empresária *Ar Puro* praticou infração administrativa prevista no Art. 155, incisos VIII, IX, X e XI, da Lei nº 14.133/21, razão pela qual, além da multa como penalidade pecuniária, a contratada deve sofrer a sanção legal de declaração de inidoneidade para licitar ou contratar no âmbito da Administração Pública direta e indireta de todos os entes federativos, conforme previsto no Art. 156, inciso IV, c/c. o § 5º da Lei nº 14.133/21.

B) A aplicação da sanção administrativa de declaração de inidoneidade para licitar ou contratar no âmbito da Administração Pública é de competência exclusiva do Secretário Estadual de Saúde do Estado *Alfa*, consoante dispõe o Art. 156, § 6º, inciso I, da Nova Lei de Licitações e Contratos.

Comentários à questão

A questão envolvia a análise da Lei 14.133, conhecida como Lei de Licitações e Contratos Administrativos, possuindo diversos fundamentos legais. Por tal razão, o nível foi considerado razoável. A lei 8.666 não foi trazida como fundamento pela banca.

QUESTÃO 03

A sociedade empresária *Feliz* S/A, de capital integralmente privado, sagrou-se vencedora em licitação e formalizou, regularmente, contrato de concessão do serviço público de metrô, remunerado exclusivamente por tarifa.

No transcurso do aludido contrato verificou-se a necessidade da contratação de terceiro, ou seja, outra sociedade, para realizar a manutenção dos trilhos, que é atividade inerente à da concessionária.

Além disso, vem sendo conjecturado um rearranjo societário, por meio do qual o controle acionário da sociedade *Feliz* passará para outra controladora, diversa daquela que detinha tal controle quando foi vencida a licitação.

Diante dessa situação hipotética, responda, fundamentadamente, os questionamentos a seguir.

A) A sociedade empresária *Feliz* precisa fazer licitação para a contratação de terceiro para a manutenção de trilhos? Justifique. (Valor: 0,65)

B) A transferência do controle acionário da sociedade empresária Feliz precisa da anuência do poder concedente? Justifique. (Valor: 0,60)

Obs.: o(a) examinando(a) deve fundamentar suas respostas. A mera citação do dispositivo legal não confere pontuação.

GABARITO COMENTADO

A) Não. A sociedade empresária Feliz não integra a Administração Pública, de modo que não precisa fazer licitação para suas próprias contratações, pois não está submetida aos ditames do Art.37, inciso XXI, da CRFB/88 ou pode realizar contratações por meio de regime privado nos termos do Art. 25, §§ 1º e 2º, ou do Art. 31, parágrafo único, ambos da Lei nº 8.987/95.

B) Sim. A anuência do poder concedente é necessária para a transferência de controle acionário da concessionária, sob pena de caducidade do contrato, nos termos do Art. 27 da Lei nº 8.987/95.

Comentários à questão

A questão centrou-se na Lei n.º 8.987, sobre concessões e permissões de serviço público, apresentando também um dispositivo constitucional como fundamento alternativo. Assim, verifica-se a importância do estudo da lei seca, mas como o examinando possui a prerrogativa de consulta à legislação, a questão é considerada em um nível fácil.

QUESTÃO 04

O Estado *Ômega* decidiu alienar determinado imóvel nos termos da Lei nº 14.133/21, haja vista que há muito tempo não está sendo utilizado e o valor arrecadado poderá ser destinado à implementação de políticas públicas prioritárias.

Assim sendo, o Estado *Ômega* instaurou processo administrativo, no bojo do qual se demonstrou a existência de interesse público devidamente justificado para a alienação, sendo certo que já foi realizada a avaliação do bem.

Ao tomar conhecimento de que o Estado *Ômega* pretendia vender o imóvel, a autarquia municipal Beta manifestou interesse em comprar o bem imóvel. Por outro lado, um empresário local também pretende comprar o imóvel, para nele construir um *shopping center*.

Sobre o caso em tela, responda aos itens a seguir.

A) É lícita a venda do imóvel, sem licitação, para a autarquia municipal *Beta*? Justifique. (Valor: 0,65)

B) É lícita a pretensão do empresário local de comprar o imóvel, sem licitação, para construir um *shopping center*? Justifique. (Valor: 0,60)

Obs.: o(a) examinando(a) deve fundamentar suas respostas. A mera citação do dispositivo legal não confere pontuação.

GABARITO COMENTADO

A) Sim. A venda do imóvel do Estado *Ômega* para a autarquia municipal *Beta* é lícita, mediante dispensa de licitação, desde que haja prévia autorização legislativa, na forma do Art. 76, *caput* e inciso I, alínea e, da Lei nº 14.133/21.

B) Não. O empresário local não poderá comprar o imóvel sem prévia licitação para construir um *shopping center*, pois não estão presentes as hipóteses legais de dispensa e inexigibilidade de licitação previstas no Art. 74 e no Art.75, ambos da Lei nº 14.133/21 **ou** conforme o Art. 76, *caput* e inciso I, da Lei nº 14.133/21.

Comentários à questão

A questão trata da Lei 14.133, mesclando o conteúdo de licitações com o conteúdo de bens públicos. Assim, verifica-se a importância do estudo da lei seca, mas como o examinando possui a prerrogativa de consulta à legislação, a questão é considerada em um nível fácil.

6.4

Exame XXXIV

PEÇA PRÁTICO-PROFISSIONAL

O Estado Beta realizou licitação e formalizou contrato administrativo, com base na Lei nº 14.133/21, para a realização de uma obra de grande relevância para a coletividade, da qual se sagrou vencedora a sociedade Alfa S/A, a qual iniciou a execução do contrato após a mobilização do equipamento necessário para tanto.

Posteriormente, durante o período de validade da avença, verificou-se a existência de irregularidade na respectiva licitação, à qual a sociedade Alfa não concorreu ou deu causa. Em razão disso, a Administração iniciou procedimento administrativo para promover a invalidação do contrato.

No trâmite de tal procedimento, em que respeitado o princípio da ampla defesa e contraditório, questões relevantes foram ponderadas, tais como a impossibilidade de sanar o vício em questão e as consequências de se promover a anulação do contrato, aspecto em que foi especialmente debatido o fato de que eventual invalidação seria contrária ao interesse público, notadamente em razão dos impactos financeiros, econômicos e sociais decorrentes do atraso na fruição do objeto em questão, assim como os custos para a desmobilização e o posterior retorno às atividades.

Não obstante, o Poder Público, por meio de decisão assinada pela autoridade competente, decidiu anular o contrato, com efeitos pretéritos, mediante indenização do contratado pelo que já tinha executado até então e pelos prejuízos comprovados.

A única justificativa invocada para o aludido ato de invalidação foi a violação ao princípio da legalidade, na medida em que, dos atos nulos, não se originam direitos. Não houve menção a qualquer alternativa possível no caso concreto, ou à caracterização de interesse público que justificasse a medida, ou mesmo às consequências práticas, jurídicas e administrativas que decorreriam de tal decisão.

O advogado constituído pelos representantes da sociedade Alfa, tempestivamente, impetrou mandado de segurança, mediante apresentação da prova pré-constituída e dos argumentos jurídicos pertinentes, sendo certo que as normas de organização judiciária estadual apontavam para a competência do Tribunal de Justiça Local, o que ocasionou a regular tramitação do feito perante a câmara competente.

Inicialmente, foi deferida a liminar para suspender os efeitos da decisão de invalidação do contrato, mas sobreveio acórdão, unânime, que revogou a liminar e denegou a segurança, sob o fundamento de que não cabe ao Judiciário verificar a existência de interesse público na situação, na medida em que a matéria se submete à discricionariedade administrativa. Foram opostos embargos de declaração, rejeitados por não haver omissão, contradição ou obscuridade a ser sanada, cuja decisão foi publicada na última sexta-feira.

Observando o Art. 105, inciso II, da CRFB/88, redija a petição da medida pertinente à defesa dos interesses da sociedade Alfa contra a decisão prolatada em única instância pelo Tribunal de Justiça estadual, desenvolvendo todos os argumentos jurídicos adequados à admissibilidade do recurso e ao mérito da demanda, considerando a urgência da manifestação jurisdicional. (Valor: 5,00)

Obs.: a peça deve abranger todos os fundamentos de Direito que possam ser utilizados para dar respaldo à pretensão. A simples menção ou transcrição do dispositivo legal não confere pontuação.

GABARITO COMENTADO

O recurso deve ser dirigido ao Desembargador Presidente do Tribunal de Justiça do Estado, ou ao Vice-Presidente, de acordo com a respectiva organização judiciária, formulando pedido de remessa ao Superior Tribunal de Justiça, que é o competente para a apreciação do recurso.

Na qualificação das partes, deve constar a sociedade Alfa como recorrente e o Estado Beta como recorrido. Devem ser apontados os requisitos de admissibilidade recursal: tempestividade no prazo de 15 dias, consoante art. 33 da Lei nº 8.038/90 ou Art. 1003, § 5º, do CPC e preparo.

Deve ser formulado pedido de concessão de tutela antecipada recursal ou de efeito suspensivo ativo, na forma do Art. 294, parágrafo único, ou do Art. 297 ou do Art. 300, todos do CPC, demonstrando-se o fundamento relevante de direito (violação às disposições constantes da Lei nº 14.133/21 e da LINDB) e o fundado receio de ineficácia da medida, caso concedida a segurança apenas ao final do processo (diante da paralisação das obras e iminente necessidade de desmobilização).

Na fundamentação, deve ser impugnado o fundamento da decisão, ao argumento de que a violação do direito líquido e certo da recorrente não se submete à discricionariedade administrativa ou que o ato impugnado está sujeito ao controle de legalidade/juridicidade.

Quanto à reiteração dos fundamentos que deveriam ter constado da inicial, deve ser apontada a violação de direito líquido e certo da impetrante (Art. 5º, inciso LXIX, da CRFB/88 ou Art. 1º da Lei nº 12.016/09), pelos seguintes fundamentos:

a. Impossibilidade de invalidar contrato administrativo sem que fique caracterizado tratar-se de medida de interesse público, para a qual, devem ser ponderados, dentre outros fatores, os impactos financeiros, econômicos e sociais e as despesas inerentes à desmobilização e ao posterior retorno às atividades, na forma do Art. 147 ou do Art. 148, ambos da Lei nº 14.133/21.
b. Violação ao postulado da proporcionalidade e/ou ao princípio da segurança jurídica e/ou eficiência, notadamente diante das disposições do Decreto-Lei nº 4.657/42 – Lei de Introdução às Normas do Direito Brasileiro (LINDB), cuja observância é necessária, inclusive, como expressamente mencionado no Art. 5º da Lei nº 14.133/21:

b1. Nulidade da motivação, que não considerou as alternativas possíveis no momento da invalidação, consoante Art. 20, parágrafo único, da LINDB.

b2. Violação ao Art. 21, da LINDB, na medida em que não foram consideradas as consequências jurídicas e administrativas para decretar a invalidação do contrato.

Ao final, deve ser formulado pedido de concessão da tutela antecipada recursal (OU efeito suspensivo ativo), bem como de conhecimento e provimento do recurso, com a reforma da decisão do Tribunal Estadual, a fim de que seja concedida a segurança para a anulação/invalidação do ato administrativo impugnado.

Deve ser pleiteada, ainda, a condenação em custas.

Arrematam a peça a indicação de local, a data, o espaço para assinatura do advogado e o número de sua inscrição na OAB.

Comentários à questão

A peça prático-profissional adequada foi o Recurso Ordinário em Mandado de Segurança, com fulcro no art. 105, II, "b", da CF OU no art. 1027, II, "a", do CPC.

Com base no que foi requerido pela banca examinadora, o nível foi considerado razoável.

QUESTÃO 01

As sociedades empresárias Alfa, Beta e Gama, em comunhão de ações e desígnios, fraudaram licitação para reforma e manutenção de estádio esportivo, mediante ajuste e combinação que frustraram o caráter competitivo do certame, que culminou com a contratação da sociedade empresária Gama por determinado Estado da Federação.

Após regular processo administrativo deflagrado pela Administração Pública Estadual contratante, restaram comprovadas a autoria e a materialidade do ato ilícito, bem como um prejuízo ao erário na ordem de 50 milhões de reais.

A sociedade empresária Alfa, em janeiro de 2021, procurou voluntariamente o Estado com intuito de celebrar acordo de leniência. Por sua vez, a sociedade empresária Beta, em abril de 2021, também procurou o Estado com o mesmo escopo.

Observados os fatos narrados à luz da Lei Anticorrupção, responda aos questionamentos a seguir.

A) Poderão as sociedades empresárias Alfa e Beta celebrar, ao mesmo tempo e acerca dos mesmos fatos, acordo de leniência com o Estado? Justifique.

B) Pelo poder público, de quem é a competência para celebrar o acordo de leniência? Há necessidade de participação do Ministério Público e/ou de homologação judicial para a validade do acordo de leniência? Justifique.

Obs.: o examinando deve fundamentar suas respostas. A mera citação do dispositivo legal não confere pontuação.

GABARITO COMENTADO

A) Não. As sociedades empresárias não poderão, ao mesmo tempo e acerca dos mesmos fatos, celebrar acordo de leniência, eis que a legislação estabelece que tal acordo apenas pode ser firmado com a primeira sociedade empresária que se manifestar nesse sentido, no caso em tela, a Alfa (Art. 16, § 1º, inciso I, da Lei nº 12.846/13).

B) A autoridade máxima de cada órgão ou entidade pública poderá celebrar acordo de leniência com as pessoas jurídicas responsáveis pela prática dos atos ilícitos previstos na Lei Anticorrupção, conforme prevê o Art. 16, *caput*, da Lei nº 12.846/13. Não é necessária a participação do Ministério Público e/ou a homologação judicial para a validade do acordo de leniência, pois a Lei nº 12.846/13, que dispõe sobre a matéria, não o exige, bastando que os requisitos legais, trazidos no citado diploma legal, sejam observados.

Comentários à questão

A questão não apresenta a necessidade do estudo da Lei 12.846/13, denominada Lei anticorrupção. Assim, verifica-se a importância do estudo da lei seca, mas como o examinando possui a prerrogativa de consulta à legislação, a questão é considerada em um nível mediano.

QUESTÃO 02

Gabriel é servidor de determinado órgão consultivo federal, ao qual compete a emissão de pareceres que são considerados, por lei, obrigatórios e vinculantes. Por estar assoberbado de trabalho, Gabriel não conseguiu elaborar, em tempo, o parecer que afeta os interesses da sociedade empresária Alfa. Decorrido o respectivo prazo, a Administração deu prosseguimento ao processo administrativo, para que fossem adiantadas outras providências.

Após longo período, mas antes da conclusão do processo, Gabriel finalmente apresentou sua opinião técnica, fundamentada em entendimento controvertido, mas que foi determinante para o posicionamento da autoridade competente.

A orientação adotada mostrou-se contrária aos interesses da mencionada sociedade, causando-lhe prejuízos, à vista dos quais tal pessoa jurídica dispõe-se a buscar as vias pertinentes para a responsabilização administrativa pessoal do parecerista.

Considerando que o processo administrativo em questão não conta com legislação acerca de rito específico, responda, fundamentadamente, aos questionamentos a seguir.

A) O processo administrativo poderia ter prosseguido sem a apresentação do parecer de Gabriel?

B) A existência de controvérsia é suficiente para a responsabilização administrativa pessoal de Gabriel por sua opinião técnica?

Obs.: o examinando deve fundamentar suas respostas. A mera citação do dispositivo legal não confere pontuação.

GABARITO COMENTADO

A) Não. O parecer é obrigatório e vinculante, de modo que o processo não poderia ter prosseguimento até a sua apresentação, consoante o Art. 42, § 1º, da Lei nº 9.784/99.

B) Não. A responsabilização pessoal do agente público (parecerista) por sua opinião técnica depende da caracterização de dolo ou erro grosseiro, na forma do Art. 28 do Decreto-Lei nº 4.657/42 (LINDB).

Comentários à questão

A questão aborda tema bastante discutido nas aulas de Direito Administrativo. Com resposta, baseada na legislação aplicável ao processo administrativo.

Apenas na letra "B", o examinando deveria ter o cuidado de realizar a fundamentação com base no dispositivo legal da LINDB.

Assim, a questão é considerada em um nível fácil.

QUESTÃO 03

A lei orgânica do Município Delta estabelece a competência não exclusiva do prefeito municipal para nomear servidores ocupantes de cargo em comissão. João, prefeito recém-empossado, vem promovendo diversas mudanças na administração municipal e editou decreto municipal delegando ao secretário municipal da Casa Civil competência para nomear e exonerar os titulares de cargos em comissão, exceto os cargos de secretários municipais, procurador-geral e presidentes das entidades integrantes da Administração Indireta municipal. Registra-se que a legislação municipal, no que tange à delegação de competência, repete os mesmos termos da lei federal que regula o processo administrativo no âmbito da Administração Pública Federal.

Jorge, secretário municipal da Casa Civil, praticou ato administrativo exonerando Maria de cargo em comissão, com formal, extensa e circunstanciada motivação no sentido de que a exoneração era imprescindível para cortes de despesas, diante da crise financeira por que passa o Município que agravou o déficit orçamentário.

No dia seguinte à sua exoneração, Maria verificou que foi publicada no Diário Oficial a nomeação de outra pessoa (sem qualquer relacionamento com agentes públicos) para o mesmo cargo em comissão que ocupara, inclusive sendo lotada no mesmo setor, com igual remuneração e para exercício de idênticas funções de assessoramento que outrora exercia.

Mesmo sabedora de que era ocupante de cargo exclusivamente em comissão, de livre nomeação e exoneração, Maria não se conformou com o ocorrido e procurou você como advogado(a). Em pesquisa ao site da transparência do Município, você verificou a plena saúde financeira do Município, já que o orçamento municipal do exercício em vigor é o maior de sua história e superou a arrecadação esperada, em razão do recebimento de recursos oriundos dos royalties do petróleo.

Diante dos fatos narrados, responda, de forma fundamentada, às questões a seguir.

A) A delegação de competência feita pelo prefeito João ao secretário municipal da Casa Civil é lícita?

B) Qual argumento deve ser utilizado judicialmente pelo advogado(a) visando à declaração de nulidade do ato de exoneração de Maria?

Obs.: o examinando deve fundamentar suas respostas. A mera citação do dispositivo legal não confere pontuação.

GABARITO COMENTADO

A) A delegação de competência para a prática de atos de nomeação e exoneração de ocupantes de cargos em comissão feita pelo prefeito João ao secretário municipal da Casa Civil é lícita, porque não se trata de competência exclusiva, conforme dispõe o Art. 13, inciso III, da Lei nº 9.784/99.

B) Apesar de o ato de exoneração de Maria ser um ato administrativo discricionário, na medida em que o agente público Jorge resolve motivá-lo, fica vinculado à realidade fática exposta. Ocorre que, no caso concreto, a nomeação de outra pessoa, no dia seguinte à exoneração de Maria, para ocupar o mesmo cargo e auferir a mesma remuneração, aliado ao fato de que o orçamento municipal recebeu incremento pelos royalties do petróleo, revelam que não foi a crise financeira que motivou a exoneração de Maria. Dessa forma, aplicando-se a teoria dos motivos determinantes, verifica-se que o elemento do ato administrativo motivo está viciado, razão pela qual o ato de exoneração de Maria é nulo.

Comentários à questão

A questão não apresenta grandes dificuldades, pois aborda o tema Atos Administrativos, bastante discutido nas nossas aulas de Direito Administrativo.

Bastava ter conhecimento de pontos elementares sobre a matéria, como a aplicação da Teoria dos Motivos Determinantes.

É considerada uma questão de nível fácil.

QUESTÃO 04

João e Maria são servidores públicos federais estáveis, ocupantes de cargo efetivo, e estão lotados no mesmo órgão, sediado em Município do interior do Estado Alfa. Ambos os servidores requereram à Administração Pública federal suas remoções a pedido, para outra localidade, independentemente do interesse da Administração, pelos fundamentos a seguir.

I. João pretende se remover no âmbito do mesmo quadro, com mudança de sede para a capital do Estado Alfa, para acompanhar sua cônjuge Joana, que é servidora pública civil do Estado Alfa, que acabou de ser removida, a pedido, para órgão sediado na capital do citado Estado.

II. Maria pretende se remover no âmbito do mesmo quadro, com mudança de sede para a capital do Estado Alfa, por motivo de saúde, haja vista que acabou de ser diagnosticada com câncer e o tratamento de quimioterapia indicado pelos seus médicos assistentes somente está disponível em unidade de saúde situada na capital do citado Estado.

A Administração Pública federal indeferiu ambos os requerimentos de remoção, para não desfalcar os recursos humanos do órgão de origem.

Os servidores João e Maria procuraram você, como advogado(a), para defender seus interesses. Levando em consideração os fatos narrados, de acordo com a legislação de regência, responda aos itens a seguir.

A) João possui direito subjetivo à remoção pretendida?

B) Maria tem direito subjetivo à remoção pleiteada? A decisão da Administração Pública federal acerca do requerimento de Maria constitui ato administrativo discricionário?

Obs.: o examinando deve fundamentar suas respostas. A mera citação do dispositivo legal não confere pontuação.

GABARITO COMENTADO

A) João não possui direito subjetivo à remoção a pedido pretendida, pois tal tipo de remoção para acompanhar o cônjuge exige que este tenha sido deslocado no interesse da Administração Pública, e não a seu pedido, como o fez Joana (vide Art. 36, parágrafo único, inciso III, alínea a, da Lei nº 8.112/90).

B) Maria tem direito subjetivo à remoção pleiteada, condicionada à comprovação de sua situação de saúde por junta médica oficial, conforme dispõe o Art. 36, parágrafo único, inciso III, alínea b, da Lei nº 8.112/90. O indeferimento do pleito de Maria é ilegal, sob o argumento de que a Administração não deve desfalcar seus recursos humanos lotados no órgão de origem, pois não se trata de ato administrativo discricionário e sim vinculado, já que, preenchidos os requisitos legais, a Administração Pública federal não pode decidir com critérios de oportunidade e conveniência, devendo deferir o pleito.

Comentários à questão

A questão aborda pontos elementares a respeito do tema "Agentes Públicos", como a remoção de servidor público. Ademais, a utilização da lei seca no momento do exame da ordem facilita a resposta deste tipo de questão, pois apresenta base na legislação sobre a matéria.

Por essa razão, a questão é considerada de nível fácil.

Exame XXXIII

PEÇA PRÁTICO-PROFISSIONAL

Aproveitando-se da pandemia do novo coronavírus como uma janela de oportunidade para, a qualquer custo, aumentar seus lucros, a sociedade empresária Gama, do ramo farmacêutico, passou a produzir o medicamento XXX, sem as prévias autorizações legais exigidas pelos órgãos competentes. À revelia de qualquer embasamento científico, o intuito da farmacêutica seria anunciar e vender o medicamento, como se eficaz fosse, para a prevenção e tratamento da Covid-19. Antes que qualquer unidade do medicamento fosse colocada à venda, a indústria farmacêutica foi fiscalizada pela Agência Nacional de Vigilância Sanitária que, agindo com base na legislação de regência e no regular uso de seu poder de polícia, lavrou auto de infração e, após processo administrativo sanitário, aplicou a sanção administrativa cabível à sociedade empresária Gama, diversa da interdição do estabelecimento. Logo após a vistoria, e antes mesmo de concluído o mencionado processo administrativo, levado a cabo pela Anvisa, os sócios administradores da sociedade empresária Gama desistiram de produzir o medicamento XXX, incineraram os produtos irregulares já produzidos e os insumos destinados à produção de novos. O Ministério Público Federal recebeu representação de farmacêutica concorrente que noticiou estar ocorrendo a produção ilegal de medicamentos para prevenção e tratamento do Covid-19 pela sociedade empresária Gama e informou que a Anvisa não adotou qualquer medida para a fiscalização dos fatos. Mesmo sabedora de que a Anvisa já havia atuado no caso e que a sociedade empresária Gama já havia desistido de produzir e vender o medicamento XXX, a noticiante, dolosamente, omitiu tais informações na notícia de fato que apresentou ao MPF. Diante da gravidade da situação que lhe foi apresentada, o Ministério Público Federal ajuizou de imediato ação civil pública em face da Anvisa e da sociedade empresária Gama requerendo, em relação a esta última, inaudita altera pars, a concessão de tutela provisória de urgência para a interdição de todas as suas atividades, inclusive a produção de outros medicamentos devidamente licenciados, o que foi integralmente deferido pelo juízo da 1ª Vara Federal da Comarca da Capital do Estado Delta. Imediatamente após receber a citação para responder à ação civil pública e à intimação para cumprimento da tutela provisória deferida, a sociedade empresária Gama procurou você, como advogado(a), para a defender. Redija o recurso cabível, que possa levar o tema ao segundo grau de jurisdição, com intuito de reformar o mais rápido possível a decisão judicial que decretou a interdição narrada.

Obs.: a peça deve abranger todos os fundamentos de Direito que possam ser utilizados para dar respaldo à pretensão. A simples menção ou transcrição do dispositivo legal não confere pontuação.

GABARITO COMENTADO

EXCELENTÍSSIMO SENHOR PRESIDENTE DO TRIBUNAL REGIONAL FEDERAL DA REGIÃO ____ (QUE ENGLOBA O ESTADO DELTA)

(10 linhas)

SOCIEDADE EMPRESÁRIA GAMA, pessoa jurídica de direito privado, CNPJ nº..., endereço eletrônico, com sede na Rua..., nos autos do Processo nº..., em que litiga com o MINISTÉRIO PÚBLICO FEDERAL, pessoa jurídica de direito público interno, com sede à Rua..., vem, respeitosamente, perante Vossa Excelência, por meio de seu advogado infrafirmado, com procuração anexa e endereço profissional na Rua..., onde serão doravante encaminhadas as intimações do feito, interpor o presente AGRAVO DE INSTRUMENTO, em face da Decisão interlocutória proferida nos autos, pelos fatos e fundamentos a seguir.

Conforme dispõe o artigo 1016, IV, CPC, informa o nome e endereço dos advogados do Agravante e do Agravado.

Em observância ao artigo 1017, I, do CPC, da petição que ensejou a decisão agravada, da própria decisão agravada, da certidão da respectiva intimação e das procurações outorgadas aos advogados.

DO CABIMENTO

É cabível o presente agravo de instrumento com fulcro no artigo 1015, I, do Código de Processo Civil por se tratar de decisão interlocutória....

DOS FATOS

(Neste tópico, basta o aluno apresentar os fatos com base no enunciado da questão).

DO EFEITO SUSPENSIVO

O artigo 1019, I, do CPC, permite que se conceda efeito suspensivo ao agravo de instrumento desde que presentes o *fumus boni iuris* e o *periculum in mora*.

O *fumus boni iuris* se baseia no fato de que está demonstrada a probabilidade de provimento do recurso, haja vista que a sociedade empresária Gama não mais produz o medicamento XXX e já foi fiscalizada administrativamente pela Anvisa.

O *periculum in mora* decorre do fato a imediata produção dos efeitos da decisão recorrida de interdição de todas as atividades da sociedade empresária Gama há risco de dano grave, de difícil ou impossível reparação, eis que causará prejuízos econômicos e trabalhistas para a agravante (e seus empregados) e prejuízos sociais decorrentes da proibição de produção e venda de outros medicamentos devidamente licenciados.

Portanto, deve ser concedido efeito suspensivo ao agravo.

DO MÉRITO RECURSAL

No mérito recursal, deve-se ressaltar a ausência dos dois requisitos legais necessários ao deferimento e manutenção da tutela de urgência, previstos no Art. 300, *caput*, do CPC.

Sendo assim, verifica-se a ausência da probabilidade do direito, haja vista que a recorrente não está fabricando nem vendendo ilegalmente o medicamento XXX e já foi fiscalizada administrativamente pela Anvisa.

Dessa maneira, a Recorrente já sofreu fiscalização da Anvisa, que detém poder de polícia, o qual já possui o atributo de autoexecutoriedade, via de regra, sendo certo que a Agência instaurou e concluiu processo administrativo sanitário, aplicando-lhe a sanção cabível, diversa da interdição.

Ressalta-se que o próprio agravante, voluntariamente (antes mesmo da conclusão do processo administrativo da Anvisa), desistiu de produzir o medicamento XXX e, inclusive, já incinerou aqueles já produzidos e os insumos destinados à produção de novos, sendo certo que nenhuma unidade do medicamento chegou a ser colocada à venda.

Por fim, ainda vale destacar a ausência do perigo de dano ou o risco ao resultado útil do processo, eis que a empresária agravante desistiu de fabricar o medicamento XXX, inclusive já destruiu todo o estoque e a matéria prima necessária para tal.

DOS PEDIDOS

Pelo exposto, requer:

Seja atribuído o efeito suspensivo ao presente recurso, suspendendo a decisão agravada até seu julgamento;

Seja o presente agravo conhecido e provido determinando-se a reforma da decisão agravada, de maneira a levantar a interdição e autorizar o retorno de todas as atividades da sociedade empresária Gama, inclusive a produção de outros medicamentos devidamente licenciados.

a) a juntada dos documentos probatórios da incineração e da atuação da Anvisa, na forma do Art. 1.017, inciso III e § 5º, parte final, do CPC;
b) a juntada de comprovação do preparo;
c) condenação do Agravado ao pagamento das custas processuais e honorários advocatícios.

Nestes termos, pede deferimento.

Data.

Advogado (a)

OAB nº ...

Comentários à questão

A peça prático-profissional adequada foi o Agravo de instrumento, com fulcro no art. 1.015, I, do Código de Processo Civil e no art. 12, da Lei 7.347/85.

Com base no que foi requerido pela banca examinadora, o nível foi considerado razoável.

QUESTÃO 01

A Universidade Federal Beta, entidade autárquica, com o objetivo de custear programas de ensino, editou um ato que condicionou a inscrição dos alunos dos cursos de graduação, mestrado e doutorado, ao pagamento de valor pré-estabelecido, a que chamou de "condicionante de inscrição", no montante de R$ 500,00 (quinhentos reais).

Eliseu dos Santos que estava cursando o segundo ano do curso de graduação em Direito na mencionada universidade, inconformado com a determinação, apresentou, antes da matrícula, recurso administrativo com vistas a impugnar a cobrança efetuada para todos os alunos.

Após protocolizar o recurso, Eliseu comunicou o fato ao Diretório Central dos Estudantes, que há dez anos constituiu regularmente uma associação para a defesa dos interesses do corpo discente, designada de ADICDI.

Antes da decisão no respectivo processo administrativo, Eliseu decidiu mudar de carreira e aceitou uma bolsa, oferecida por uma universidade particular, para cursar Medicina, de modo que optou por deixar o curso de Direito da instituição federal, fato que comunicou tanto à Universidade, quanto à ADICDI.

Diante dessa situação hipotética, certo de que não há legislação especial para o processo administrativo em questão, responda, fundamentadamente, aos questionamentos a seguir.

A) A Universidade Federal pode deixar de decidir o pleito instaurado por Eliseu?

B) Acaso discorde da decisão que venha a ser prolatada pela autoridade de primeiro grau no âmbito administrativo, a ADICDI tem legitimidade para apresentar recurso hierárquico?

Obs.: o examinando deve fundamentar suas respostas. A mera citação do dispositivo legal não confere pontuação.

GABARITO COMENTADO

A) Não. A Administração tem o dever de prover o impulsionamento de ofício dos processos administrativos instaurados (princípio da oficialidade), sem prejuízo da atuação dos interessados, na forma do Art. 2º, parágrafo único, inciso XII, da Lei nº 9.784/99.

B) Sim. Eliseu pediu a liberação do pagamento para todos os estudantes da Universidade Federal ou trata-se de decisão que interessa a todo o corpo discente, de modo que a ADICDI tem legitimidade para apresentar recurso administrativo para a defesa dos interesses coletivos, consoante o disposto no Art. 58, inciso III, da Lei nº 9.784/99.

Comentários à questão

A questão não apresenta grandes dificuldades. Na primeira pergunta, o conhecimento acerca do Princípio da Oficialidade já possibilita ao examinado a adequada resposta.

Além disso, o conhecimento da lei 9.784/99 possibilita a respostas dos outros pontos questionados.

Assim, a questão é considerada em um nível fácil.

QUESTÃO 02

Determinada sociedade de economia mista estadual, com vistas a adquirir bens necessários ao adequado funcionamento de seus serviços de informática, divulgou, após a devida fase preparatória, o instrumento convocatório, no qual indicou certa marca, que é comercializada por diversos fornecedores, por considerá-la a única capaz de atender ao objeto do contrato, tal como tecnicamente justificado nos autos do respectivo processo administrativo, certo que o edital adotou a sequência de fases prevista em lei.

No curso do procedimento licitatório, a proposta apresentada pela sociedade Beta foi considerada a vencedora, mas os representantes de outra licitante, a sociedade Alfa, consideraram o julgamento equivocado e pretendem interpor recurso administrativo para impugná-lo antes da habilitação.

Diante dessa situação hipotética, responda, fundamentadamente, aos questionamentos a seguir.

A) É válida a indicação de marca pela sociedade de economia mista em questão? Justifique.

B) É cabível a interposição do recurso administrativo pretendido pela sociedade Alfa? Justifique.

Obs.: o(a) examinando(a) deve fundamentar suas respostas. A mera citação do dispositivo legal não confere pontuação.

GABARITO COMENTADO

A) Sim. A indicação de marca é válida nas circunstâncias do caso proposto na medida em que, mesmo sendo comercializada por diversos fornecedores, é a única capaz de atender ao objeto do contrato, como tecnicamente demonstrado no processo administrativo pertinente, a enquadrar-se na regra do Art. 47, inciso I, alínea *b*, da Lei nº 13.303/16.

B) Não. Considerando que foi adotada a sequência de fases estabelecida na Lei nº 13.303/16, observa-se que a fase recursal é única e posterior à habilitação, na forma do Art. 59 da Lei nº 13.303/16 (pode ser aceita menção ao Art. 51, inciso VIII, da Lei nº 13.303/16).

Comentários à questão

A questão exigia um conhecimento específico acerca da Lei 13.303/16. Essa legislação é bastante trabalhada em aula e, além disso, a utilização do Vade Mecum no exame da ordem possibilitou a resolução das indagações de forma bem tranquila.

Sendo assim, a questão é considerada em um nível fácil.

QUESTÃO 03

Ana foi aprovada em concurso público para o provimento do cargo administrativo de técnico de ensino médio, em âmbito federal, no qual veio a adquirir estabilidade em 2012.

Ocorre que Ana decidiu investir em outra área de formação e, após obter o diploma de economia, prestou concurso público para o cargo de analista em outra carreira federal, que tinha o grau de instrução de ensino superior, como requisito. Foi aprovada e convocada no ano corrente (2021), sendo certo que este segundo cargo não é acumulável com aquele que a servidora ocupava anteriormente.

Ana, como é recém-formada em economia, receia vir a ser inabilitada no estágio probatório para o novo cargo, razão pela qual consulta você para, na qualidade de advogado, responder, fundamentadamente, aos questionamentos a seguir.

A) Caso o receio de Ana venha a concretizar-se, qual é a providência que deve ser adotada, com o fim de resguardar a possibilidade de eventual retorno ao cargo anterior? Sendo tal possível, qual será o provimento adequado para tanto? Justifique.

B) A investidura por concurso e o efetivo exercício do estágio probatório por três anos bastam para que Ana adquira estabilidade no cargo de analista? Justifique.

Obs.: o(a) examinando(a) deve fundamentar suas respostas. A mera citação do dispositivo legal não confere pontuação.

GABARITO COMENTADO

A) Ana deveria pleitear a declaração de vacância no cargo federal de nível médio em que é estável, para resguardar eventual possibilidade de retorno, na forma do Art. 33, inciso VIII, da Lei nº 8.112/90, sendo certo que a forma de provimento do cargo público adequada é a recondução, consoante disposto no Art. 29, inciso I, da Lei nº 8.112/90.

B) Não. A investidura por concurso e o efetivo exercício, pelo prazo de três anos, do estágio probatório não são suficientes, porque a avaliação especial de desempenho, por comissão instituída para essa finalidade, é condição para a aquisição da estabilidade, nos termos do Art. 41, § 4º, da CRFB/88 ou do Art. 20, §1º, da Lei nº 8.112/1990.

Comentários à questão

A questão exigia o conhecimento específico acerca dos dispositivos legais da Lei 8.112/90. Contudo, a utilização do Vade Mecum no momento do exame da ordem possibilitou ao aluno a resolução sem maiores dificuldades.

Sendo assim, a questão é considerada em um nível razoável.

QUESTÃO 04

A autoridade competente, em âmbito federal, tem fundadas dúvidas acerca da possibilidade de expedição de uma licença pleiteada pela sociedade empresária Alegre, que envolve assunto de interesse geral. Isso porque, apesar de todos os elementos do ato administrativo vinculado estarem especificados em lei, a respectiva norma se utiliza de conceitos jurídicos indeterminados, que demandam nova interpretação a ser implementada pela Administração, a implicar novo dever para os requerentes daquela licença.

Considerando que a adoção da nova interpretação acarretará o indeferimento da licença requerida pela sociedade empresária Alegre, que preenchia os requisitos que prevaleciam à luz da orientação vigente no momento da efetivação do requerimento, responda, fundamentadamente, aos questionamentos a seguir, na qualidade de advogado(a) desta pessoa jurídica.

A) É possível a aplicação retroativa da nova interpretação para indeferir a licença pleiteada pela sociedade empresária Alegre? Justifique.

B) A realização de consulta pública, para dirimir a incerteza jurídica suscitada pela autoridade para o exercício de sua competência, é cabível? Justifique.

Obs.: o(a) examinando(a) deve fundamentar suas respostas. A mera citação do dispositivo legal não confere pontuação.

GABARITO COMENTADO

A) Não. É vedada a aplicação retroativa de nova orientação firmada em sede administrativa, consoante o disposto no Art. 23 do Decreto-lei nº 4.657/42 (LINDB), ou do Art. 2º, inciso XIII, da Lei nº 9.784/99.

B) Sim. Nas hipóteses de dúvida ou de incerteza jurídica acerca de assuntos de interesse geral, inclusive para a expedição de licença, a Administração Pública poderá realizar consulta pública, na forma do Art. 26 do Decreto-lei nº 4.657/42 (LINDB), ou do Art. 31 da Lei nº 9.784/99.

Comentários à questão

A questão exigia o conhecimento específico acerca da Lei de Introdução às Normas do Direito Brasileiro. Esse conteúdo não tem grande frequência na cobrança da FGV, por isso, a questão é considerada em um nível médio.

O Exame de Ordem XXXIII teve um nível razoável de dificuldade, de modo que, os alunos que costumam praticar muito e estavam adaptados com a legislação relacionada ao Direito Administrativo, não tiveram maiores dificuldades, uma vez que cobrou, em sua maioria, matérias que são constantemente discutidas e encontradas na lei seca.

Exame XXXII

No início de 2016, Amália se inscreveu no concurso para Delegado de Polícia do Estado Ômega, cujo edital previa a realização de prova escrita e de aptidão física para os candidatos que tivessem sido aprovados na fase anterior. O instrumento convocatório continha cláusula expressa no sentido de que tais exames seriam agendados na mesma data para todos os candidatos, sem a possibilidade de remarcação por circunstâncias pessoais do candidato.

Após inúmeros percalços no certame, que teve anulação da primeira prova escrita, em razão de fraude, além da remarcação da segunda oportunidade de realização, foi finalmente divulgada a lista de aprovados na fase preliminar e agendado o teste de aptidão física.

Amália obteve excelente classificação na prova escrita, mas estava grávida de trinta e duas semanas no momento em que seria realizado o teste físico e precisava ficar em repouso, por ordem médica, em decorrência de complicações na gestação, de modo que não poderia realizá-lo.

Imediatamente após ter sido indeferido o pedido de remarcação do exame de aptidão física pelo Presidente da Comissão do Concurso, Amália impetrou Mandado de Segurança, com o objetivo de remarcar a prova de aptidão física, mediante a apresentação dos argumentos jurídicos pertinentes.

Devidamente processado o Mandado de Segurança, com manifestação de todas as partes e interessados, o Juízo de 1º grau, qual seja, a 1ª Vara da Fazenda Pública da Comarca da Capital, denegou a ordem, sob o fundamento de que se operou a decadência, na medida em que há questionamento de cláusula do edital, divulgado em momento que antecedeu, em muito, os seis meses previstos em lei para a impetração. Opostos embargos de declaração da sentença, houve o desprovimento do recurso por decisão publicada na última sexta-feira.

Em razão disso, Amália procura você, no dia em que publicada a decisão dos Embargos de Declaração, para, na qualidade de advogado(a), tomar as providências cabíveis para reformar a decisão do Juízo de primeiro grau e obter o pronto exame do mérito.

Redija a peça adequada, mediante a exposição de todos os argumentos jurídicos pertinentes.

Obs.: a peça deve abranger todos os fundamentos de Direito que possam ser utilizados para dar respaldo à pretensão. A simples menção ou transcrição do dispositivo legal não confere pontuação.

GABARITO COMENTADO

EXCELENTÍSSIMO SENHOR DOUTOR JUIZ DE DIREITO DA 1ª VARA DA FAZENDA PÚBLICA DA COMARCA DA CAPITAL DO ESTADO ÔMEGA

(10 linhas)

AMÁLIA, nacionalidade, estado civil, profissão, inscrita no RG nº... e CPF nº..., endereço eletrônico, residente e domiciliado na Rua..., nos autos do processo nº..., em que litiga com o ESTADO ÔMEGA Já qualificado no feito, vem, por meio de seu advogado, infrafirmado, com procuração em anexo, endereço eletrônico, com endereço profissional na Rua.., onde deverão ser encaminhadas as intimações do feito, interpor RECURSO DE APELAÇÃO em face da sentença proferida nos autos, requerendo sua remessa ao Tribunal de Justiça do Estado Ômega competente para julgamento.

Nestes termos,

Pede deferimento.

Local, data.

Advogado

OAB nº ...

(quebra de página)

EGRÉGIO TRIBUNAL DE JUSTIÇA DO ESTADO ÔMEGA

Recorrente: Amália

Recorrido: Estado ÔMEGA

Processo nº...

DAS RAZÕES DO RECURSO

DO CABIMENTO

É cabível o presente Recurso de Apelação, com fulcro no art. 1009 do Código de Processo Civil, por se tratar de impugnação da sentença proferida nos autos.

DOS FATOS

Amália, no início do ano de 2016, se inscreveu no concurso para Delegado de Polícia do Estado Ômega, cujo edital previa a realização de prova escrita e de aptidão física para os candidatos que tivessem sido aprovados na fase anterior. O instrumento convocatório continha cláusula expressa no sentido de que tais exames seriam agendados na mesma data para todos os candidatos, sem a possibilidade de remarcação por circunstâncias pessoais do candidato.

Após inúmeros percalços no certame, que teve anulação da primeira prova escrita, em razão de fraude, além da remarcação da segunda oportunidade de realização, foi finalmente divulgada a lista de aprovados na fase preliminar e agendado o teste de aptidão física.

Amália obteve excelente classificação na prova escrita, mas estava grávida de trinta e duas semanas no momento em que seria realizado o teste físico e precisava ficar em repouso, por ordem médica, em decorrência de complicações na gestação, de modo que não poderia realizá-lo.

Imediatamente após ter sido indeferido o pedido de remarcação do exame de aptidão física pelo Presidente da Comissão do Concurso, Amália impetrou Mandado de Segurança, com o objetivo de remarcar a prova de aptidão física, mediante a apresentação dos argumentos jurídicos pertinentes.

Devidamente processado o Mandado de Segurança, com manifestação de todas as partes e interessados, o Juízo de 1º grau, qual seja, a 1ª Vara da Fazenda Pública da Comarca da Capital, denegou a ordem, sob o fundamento de que se operou a decadência, na medida em que há questionamento de cláusula do edital, divulgado em momento que antecedeu, em muito, os seis meses previstos em lei para a impetração. Opostos embargos de declaração da sentença, houve o desprovimento do recurso por decisão publicada na última sexta-feira.

Em razão da denegação do mandado de segurança impetrado, Amália interpõe o presente recurso de Apelação, visto que é imperativa a reforma da decisão guerreada pelos fatos e fundamentos apresentados.

DO MÉRITO

Inicialmente, resta impugnado o fundamento constante da sentença que reconheceu a decadência para a impetração do Mandado de Segurança, na medida em que não há a impugnação de cláusula do edital, mas pleito para o reconhecimento de sua inaplicabilidade decorrente de circunstâncias posteriores, que só se concretizaram quando da definição do exame de aptidão física.

Nessa senda, mostra-se necessário ressaltar que o ato que está sendo impugnado é o ato que negou à Impetrante o pedido de remarcação e não o edital do certame. Dessa maneira, não se verifica a decadência para a impetração do presente remédio constitucional.

No caso ora analisado, mostra-se viável o pronto julgamento do feito de acordo com a legislação processual (Art. 1013, § 4º, do CPC) e da procedência do pedido, diante da violação do direito líquido e certo de obter o adiamento do teste físico em razão da gravidez, pelos seguintes fundamentos:

A proteção à gestação exorbita o âmbito individual da candidata, pois ampara, sobretudo, a maternidade e/ou a família e/ou o planejamento familiar, na forma do Art. 226 da CRFB/88 ou é dever do Estado de proteger a criança, ainda que no ventre da mãe, com prioridade, consoante o Art. 227 da CRFB/88.

A violação ao princípio da acessibilidade ao serviço público, por culminar na impossibilidade de ingresso das grávidas, previsto no Art. 37, inciso I, da CRFB/88;

Por fim, constata-se a violação ao Princípio da Isonomia, no sentido material, considerando a necessidade de tratamento diferenciado daqueles que se apresentam em circunstâncias diversas dos demais, consagrado no Art. 37, *caput*, da CRFB/88.

Com isso, resta configurada a violação do Princípio supracitado, visto que não há como garantir a igualdade num teste de aptidão física em que uma gestante de 32 semanas de gravidez estará em competição com outros indivíduos.

DOS PEDIDOS

Diante do exposto, requer:

a) Seja o presente recurso conhecido e provido, determinando-se a reforma da decisão, para que seja proferida nova decisão, para que seja concedida a segurança com o fim de determinar a remarcação da prova de aptidão física, para que a impetrante possa prosseguir no concurso público em questão;

b) A condenação do Apelado no pagamento de custas e honorários advocatícios;

c) A juntada de comprovação do preparo.

Nestes termos,

Pede deferimento

Local, data.

Advogado/OAB.

Comentários à questão

Estamos diante da Apelação. É necessário atentar para a adequada estruturação da peça profissional, devendo ser preparada uma folha de rosto, requerendo ao juízo *a quo* que remeta o recurso à autoridade superior. Posteriormente, deve ser elaborado o corpo do recurso, endereçado ao tribunal, no qual serão tratados os argumentos jurídicos para provimento da peça recursal.

Sendo assim, essa questão foi considerada de nível mediano.

QUESTÃO 01

Roberto é servidor do Poder Executivo Federal há dezessete anos. Infelizmente envolveu-se em um acidente automobilístico que o deixou com severas limitações cognitivas e motoras. Em razão disso, foi aposentado por invalidez. Dois anos depois, após um intenso trabalho de reabilitação, Roberto recuperou seus movimentos e também a consciência.

Na qualidade de advogado(a) consultado(a), responda aos itens a seguir.

A) Supondo que Roberto tivesse direito ao auxílio-alimentação enquanto estava na ativa, ao ingressar na inatividade, ele mantém esse direito?

B) Ao recuperar os movimentos e a capacidade cognitiva, é cabível, segundo a legislação federal, o retorno de Roberto à atividade antes desempenhada?

Obs.: o(a) examinando(a) deve fundamentar suas respostas. A mera citação do dispositivo legal não confere pontuação.

GABARITO COMENTADO

A) Não. O direito ao auxílio alimentação é exclusivo dos servidores ativos, de forma que, ao passar para a inatividade, ele perde tal direito, em conformidade com a Súmula Vinculante 55 do STF.

B) Sim. Trata-se do instituto da reversão. Se uma junta médica oficial declarar insubsistentes os motivos da aposentadoria, Roberto retornará à atividade no mesmo cargo, segundo o Art. 25, inciso I, da Lei nº 8.112/90.

Comentários à questão

A questão trata do tema referente aos Agentes Públicos e apresenta questionamentos que podem ser respondidos com facilidade, desde que observados os ditames da Lei 8.112/90. O ponto que merece destaque é a cobrança do entendimento do Supremo Tribunal Federal quanto ao primeiro questionamento.

Sendo assim, a questão é considerada em um nível mediano.

QUESTÃO 02

O Ministério Público tomou conhecimento de que uma sociedade empresária, com atuação no Brasil, auferiu vultosos lucros em decorrência da prática de atos lesivos à administração pública estrangeira, na forma descrita em lei.

Nas diligências realizadas pelo Ministério Público, verificou-se a omissão das autoridades brasileiras competentes para a apuração da respectiva responsabilização administrativa, considerando que, ao longo dos anos, o único ato voltado para tal fim foi o que delegou competência a determinado órgão, no intuito de instaurar e julgar o respectivo processo administrativo.

Em razão disso, o parquet ajuizou ação com vistas a obter, na via judicial, a responsabilização civil e administrativa da sociedade empresária, cuja defesa afirma não ser possível a aplicação de sanção administrativa na esfera jurisdicional.

Considerando a situação narrada, responda, na condição de advogado(a), aos itens a seguir.

A) Para o processamento e julgamento na esfera administrativa, é possível a delegação de competência?

B) O Judiciário pode aplicar penalidades relativas à responsabilização administrativa almejada pelo Ministério Público?

Obs.: o(a) examinando(a) deve fundamentar suas respostas. A mera citação do dispositivo legal não confere pontuação.

GABARITO COMENTADO

A) Sim. A instauração e o desenvolvimento de processos administrativos para a apuração de responsabilidade de pessoa jurídica por atos lesivos à Administração Pública estrangeira podem ser delegados, consoante o disposto no Art. 8º, § 1º, da Lei nº 12.846/13.

B) Sim. Nas ações ajuizadas pelo Ministério Público, poderão ser aplicadas as penalidades previstas no âmbito da responsabilização administrativa, desde que comprovada a omissão das autoridades competentes para promover a responsabilização na respectiva esfera, na forma do Art. 20 da Lei nº 12.846/13.

Comentários à questão

A questão aborda alguns pontos regulamentados pela Lei 12.846/13, Lei Anticorrupção, a qual dispõe sobre a responsabilização administrativa e civil de pessoas jurídicas pela prática de atos contra a administração pública, nacional ou estrangeira.

Sendo assim, essa questão não apresentou um grau de dificuldade maior, visto que a sua resolução poderia ser feita com base na utilização da referida legislação.

Por isso, é considerada de nível fácil.

QUESTÃO 03

A sociedade empresária Viagem Certa S/A, concessionária de serviços de transporte ferroviário, vem descumprindo, reiteradamente, uma série de obrigações constantes no contrato, relativas à manutenção dos trilhos. Em razão disso, ocorreu um trágico acidente, no qual um de seus trens descarrilhou e atingiu o automóvel dirigido por Dulcineia, que trafegava na rodovia próxima, ocasionando o óbito da referida motorista.

Diante dessa situação hipotética, na qualidade de advogado(a), responda, fundamentadamente, aos questionamentos a seguir.

A) A sociedade Viagem Certa S/A, no âmbito civil, responde objetivamente pelos danos causados à Dulcineia?

B) Qual seria a modalidade de extinção do contrato de concessão cabível, em razão do descumprimento das obrigações pela sociedade Viagem Certa S/A?

Obs.: o(a) examinando(a) deve fundamentar suas respostas. A mera citação do dispositivo legal não confere pontuação.

GABARITO COMENTADO

A) Sim. Apesar de Dulcineia não ser usuária do serviço em questão, a concessionária é pessoa jurídica de direito privado que presta serviços públicos, de modo que responde objetivamente pelos danos que seus agentes causarem a terceiros, na forma do Art. 37, § 6º, da CRFB/88.

B) O descumprimento das obrigações de manter os trilhos corresponde à inexecução do contrato, de modo que a modalidade de extinção do contrato de concessão cabível na hipótese é a caducidade, consoante o Art. 38 da Lei nº 8.987/95.

Comentários à questão

A questão trata de pontos referentes ao tema da Responsabilidade Civil do Estado, bem como dos Serviço Públicos. São temas bastante debatidos e que não apresentam maiores dificuldades ao candidato.

Sendo assim, a questão é considerada em um nível fácil.

QUESTÃO 04

A sociedade empresária Alfa, concessionária estadual de serviço público de administração e conservação da rodovia estadual XXX, com escopo de melhorar a qualidade do serviço prestado aos usuários, pretende realizar abertura, conservação e melhoramento em determinado trecho da via pública. Para viabilizar seu intento, estudos técnicos preliminares concluíram ser imprescindível a desapropriação de um imóvel.

Nesse contexto, responda aos questionamentos a seguir.

A) Quais são os pressupostos legais para a desapropriação pretendida pela concessionária? Justifique.

B) Quais são as fases do procedimento expropriatório para a hipótese narrada? A sociedade empresária Alfa tem competência para atuar nessas fases? Justifique.

Obs.: o(a) examinando(a) deve fundamentar suas respostas. A mera citação do dispositivo legal não confere pontuação.

GABARITO COMENTADO

A) Os pressupostos que a autorizariam são: interesse público (na modalidade utilidade pública, conforme previsto no Art. 5º, alínea i, do Decreto-lei nº 3.365/41) e pagamento de indenização prévia, justa e em dinheiro (Art. 5º, inciso XXIV, da CRFB/88).

B) As fases do procedimento expropriatório na desapropriação comum são: (i) fase declaratória: os entes federativos (Art. 6º do Decreto-lei nº 3.365/41) declaram o interesse público na desapropriação. A concessionária não tem competência para declarar a utilidade pública da desapropriação; (ii) fase executória: declarado o interesse na desapropriação (conforme fase anterior), na fase executória o Estado deverá adotar as providências necessárias à sua efetivação, com a transferência do bem após pagamento do valor justo (indenização mais imissão da posse). A concessionária não tem competência para declarar o interesse público (fase declaratória), mas o ordenamento jurídico lhe confere competência para promover a fase executória, mediante autorização expressa, constante de lei ou contrato, conforme se vê do Art. 3º do Decreto-lei nº 3.365/41.

Comentários à questão

A questão tratou da Desapropriação e realizou a cobrança de aspectos ligados ao Decreto-lei nº 3.365/41. A segunda indagação exigiu um pouco mais de aprofundamento na sua fundamentação, mas o auxílio da legislação facilitou a sua resolução.

Sendo assim, a questão é considerada em um nível fácil.

O Exame de Ordem XXXII foi relativamente fácil, de modo que só houve a aplicação de um grau de dificuldade na fundamentação da peça profissional, que abordou aspectos constitucionais. Ademais, as questões não apresentaram grandes problemas para resolução, o que possibilitou uma boa pontuação para os examinandos.

PARTE 7

Orientações FINAIS

Como otimizar
o tempo durante a prova?

O Exame de Ordem, como já sabido, é composto de uma peça prático-profissional e quatro questões discursivas que, via de regra, são subdivididas; ou seja, há mais de uma pergunta em cada questão.

Assim, é uma prova muito extensa e desgastante para ser feita no tempo proposto, que é de **cinco horas**.

Por isso, é importante que o examinando trace uma estratégia para manter o equilíbrio emocional e utilize o tempo ao seu favor, otimizando-o.

Na segunda fase de administrativo, sugerimos que o aluno, ao receber a prova, não leia as questões discursivas. **Apenas dedique as primeiras duas horas e meia, tão somente, à produção da peça prático-profissional**.

Por quê?

Porque, caso o aluno não saiba as respostas, pode ser que isso gere um sentimento imediato de frustração, e o faça perder o foco durante a elaboração da peça.

E, caso saiba as respostas, pode ficar ansioso para respondê-las, o que também pode fazê-lo perder o foco.

Sendo assim, recomenda-se que o aluno leia, calmamente, ao enunciado da peça prático-profissional, apenas de uma **forma geral**. Depois, leia novamente, já numa perspectiva de **identificação da peça**.

Após identificar a peça, sugere-se que o aluno leia mais uma vez o caso concreto da peça prático-profissional, mas, dessa terceira vez, que o faça numa perspectiva de **identificar o direito material discutido**, circulando as frases importantes para essa análise.

Uma vez determinado qual o instrumento processual cabível e o direito material discutido, o examinando **elaborará o nosso quadro esquemático de estruturação da peça**.

Por fim, que se faça uma última leitura para confirmar **as informações até então coletadas**.

> **Dica**
>
> **Não faça rascunho do texto corrido**. Para obter a mínima pontuação suficiente para aprovação, o aluno precisa fazer não só uma boa peça, mas acertar, pelo menos, uma questão completa.

Finda a redação da peça prático-profissional, o examinando partirá para a leitura de **todas as questões da prova**. Isto é, lê-se uma a uma e, caso saiba a resposta, já coloque ao lado do enunciado o dispositivo legal que a fundamenta.

Após a leitura geral das questões, deve-se dar **prioridade àquelas questões que o aluno se sente mais confortável e confiante em responder**, para que garanta uma resposta completa nas questões com maior afinidade.

Recomenda-se que o examinando busque utilizar **trinta minutos** para cada questão discursiva.

Por fim, o aluno deve **reservar o tempo final às questões que não sabe ou não tem segurança na resposta**. Assim, não se preocupará em deixar em branco uma questão que saiba responder, garantindo a sua melhor pontuação.

Boa prova!

EDITORA JusPODIVM
www.editorajuspodivm.com.br

RENOVA GRAF
www.renovagraf.com.br

JUS385